世界史图书馆

德国简史（第二版）

A BRIEF HISTORY OF GERMANY

孟钟捷 著

北京大学出版社
PEKING UNIVERSITY PRESS

图书在版编目（CIP）数据

德国简史 / 孟钟捷著. —2版（修订本）. —北京：北京大学出版社，2019.11

（世界史图书馆）

ISBN 978-7-301-29175-7

Ⅰ.①德… Ⅱ.①孟… Ⅲ.①德国–历史 Ⅳ.①K516

中国版本图书馆CIP数据核字（2018）第019979号

书　　　名	德国简史（第二版） DEGUO JIANSHI（DI-ER BAN）
著作责任者	孟钟捷　著
责 任 编 辑	李学宜　陈　甜
标 准 书 号	ISBN 978-7-301-29175-7
出 版 发 行	北京大学出版社
地　　　址	北京市海淀区成府路205号　100871
网　　　址	http://www.pup.cn　新浪微博:@北京大学出版社
电 子 信 箱	em@pup.cn　QQ:552063295
电　　　话	邮购部 010-62752015　发行部 010-62750672　编辑部 010-62752926
印 刷 者	天津中印联印务有限公司
经 销 者	新华书店 730毫米×1020毫米　16开本　20.75印张　347千字 2012年11月第1版 2019年11月第2版　2023年7月第3次印刷
定　　　价	65.00元

未经许可，不得以任何方式复制或抄袭本书之部分或全部内容。
版权所有，侵权必究
举报电话: 010-62752024　电子信箱: fd@pup.pku.edu.cn
图书如有印装质量问题，请与出版部联系，电话: 010-62756370

目录 CONTENTS

- 导言 ·· 1
- **第一章　德意志人国家的形成** ·· 1
  - 古代日耳曼人 ·· 2
  - 民族大迁徙 ·· 6
  - 法兰克王国 ·· 10
  - 从东法兰克王国到德意志王国 ·· 16
  - 结　论 ·· 19
  - 大事记 ·· 20
  - 进一步阅读书目 ·· 22

- **第二章　统治世界的迷梦：神圣罗马帝国前期的政治、经济与社会** ··· 25
  - 皇位的稳固 ·· 26
  - 教权的挑战 ·· 31
  - 诸侯邦国分立体制的确立 ·· 36
  - 缓慢变化中的经济与社会 ·· 39
  - 结　语 ·· 43
  - 大事记 ·· 44
  - 进一步阅读书目 ·· 45

- **第三章　宗教改革** ··· 47
  - 宗教改革前的德意志 ·· 48
  - 宗教改革的启幕 ·· 50
  - 作为一场社会运动的宗教改革 ·· 55
  - 三十年战争 ·· 58

宗教改革后的德意志社会 …………………………… 61
结　语 ………………………………………………… 63
大事记 ………………………………………………… 64
进一步阅读书目 ……………………………………… 67

第四章　权力版图的重新划定 …………………………… 69

江河日下的帝国统治 ………………………………… 70
帝国东北部的新贵 …………………………………… 74
权力二元局面的形成 ………………………………… 76
结　语 ………………………………………………… 82
大事记 ………………………………………………… 83
进一步阅读书目 ……………………………………… 84

第五章　民族意识的觉醒 …………………………………… 85

文化繁荣背后的隐忧 ………………………………… 86
德意志启蒙运动 ……………………………………… 88
文化民族主义运动 …………………………………… 91
民族主义运动的政治化 ……………………………… 95
结　语 ………………………………………………… 103
大事记 ………………………………………………… 103
进一步阅读书目 ……………………………………… 104

第六章　通往新帝国之路 …………………………………… 107

复辟时代 ……………………………………………… 108
1848/1849 年革命 …………………………………… 115
普鲁士统一德意志 …………………………………… 121
结　语 ………………………………………………… 124
大事记 ………………………………………………… 125
进一步阅读书目 ……………………………………… 126

第七章　充满张力的民族国家：德意志帝国，1871—1918… 129

俾斯麦的"波拿巴式"统治 ………………………… 130

威廉二世的"新时期" ········· 137
　　第一次世界大战中的政治与社会 ········· 143
　　结　语 ········· 146
　　大事记 ········· 146
　　进一步阅读书目 ········· 148

■ 第八章　昙花一现的民主：魏玛共和国，1918—1933 ········· 151
　　一场不成功的社会革命 ········· 152
　　度过艰难的初生岁月 ········· 156
　　相对稳定的"黄金般二十年代" ········· 161
　　璀璨而分裂的魏玛文化 ········· 165
　　共和国的解体 ········· 166
　　结　语 ········· 172
　　大事记 ········· 172
　　进一步阅读书目 ········· 174

■ 第九章　民族共同体的幻象，纳粹帝国，1933—1945 ········· 177
　　"一体化"与纳粹政治体制的形成 ········· 178
　　"褐色社会"的经济与生活 ········· 183
　　通往战争之路 ········· 188
　　第三帝国的兴亡 ········· 191
　　结　语 ········· 197
　　大事记 ········· 198
　　进一步阅读书目 ········· 199

■ 第十章　凤凰涅槃：德意志民族国家的重生、分裂与重新统一，1945—1990 ········· 201
　　人为刀俎，我为鱼肉 ········· 202
　　德意志联邦共和国 ········· 211
　　德意志民主共和国 ········· 219
　　重新统一 ········· 226
　　结　语 ········· 230

大事记 ·· 231
　　进一步阅读书目 ·· 234

■ 尾　声　新德国及其未来展望 ···························· 237
　　新德国的发展与问题 ··· 238
　　未来展望 ·· 244
　　结　语 ··· 245
　　大事记 ··· 245
　　进一步阅读书目 ·· 246

■ 德国政治史大事年表 ·· 248

■ 德国文化史大事年表 ·· 254

■ 德意志皇室列表 ··· 268

■ 德国总统和总理列表 ·· 275

■ 关键词 ··· 278

■ 图片来源 ·· 290

■ 人名译名对照表 ··· 292

■ 第一版后记 ··· 306

■ 第二版后记 ··· 308

插图目录

导言
插图 0.1　莱布尼茨《中国新事》一书封面　III

第一章
插图 1.1　条顿堡森林中的赫尔曼纪念像　7
插图 1.2　克洛维在兰斯教堂受洗　11
插图 1.3　教皇利奥三世为查理加冕　16

第二章
插图 2.1　卡诺莎之行　32
插图 2.2　查理四世与七大选侯　37
插图 2.3　帝国的等级关系　39
插图 2.4　骑士的生活　43

第三章
插图 3.1　讽刺特策尔进行赎罪券买卖的木刻画　49

插图 3.2　路德在帝国会议上　54
插图 3.3　签订《威斯特伐利亚和约》　61

第四章
插图 4.1　德累斯顿的建设　72
插图 4.2　弗里德里希二世在无忧宫中吹奏笛子　79
插图 4.3　子孙满堂的奥地利国王玛丽亚·特蕾西娅女王　80

第五章
插图 5.1　普鲁士国王弗里德里希二世与启蒙哲学家伏尔泰　89
插图 5.2　魏玛歌剧院前的歌德与席勒像　94
插图 5.3　普鲁士改革者　98
插图 5.4　一个分赃的会议：维也纳会议　100

第六章

插图 6.1　汉巴哈大会　111

插图 6.2　德意志的铁路建设　114

插图 6.3　1848/1849 年革命中"德意志的米歇尔"和他的帽子　120

插图 6.4　两幅德意志帝国成立图　124

第七章

插图 7.1　"文化斗争"中俾斯麦与教皇庇护九世对峙　133

插图 7.2　俾斯麦试图把恶魔塞回潘多拉的盒子　134

插图 7.3　领航员下船　136

插图 7.4　城市化前后的多特蒙德　138

插图 7.5　威廉二世像　141

插图 7.6　德国妇女在后方生产手榴弹　144

第八章

插图 8.1　社会民主党高层谢德曼宣布成立共和国　153

插图 8.2　德意志人民党的宣传画：《针对德意志军队的背后一刀》　159

插图 8.3　面值 1 万亿马克的德国纸币　161

插图 8.4　化身天使的拯救者施特雷泽曼　162

插图 8.5　包豪斯建筑　165

插图 8.6　冲锋队的宣传画　168

插图 8.7　兴登堡任命希特勒为总理　171

第九章

插图 9.1　英国漫画："德国往哪里去？"　178

插图 9.2　1933 年 5 月 2 日冲锋队进驻工会联盟大楼，没收工会财产　181

插图 9.3　1936 年奥运会　184

插图 9.4　德意志劳动阵线的宣传画　186

插图 9.5　焚烧"非德意志"的书籍　187

插图 9.6　闪电战　191

插图 9.7　1939 年 9 月 1 日，希特勒在国会宣布战争开启　192

插图 9.8　"7·20 事件"前的施陶芬贝格和希特勒　197

第十章

插图 10.1　二战中被摧毁的柏林　202

插图 10.2　纽伦堡审判　208

插图 10.3　第一次柏林危机中的"空中走廊"　210

插图 10.4　联邦德国第一届政府　212

插图 10.5　联邦德国社会开支比例增长情况，1950—1990 年　215

插图 10.6　签订《罗马条约》　217

插图 10.7　1970 年联邦德国总理勃兰特在华沙犹太人纪念碑前下跪　218

插图 10.8　宣传画：向苏联学习胜利　220

插图 10.9　民主德国的两代领导人乌布利希与昂纳克　221

插图 10.10　东柏林事件中苏联坦克与民众对峙　223

插图 10.11　建造柏林墙　224

插图 10.12　两国民众逐渐疏离　225

插图 10.13　1989 年 11 月 9 日晚，柏林墙的开放　228

尾　声

插图 11.1　新德国的三任总理　241

插图 11.2　新纳粹分子　243

插图 11.3　德国民众的反种族主义游行　243

地图目录

导言

地图 0.1　今天的德国　II

第一章

地图 1.1　古代日耳曼人主要部族的分布（公元前 4 年左右）　3

地图 1.2　国界墙　6

地图 1.3　民族大迁徙　8

地图 1.4　日耳曼小王国　9

地图 1.5　查理帝国　15

地图 1.6　《凡尔登条约》后的法兰克王国和《梅尔森条约》后的法兰克王国　17

第二章

地图 2.1　奥托大帝时期的神圣罗马帝国　27

地图 2.2　法兰克尼亚—萨利安王朝时期的神圣罗马帝国　30

地图 2.3　霍亨斯陶芬王朝时期的神圣罗马帝国　35

第三章

地图 3.1　查理五世帝国　53

地图 3.2　三十年战争　60

地图 3.3　新旧教派的势力分布　62

第四章

地图 4.1　哈布斯堡家族的扩张　71

地图 4.2　霍亨索伦家族的扩张　76

第五章

地图 5.1　拿破仑控制下的欧洲　97

地图 5.2　德意志联盟　102

第六章

地图 6.1　德意志关税同盟　113

第七章

地图 7.1　帝国版图　131

第八章

地图 8.1　《凡尔赛和约》签订后的德国　159

第九章

地图 9.1　第二次世界大战中的欧洲形势　194

地图 9.2　德国扩张与集中营建设　195

第十章

地图 10.1　四大国分区占领下的柏林　205

地图 10.2　二战后欧洲地图的变化和分区占领图　206

原始文献目录

第一章
原始文献 1.1　日耳曼人和日耳曼社会　4
原始文献 1.2　日耳曼国王们对东罗马皇帝的敬意　10

第二章
原始文献 2.1　亨利二世拒绝接受教皇的赠礼　29
原始文献 2.2　亨利四世与格雷高利七世之间的斗争　33
原始文献 2.3　金玺诏书（摘录）　38
原始文献 2.4　汉撒同盟的法令（1260年）　41

第三章
原始文献 3.1　"九十五条纲领"（摘录）　52
原始文献 3.2　《十二条款》（摘录）　57

第四章
原始文献 4.1　大选侯"致其子密函"　78

第五章
原始文献 5.1　费希特《对德意志民族的演讲》（摘录）　86
原始文献 5.2　文化民族主义者阿恩特歌颂祖国　92
原始文献 5.3　施泰因评价普鲁士　99
原始文献 5.4　《德意志联盟条例》（摘录）　101

第六章
原始文献 6.1　《卡尔斯巴德决议》（摘录）　109
原始文献 6.2　李斯特的《政治经济学的国民体系》（摘录）　112
原始文献 6.3　"三月前时代"的德意志社会　116
原始文献 6.4　法兰克福国民议会主席加格恩的演讲（摘录）　118

第七章
原始文献 7.1　三皇协定（1873年6月

| 原始文献 7.2 | 尼采《查拉图斯特拉如是说》（摘录） 140
| 原始文献 7.3 | 争夺"阳光下的地盘" 143

第八章

| 原始文献 8.1 | 社会民主党与独立社会民主党的通信（1918年11月9日） 154
| 原始文献 8.2 | 《魏玛宪法》关于总统权力的规定 157
| 原始文献 8.3 | 纳粹党的宣传理念 169

第九章

| 原始文献 9.1 | 对于"授权法"的评价 179

| 原始文献 9.2 | 霍斯巴赫备忘录（节录） 190
| 原始文献 9.3 | 关于"最后解决犹太人问题"的万湖会议记录（摘录） 195

第十章

| 原始文献 10.1 | 对于纳粹历史的解读和争论 204
| 原始文献 10.2 | 社会市场经济理论 214
| 原始文献 10.3 | 《关于最终解决德国问题的条约》（摘录） 230

尾　声

| 原始文献 11.1 | 各界人士对统一后问题的反思 239

导 言

一

这是一片令人神往的土地。莱茵河蜿蜒曲折,优雅地流淌在西翼。黑森林郁郁葱葱,连绵起伏于西南角。阿尔卑斯山巍峨耸立,横亘南方。多瑙河欢快奔腾,于东南处穿梭而去。奥得河交叉穿越,守护着东边门户。波罗的海与北海遥相辉映,将她簇拥在怀。

她是欧洲的心脏。东西各国的商品在这里交流,天南地北的思想在此处碰撞。她曾君临天下,续展罗马帝国的雄风;她又四分五裂,任人在国土上百般蹂躏。铁幕既在这里拉下,冷战又从此处结束。这座连接东、西欧的桥梁,如今已是欧盟的发动机。

她有着雅努斯(Janus)的面容,让人琢磨不透,令人惊叹不已。北部低地,一马平川;南部山区,层峦叠嶂。这里有无数让人肃然起敬的智者与诗人,也孕育过令人不寒而栗的战痴与狂人。自由曾是她的梦想,屈从一度让她沦丧。强悍以制敌,柔情引人迷。

这就是德国,这就是德意志!

二

当中华龙巧遇德国鹰时,又会如何?历史给出的答案是:跌宕起伏!

龙鹰神交五百年,官方往来屈指可数,民间旅行家与传教士成为龙鹰交往的主要媒介。13世纪中叶,蒙古大将拔都西侵欧洲,遭到"孛烈儿、捏迷斯"的联合抵抗,"捏迷斯"即德意志人。1303年,科隆传教士布鲁德尔·阿诺尔德(Bruder Arnold)抵大都(今北京),成为第一个到达中国的德意志人。1330年,

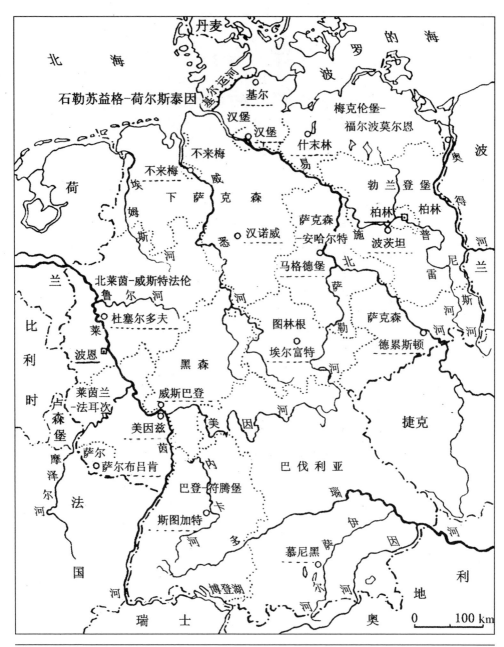

地图 0.1　今天的德国

中国编制的世界地图上第一次出现了"阿拉曼尼亚"(即德意志)。明末清初,传教士们构建起文化交流的桥梁。汤若望(Johann Adam Schall von Bell,1591—

1666)等人为中国带来了西方的科学技术，闵明我（Philippe Marie Grimaldi，1639—1712）等人则把中国的知识带回了欧洲。在中国，德意志文化等同于火药和历法；在德意志，中华文化却激荡起巨大波澜，德意志成为欧洲早期汉学的重镇。当然，德意志人对中华帝国及其文化的顶礼膜拜，大多是基于对德意志现状的不满而形成的浪漫主义式的描述而已。但中国人对德意志文化的漠视却不无遗憾地造成了双方最终失之交臂。

插图0.1　莱布尼茨《中国新事》一书封面。随着传教士关于中国的论著大量出版，德意志思想家越来越关注中国文化及其对西方未来的意义。以莱布尼茨（Gottfried Wilhelm von Leibnitz，1646—1716）为代表的德意志启蒙哲学家如此高度评价中国文化："全人类最伟大的文化和最发达的文明仿佛今天汇集在我们大陆的两端，即汇集在欧洲和位于地球另一端的东方的欧洲——支那（人们这样称呼它）。我相信，这是命运的特殊安排。大概是天意要使得这两个文明程度最高的（同时又是地域相隔最为遥远的）民族携起手来，逐渐地使位于它们两者之间的各个民族都过上一种更为合乎理性的生活。……然而谁人过去曾经想到，地球上还存在着这么一个民族，它比我们这个自以为在所有方面都教养有素的民族更加具有道德修养？自从我们认识中国人之后，便在他们身上发现了这点。如果说我们在手工艺技能上与之相比不分上下，而在思辨科学方面要略胜一筹的话，那么在实践哲学方面，即在生活与人类实际方面的伦理以及治国学说方面，我们实在是相形见绌了。承认这点几乎令我感到惭愧。"（夏瑞春编：《德国思想家论中国》，陈爱政等译，南京：江苏人民出版社，1997年，第3—5页）

在接下来的两百多年间，龙的虚弱与鹰的强健形成了鲜明对比，龙向鹰的抗争与学习成为常态。乾隆以降，中国积贫积弱，沦为列强的捕食对象。德意志却成功实现统一，走上殖民扩张的道路。早期的面纱业已剥落，双方之间的认识不断加深。停滞与落后的描述成为德意志人蔑视中国的依据，强大与繁荣的记录推动了国人学习德国的决心。于是，一边是德国"向东方压进"，侵占胶州湾，参加八国联军；另一边却是中国持续不断地"向西方学习"，进口德国军舰和武器，数以千计的人游学德意志（其中不乏后来影响深远的伟大学者），甚至纳粹主义也一度成为国民党政府的学习对象。与此同时，马克思主义伴随十月革命的炮响来到中国。在共产国际派驻中国的代表中，便有一位德籍革命者李德（Otto Braun，1900—1974）。文化交流仍在继续，福兰阁（Otto Frank，1863—1946）、卫礼贤（Richard Wilhelm，1873—1930）等人深入研究中国的传统文化，德国汉学家与留德学人一起创建了"中德学会"，致力于引进德国的学术与文化。不过，基于不平等现状的交流与动荡变幻的国际格局，始终阻碍着两国之间形成正常的交往关系。

从1949年到1990年，是龙鹰交往的第三个时期。由于德国的分裂，中德关系也被蒙上了阴影。中国与民主德国曾有过社会主义国家兄弟般的情谊，却随着中苏同盟的破裂而消沉。中国与联邦德国曾各走一边，却随着中美建交而重结友情。意识形态的争议成为该时期两个民族相互接近的最大障碍，文化研究也只能是雾里看花。

德国重新统一后，龙鹰交往在曲折中前行。意识形态与文化差异仍然是两国交往中的主要障碍，但多元化的世界格局和日益全球化的经济浪潮，已经把中德民众紧密地联系在一起。中国成为德国的第二大出口市场，德国则是中国在欧洲的最大贸易伙伴。《茉莉花》在莱茵河畔流淌，《德意志》让千里之外的中国人随足球而疯狂。

三

在中国对德国历史的研究中，早期作品均以描述为主，缺乏深入研究。"五四运动"之后，随着一批游学者回国，德国的各类著作被大量译介，在历史学领域也出现了为数不多的通史类论著或译著。

1949年后的30年间，中国学界受到了苏联史学界的影响，除了译介苏联与民主德国史学界的少量作品外，开始用唯物史观讨论德国历史上的重大事件。宗教改革、俾斯麦、1918年十一月革命和反法西斯斗争等成为当时讨论的主要话题。一些前辈学者还花费大量精力，翻译了相关领域的史料。

1978年以来，中国的德国史研究进入百花齐放的迅速发展期。截至2020年年底，以通史类作品为例，中国学者的专著与译著均超过了60本。特别是2019年由中国德国史学会组织专家编写的六卷本《德国通史》展示了中国学者在这一方面的研究水平。除此之外，断代史、专题史的论著及译著不断涌现，从政治、经济、军事和文化等各种角度诠释德国历史发展的特点。关于中德交往的历史也逐渐引起学者的重视。德国史学会和德国学会相继成立，《德国研究》等相关杂志面世。不过，从整体上而言，与德国的"汉学"相比，中国的德国史研究不算悠久，规模不大，而且尚未形成具有中国学术特色的"德国学"。

四

本书是在前辈学人的研究基础上，结合笔者的一些思考和教学体会而完成的。笔者认为，在一千余年的历史中，德国的历史不仅仅是一个国家或一个民族的个体成长史，更不是所谓"通往希特勒独裁"的历史。关于德国历史发展的核心问题是：一个民族的成长如何才能与世界历史的发展同步？换言之，在历史的长河中，德意志人是如何在民族主义与世界主义之间寻求自身定位的？期间，它留下了怎样的经验和教训，留待后来者参鉴？

从自由民沦为罗马人的奴隶，进而奋起抗争，进驻中原，自立为王，是德国历史的第一阶段。本书的第一章以此为核心，探讨了早期德意志民族的成长历史。在此期间，民族的自尊与文化的自卑形成了巨大张力，构成了德意志人的矛盾心态。这为转向德国历史的第二阶段奠定了基础。

德意志人努力成为罗马帝国的继承者，陶醉于统治世界的迷梦中，这是第二章的主题。为了神圣罗马帝国的皇冠，德意志皇帝们放弃了民族的私念，奔波于阿尔卑斯山南北。然而，基督教徒的心灵主宰提出了挑战，诸侯邦君也逐渐离心离德。帝国的统治格局摇摇欲坠。

16世纪起，德意志人分三步从中世纪跨入近代世界。第三章围绕宗教改革的发生与影响，讨论了德意志社会如何卸下神权政治的重担，完成世俗化的第一步。第四章针对德意志的三种势力，探讨了普鲁士如何在权力版图的重新划分中脱颖而出，为民族国家的构建做好准备。第五章进入德意志人的心灵，思索民族意识如何在一系列思想运动和政治波浪中孕育而生，为现代德意志民族主义的兴起奠定基础。经过三个世纪的努力，德意志人在19世纪初业已站在了民族国家历史的人口。

然而，民族主义与世界主义的张力继续存在。在德意志统一的进程中，它既表现为保守派与统一派的矛盾，也隐藏在大德意志派和小德意志派的争论中。德意志帝国建立后，它又影响着从"大陆政策"到"世界政策"的转变，并最终在所谓"1914年思想"的自诩中，让新生的民族国家灰飞烟灭。饱受屈辱的共和国立足于世界主义的魏玛精神，却始终敌不过来自极端民族主义的乱箭长枪。在一场没有硝烟的"褐色革命"中，共和国悲壮解体。纳粹德国十分巧妙地用一个民族共同体幻象和不断扩张的帝国版图，暂时减轻了民族主义与世界主义的张力。但是，这种以极权和侵略为主要手段的解决方式，从根本上违背了世界历史发展的潮流，以至于德意志民族最终深受其害，人为刀俎，我为鱼肉，任人宰割，一分为二。这是第六章到第九章的主要内容。

第十章讨论的是第二次世界大战后德意志民族如何找到一条平衡民族主义与世界主义的道路。在冷战的背景中，德国的分裂是必然结果。两个德国分属不同阵营，民族统一实属德意志人有心无力的目标。然而正是在这种无奈中，两个德国不约而同地把自己定位于"欧洲的德国"。联邦德国成为西欧一体化的积极推动者，民主德国则是东欧阵营中的佼佼者。当1990年内外时机成熟时，一个重新统一的德国便不再为自己的定位而烦恼，其他国家也无须担忧来自新德国的威胁。

当然，新德国仍在不断发展中。在全球化及反全球化的浪潮中，民族国家的自我认识与承受力必然受到持续考验。未来如何，我们当对聪颖的德意志人充满信心！

进一步阅读书目

在西方学术界，关于德国简史，建议阅读 Hagen Schulze, *Kleine deutsche Geschichte: mit Bildern aus dem Deutschen Historischen Museum*（München：Beck，1996；该书已被翻译为英文，题为 *Germany：A New History*（Massachusetts：Harvard University Press，1998）和 Ulf Dirlmeier, *Deutsche Geschichte*（Stuttgart：Reclam，2013）。较为翔实的德国通史，可参见由 Pleticha Heinrich 主编的 6 卷本 *Deutsche Geschichte*（München：Bertelsmann Lexikon Verlag，1998）。在近代历史方面，比较权威的著作可参见 Thomas Nipperdey 的 3 卷本 *Deutsche Geschichte 1800—1918：Arbeitswelt und Bürgergeist. Machtstaat vor der Demokratie*（München：Beck，1998）、Hans-Ulrich Wehler 的 5 卷本 *Deutsche Gesellschaftsgeschichte*（München：Beck，1987、1995、1996、2003、2008）以及 Heinrich August Winkler 的 2 卷本 *Der Lange Weg nach Westen*（München：Beck，2002）。

对于中国的德国史研究情况感兴趣的读者，可参见山东大学历史系世界史教研室编写的《德国史论文资料索引：1904—1983》（济南，1985 年）和黄正柏的论文《近年来国内德国史研究》（载《史学理论研究》2006 年第 2 期）。对于德国的汉学研究感兴趣者，可参见夏瑞春编的《德国思想家论中国》（南京：江苏人民出版社，1997 年）、张西平等主编的《德国汉学：历史、发展、人物与视角》（郑州：大象出版社，2005 年）的部分章节、张西平的《中国与欧洲早期宗教和哲学交流史》（北京：东方出版社，2001 年）和《欧洲早期汉学史——中西文化交流与西方汉学的兴起》（北京：中华书局，2009 年）等。

关于德国历史的通史类著作，均为本书的参考对象。建议有兴趣者可阅读以下译著：维纳·洛赫《德国史》（北京：三联书店，1959 年）、艾斯勒《德国的教训：德国史指南》（北京：三联书店，1959 年）、梅林《中世纪末期以来的德国史》（北京：三联书店，1980 年）、平森《德国近现代史：它的历史和文化》（北京：商务印书馆，1987 年）、拉甫《德意志史：从古老帝国到第二共和国》（波恩：Inter actions，1987 年）、赫伯特·格隆德曼等《德意志史》（4 卷）（北京：商务印书馆，1986、1991、1998、1999 年）、埃里希·卡勒尔《德意志人》（北京：商务印书馆，1999 年）、赖丽《德国史》（台北：五南图书出版公司，2003 年）、马丁·基钦《剑桥插图德国史》（北京：世界知识出版社，2005 年）、艾米尔·路德维希《德国人：一个民族的双重历史》（北京：东方出版社，2006 年）、米夏埃尔·施蒂默尔德《德意志：一段找寻自我的历史》、史蒂文·奥茨门特《德国史》（北京：中国大百科全书出版社，2009 年）和玛丽·弗尔布鲁克《德国史 1918—2008》（上海：上海人民出版社，2011 年）等；或参见以下专著：卢文迪《德国史》（1936 年，长沙：岳麓书社，2011 年重印）、杜美《德国文化史》（北京：北京大学出版社，1990 年）、丁建弘等《德国通史简编》（北京：人民出版社，1991 年）、孙炳辉和郑寅达《德国史纲》

（上海：华东师范大学出版社，1995年）、姚宝《德国简史》（上海：上海外语教育出版社，1995年）、费佩君《德国史话》（上海：上海辞书出版社，1999年）、吴友法和黄正柏《德国资本主义发展史》（武汉：武汉大学出版社，2000年）、丁建弘《德国通史》（上海：上海社会科学院出版社，2002年）、李伯杰《德国文化史》（北京：对外经济贸易大学出版社，2002年）、郑寅达《德国史》（北京：人民出版社，2014年）、孟钟捷和霍仁龙《地图上的德国史》（上海：东方出版中心，2014年）、李长山等编著《德国历史辞典》（上海：上海辞书出版社，2014年）、马桂琪和黎家勇《德国社会发展研究》（广州：中山大学出版社，2002年）、周惠民《德国史：中欧强权的起伏》（台北：三民书局公司，2003年）、李工真《德意志道路：现代化进程研究》（武汉：武汉大学出版社，2005年）、吴友法《德国现当代史》（武汉：武汉大学出版社，2007年）、蒋劲松《德国代议制》（北京：中国社会科学出版社，2009年）、邢来顺主编六卷本《德国通史》（南京：江苏人民出版社，2019年）等。

关于德国文化的分析作品，可阅读戈登·A. 克雷格《德国人》（上海：上海译文出版社，1998年）、卡乐尔《德意志人》（北京：商务印书馆，1999年）、马树德和顾彬主编《世界文化史故事大系·德国卷》（上海：上海外语教育出版社，2003年）、邢来顺《德国文化解读——人类文化苍穹的双子星座》（济南：济南出版社，2005年）、邸文《莱茵河：走进德意志》（郑州：黄河水利出版社，2007年）、余匡复《德国文学简史》（上海：上海外语教育出版社，2006年）、范大灿《德国文学史》（南京：译林出版社，2006年）、高宣扬《德国哲学通史》（上海：同济大学出版社，2007年）、沃尔夫·勒佩尼斯《德国历史中的文化诱惑》（南京：译林出版社，2010年）、傅安洲等著《德国的政治教育研究》（北京：人民出版社，2010年）、本雅明《德意志人》（北京：北京师范大学出版社，2014年）、彼得·沃森《德国天才》（北京：商务印书馆，2016年）等。

关于中德交往的历史，可参读张星烺编注《中西交通史料汇编》第1册（北京：中华书局，2003年）的部分资料、施丢克尔《十九世纪的德国与中国》（北京：三联书店，1963年）、郭恒钰等编《德国外交档案：1928—1933年之中德关系》（台北：中研院近代史研究所，1991年）、吴景平《从胶澳被占到科尔访华：中德关系1861—1992》（福州：福建人民出版社，1993年）、卫茂平《中国对德国文学影响史述》（上海：上海外语教育出版社，1996年）、陈铨《中德文学研究》（沈阳：辽宁教育出版社，1997年）、顾俊礼《世纪之交的德国、欧盟与中国：中德建交二十五周年纪念文集》（北京：社会科学文献出版社，1998年）、杜继东《中德关系史话》（北京：社会科学文献出版社，2000年）、何兰《政治游戏中的一张王牌：德国对伪满洲国政策研究》（长春：吉林人民出版社，2001年）、王殊《中德建交亲历记：从记者到大使的传奇人生》（北京：世界知识出版社，2002年）、陈仁霞《中德日三角关系研究：1936—1938》（北京：三联书店，2003年）、刘立群《新世纪的德国与中国：纪念中德建交三十周年》（北京：时事出版社，2003 年）、卫茂平《德语文学汉译史考辨：晚晴和民国时期》（上海：上海外语教育出版社，2003 年）、叶隽《现代学术视野中的留德学人》（上海：同济大学出版社，2004 年）、《另一种西学：中国现代留德学人及其对德国文化的接受》（北京：北京大学出版社，2005 年）和《主体的迁变：从德国传教士到留德学人群》（上海：上海外语教育出版社，2008 年）及《德国学理论初探——以中国现代学术建构为框架》（上海：上海外语教育出版社，2012 年）、周建明《19 世纪中叶至 20 世纪中叶的中德贸易》（北京：中国文史出版社，2005 年）、潘琪昌《百年中德关系》（北京：世界知识出版社，2006 年）、柯伟林《德国与中华民国》（南京：江苏人民出版社，2006 年）、单世联《辽远的迷魅——关于中德文化交流的读书笔记》（上海：上海外语教育出版社，2008 年）及《中国现代性与德意志文化》（上海：上海人民出版社，2010 年）等。

第 一 章

德意志人国家的形成

公元918年圣诞夜,在魏尔堡的教堂中,年轻的法兰克尼亚公爵埃贝哈特(Eberhard,约885—939)怔怔地看着兄长、东法兰克王国的国王康拉德一世(Konrad I,约881—918)的遗体。国王是前一天去世的。临终前,国王出人意料地向他提出,由萨克森公爵亨利(Heinrich I der Vogler,876—936)来担任国王。埃贝哈特是国王唯一的胞弟,按照当时的继承原则,他本是王位的唯一继承者。何况亨利还不是法兰克人,更无理由担任东法兰克王国的国王。然而兄长的遗言并非毫无道理。"可供驱使,以保障财产、城市、武器、国王徽章以及所有装饰王室东西的军队都在我们的掌控之外。我的兄弟,这种王室掌控权将一直属于亨利及其背后的萨克森部族!"[1] 与其做一个无权的国王,不如退而求其次,做一个快乐的公爵吧!想到这里,埃贝哈特轻松了许多。几个月后,正在捕鸟的亨利(这是其外号"捕鸟者"的来历)被告知,他已被选为东法兰克王国的新国王。事实上,这次权力转移并非简单的王位继承而已。它被视作德意志人国家形成的起点,象征着德意志历史的开启。

---

[1] 沃尔夫冈·劳特曼和曼弗雷德·施伦克主编:《资料中的历史》(Wolfgang Lautemann und Manfred Schlenke hrsg., *Geschichte in Quellen*, Band 2, München: BSV, 1961),第137页。

德意志人是古代日耳曼人的一部分。若要了解德意志的起源,当从古代日耳曼人的历史开始。

古代日耳曼人

日耳曼人的来源和分布

"日耳曼人"(英语"German",德语"Germanen",拉丁语"Germani")一词由罗马人或高卢人创造,指生活于古罗马北部的外族人,但其精确含义至今不明。后人根据词源学推测,"日耳曼人"或许有"投枪者""令人生畏的好战的战士""邻居""喊叫者"或"山地人"等意思。当然,古罗马人并非在严谨的人种学意义上使用该词,其指代范围也有伸缩性,以致各种诠释既有道理,又有相互矛盾之处。①

根据现代学者的分析,日耳曼人是所谓"雅利安人种"最西的一支,属于印欧语系日耳曼语族。其基本特征是金发、碧眼、高鼻、体形高大。公元前2000年左右,日耳曼人生活于斯堪的纳维亚半岛和日德兰半岛一带。公元前6世纪起,一部分日耳曼人开始南下,经丹麦,逐渐散居在多瑙河以北、莱茵河以东的广大地区。

日耳曼人是一个集合概念,由众多部族构成,主要分为三支:(1)西日耳曼人,他们生活于莱茵河与易北河、北海与多瑙河之间,如法兰克人、盎格鲁人、萨克森人、黑森人、图林根人、阿勒曼人等;(2)东日耳曼人,他们主要生活在威悉河以东地带,如哥特人、勃艮第人、汪达尔人和伦巴第人等;(3)北日耳曼人,他们主要生活在斯堪的纳维亚半岛和丹麦,其中一部分后来以诺曼人或维金人的名称在欧洲各地出现。

日耳曼人的部族生活

在公元元年前后,日耳曼人的生活带着原始、朴素和野蛮的气息。他们已

---

① 约翰内斯·弗里德:《走入历史之路,1024年前的历史》(Johannes Fried, *Der Weg in die Geschichte*, *Bis 1024*, Berlin: Propyläen Verlag, 1994),第62页。

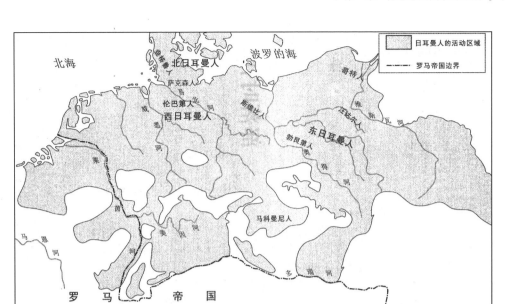

地图1.1 古代日耳曼人主要部族的分布（公元前4年左右）

开始定居生活，偶尔采摘野果，会种植谷物、豆类和蔬菜，蓄养禽畜，打造简单的铁制工具。手工业从农业中分离，小作坊陆续出现。个别地方的铁制产品与船只已被用来出口罗马，但日耳曼人却无商品意识。他们不会、也不愿制造金币，贸易的目的只是为了满足自然需求，或向罗马人支付贡金。男子都是战士，在战场上奋勇杀敌，在生活中尊崇军营生活的组织性与纪律性。女子十分支持男子的战斗精神，甚至接受武器作为聘礼。由于自然环境恶劣，日耳曼人的营养水平远远低于罗马人，他们的预期寿命也不高。

此时，日耳曼人正处于一连串社会转型中。一方面，母权制让位于父权制，男性角色日益突出，但女性的社会地位仍然不低。女性充当祭司的现象屡见不鲜，母系亲属（如外甥）的重要性有时甚至超过子女。一夫一妻制流行，偶尔也会出现妻妾成群的现象，不过庶出者没有继承权。

另一方面，氏族社会逐步向国家过渡。家庭是日耳曼社会的核心，若干家庭组成"百户"（Hundertschaft），若干"百户"构成"鄂"（Gau），全部"鄂"集合为"部族"（Volksstamm），一些"部族"可以联合为"部族联盟"（Stämmeverbände）。这种由血缘关系形成的共同体遵循原始的民主传统。部族

原始文献 1.1

日耳曼人和日耳曼社会

人们对于日耳曼人早期生活的推测，主要依据一些考古发现和两本重要史书，即恺撒（Gaius Julius Caesar，前 102/100—前 44）的《高卢战记》（成书于公元前 52—前 51 年左右）与塔西陀（Publius Cornelius Tacitus，56—120）的《日耳曼尼亚志》（成书于公元 98 年）。两书相距 150 年，彼此存在的差异除了反映日耳曼社会所发生的变化外，又同作者的著述目的相关。恺撒居高临下，用蔑视的口吻描述"野蛮人"的生活；塔西陀则指出了日耳曼人的一些优点，以讽刺罗马人的堕落。1497 年，塔西陀的书刚在德意志出版时，便立即得到追捧。到 19 世纪，一些民族主义史学家更借用塔西陀的话，制造了一个又一个神话。①

（日耳曼人）中间没有私有的、划开的土地，也不允许停留在一个地方居住一年以上。……由于食物的特点、日常的锻炼，再加上生活的自由自在——从孩童时代起，他们就不曾受过责任心和纪律的束缚，无论什么违反本性的事情都没勉强做过——使他们既增强了精力，又发育得魁梧异常……他们的各邦，认为能蹂躏自己的边境，使本国外围有一圈愈大愈好的荒地包围着，是一件最最光荣的事情。他们以为邻人被逐出自己的土地，再也没人敢靠近他们居住，是勇敢的表示。同时，他们也相信，这样他们便从此高枕无忧，再没有遭到突然袭击的可能。

恺撒著；《高卢战记》任炳湘译，北京：商务印书馆，1979 年，第 79、142 页。

我个人同意把日耳曼尼亚的居民视为世界上一种未曾和异族通婚因而保持自己纯净的血统的种族，视为一种特殊的、纯粹的、除了自己而外和其他种人毫无相似之处的人……他们大概是野蛮人唯一以一个妻子为满足的一种人：虽然也有极少数的例外，但那些例外者并非出于情欲的作用，而是由于出身高贵才招来许多求婚者……他们具有这样坚贞的品质；他们既不受声色的蛊惑，也不受饮宴的引诱……这儿优良的风俗习惯，其效力远胜于别的地方的优良的法律……甥舅的关系是和父子的关系相等的；的确，有些部落把甥舅关系看得比父子关系更为密切和神圣。……没有哪种人比他们更慷慨好客的了。

塔西陀著：《阿古利可拉传 日耳曼尼亚志》，马雍译，北京：商务印书馆，1959 年，第 57、64—66 页。

※ 两段文字分别描述了日耳曼人和日耳曼社会的哪些特征？它们之间存在哪些区别？

---

① 参见克里斯托夫·B.克里布斯：《一本最危险的书——塔西佗〈日耳曼尼亚志〉——从罗马帝国到第三帝国》，荆腾译，南昌：江西人民出版社，2015 年。

> **经典评述**
>
> ……在联合为民族的德意志各部落中,也曾发展出像英雄时代的希腊人和所谓王政时代的罗马人那样的制度,即人民大会、氏族酋长议事会和已在图谋获得真正王权的军事首长。这是氏族制度下一般所能达到的最发达的制度;这是野蛮时代高级阶段的典型制度。只要社会一越出这一制度所适用的界限,氏族制度的末日就来到了;它就被炸毁,由国家来代替了。
>
> 恩格斯:《家庭、私有制和国家的起源》,中共中央马恩列斯著作编译局译,北京:人民出版社,1999年,第151页。

全体大会(Volksthing,或译人民大会)决定所有重大事件,部族首领负责日常事务与对外征战。人们均分田地,并定期重新分配。这种集政治功能与经济功能为一体的血缘共同体模式,后来被马克思和恩格斯称作"日耳曼公社所有制"或"马尔克公社制"。随着时间的推移,这种公社形态逐渐解体,日耳曼人出现了明显的社会分化。部族首领的权力增大。在亲兵构成的扈从队(Gefolgschaft)的拥护下,他们开始自称为"王",其家人成为王族。为他们服务的军事将领和管理者构成了首批贵族。王与贵族拥有分配特权,自由民的决定权和分配权受到贵族的压制,半自由民(如仆从)和无权者(如战犯和奴隶)的社会地位最低。

日耳曼人的精神世界

日耳曼人的精神世界丰富多彩。他们被变幻多端的自然现象所折服,故而冥想出一整套复杂的自然神谱,如战神奥丁(Odin,或叫"沃坦",Wotan,相当于古希腊神话中的"宙斯")、雷神托尔(Thor)、丰收与和平神弗雷尔(Freyr)等。后来英语中的"周三"(Wednesday)便来自"Wotan"一词,"周四"(Thursday)来自"Thor"一词。为获得神灵佑护,日耳曼社会盛行各类巫术和咒语,甚至还保留着人祭的仪式。

除了主神外,日耳曼神话还提到了巨人、侏儒、女巫、精灵和魔鬼。这些形象保存在13世纪冰岛、挪威的歌集《埃达》(*Edda*)和散文集《萨迦》(*Saga*),以及德意志地区的《尼伯龙根之歌》(*Das Nibelungenlied*)里,此后则反映在19世纪浪漫主义运动中，特别是音乐大师瓦格纳（Wilhelm Richard Wagner，1813—1883）笔下的《尼伯龙根的指环》（*Der Ring des Nibelungen*）。

民族大迁徙

日耳曼人与罗马人的交往

日耳曼人虽已适应了农耕生活，但因技术不高，又接受了耕地轮休的方式，故而不得不时常迁徙。公元前2世纪末后，日耳曼人越过多瑙河或莱茵河，劫掠罗马人和高卢人的城镇。双方对峙时有发生。

日耳曼人与罗马人的第一次大规模冲突发生在公元前113年。两支生活在北海沿岸的日耳曼部族基姆布利人（Kimbern）和条顿人（Teutonen）越过莱茵河，攻入罗马行省诺里库姆（Noricum，今属奥地利），引发罗马人的恐慌。不过两支部族并未趁势南下，而是折向西，越过莱茵河，侵入高卢地区。10年后，他们又折返，与马略（Gaius Marius，前157—前86）率领的罗马军团大战于高卢

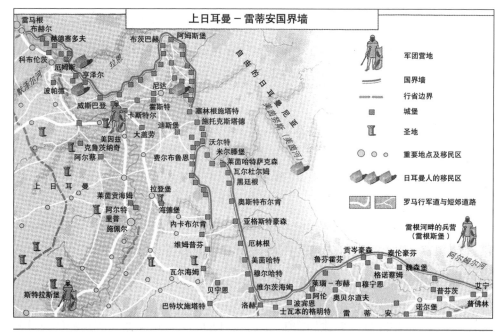

地图1.2 国界墙。该墙北起北海，南到莱茵河上游，全长548公里。256年，阿勒曼人破坏了大部分防线。到406年，该墙被彻底废弃。图中地名均为今天的德国城市名。

南部和意大利北部。最终，日耳曼人败退，罗马确保了边界安全。

公元前58年起，恺撒在高卢用兵。他不仅征服了越过莱茵河的日耳曼部族，还亲自渡过莱茵河，击败右岸的日耳曼人，确立了莱茵河一线为罗马人和日耳曼人之间的界限。公元前16年后，罗马统帅奥古斯都（Augustus，前63—公元14）为征服莱茵河与易北河之间的日耳曼部族，设立"大日耳曼尼亚"行省（Magna Germania），并沿莱茵河与多瑙河设置了拥有50多座城堡的边境防线，即著名的"国界墙"（Limes）。据此，罗马人既可防卫，又便于进攻。到公元6年，罗马人终于征服了一部分大日耳曼尼亚地区。

罗马人的征服，既为日耳曼人带来了先进的生产技术与新颖的生活方式，也不可避免地留下了惨痛的记忆。不甘失败的日耳曼人始终筹划着东山再起的方案。而这一天很快到来了。

公元9年，日耳曼部族舍鲁斯奇人［Cherusker］赫尔曼（Hermann，拉丁名字是阿尔米尼乌斯，Arminius，约前17—约21）联合其他部族，引诱罗马驻日耳曼尼亚军队总司令瓦鲁斯（Publius Quinctilius Varus，前47/46—9）率军误入崎岖难行的条顿堡森林（今德国奥斯纳布吕克附近），并成功消灭了三个罗马军团。此役震惊罗马，奥古斯都大喊"瓦鲁斯，瓦鲁斯，还我军团！"

插图1.1 条顿堡森林中的赫尔曼纪念像。该石像于1875年完成。在德意志社会，赫尔曼的故事妇孺皆知。到19世纪民族主义历史学家的笔下，赫尔曼更成为第一位民族英雄。不过实际上，英雄的一生并不顺利。其他日耳曼部族当时根本不理解他的举动，甚至宁愿同罗马将军合作，抗衡赫尔曼。他的妻儿被送往罗马，自己也英年早逝。

随后数年间，日耳曼人逐步收复了莱茵河以东地区，再次确定了莱茵河—多瑙河一线为罗马人与日耳曼人的自然界限。

民族大迁徙和日耳曼小王国的建立

公元3世纪起，由于生产发展和人口增加等原因，日耳曼人再次跨过莱茵河与多瑙河，进入罗马帝国。此时的帝国已日薄西山，不可与恺撒和奥古斯都时代同日而语。达西亚省（Dakien，今罗马尼亚）被哥特人攻陷，罗马人还被迫允许日耳曼人以"同盟者"身份进入帝国境内。罗马军队的"蛮族化"既加速了帝国的衰亡，又增强了日耳曼人的势力。恰在此时，一股意想不到的东方旋风席卷而来。

公元1世纪，匈奴人在东汉军队的打击下，南北分裂。北匈奴向西迁徙，越过中亚，渡过伏尔加河，经过民族融合，以"匈人"（Hun）之名，于4世纪中叶进入欧洲。375年，匈人在黑海击败并收服东哥特人，逼迫西哥特人向东逃亡。这便引发了日耳曼人雪崩式的迁徙运动，史称"民族大迁徙"（Völkerwanderung）。它加快了日耳曼人取代罗马人的步伐。

在接下来的两个世纪里，日耳曼各部族在罗马帝国境内大规模移动，不仅摧毁了帝国的统治基础，还顺势建立了数个小王国。

与此同时，莱茵河以东地区的日耳曼人也发生了重要变动。迁入罗马帝国境内的日耳曼人留下了广袤的地理空间。一些没有西迁的日耳曼部族彼此联合，又同剩余的凯尔特人、罗马人和斯拉夫人融合起来，逐渐形成了一批新部族，

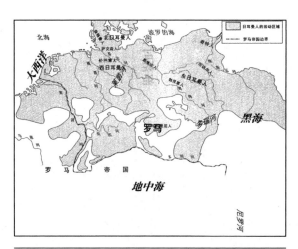

地图1.3 民族大迁徙。虚线为东西罗马帝国的分界线；(1) 盎格鲁人和撒克逊人①；(2) 法兰克人；(3) 苏维本人；(4) 勃艮第人；(5) 汪达尔人；(6) 西哥特人；(7) 东哥特人；(8) 匈人的迁徙路线

---

① Sachsen，萨克森人，中文一般把前往不列颠的"萨克森人"称作"撒克逊人"。

如弗里斯人、萨克森人、法兰克尼亚人①、图林根人、阿尔萨斯人、士瓦本人、巴伐利亚人等。这些地区将是未来德意志的据点，而这些部族便成为德意志民族的直接来源。

罗马崇拜与基督教化

在民族大迁徙中，日耳曼人取代罗马人，成为欧洲的新贵。不过在莱茵河西岸，日耳曼社会的罗马化却日益显著。每一支踏上罗马土地的日耳曼部族的首领都臣服于东罗马皇帝，并以后者的代理人自居。他们移植了罗马法的某些条规，并将之同日耳曼习惯法融为一体，以便能驯服仍

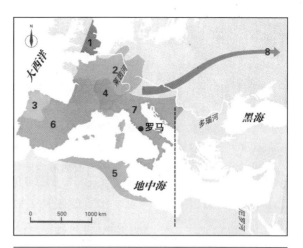

地图1.4 日耳曼小王国。这些小王国包括：③西班牙半岛的苏维汇王国（411年）、⑥南高卢和北西班牙的西哥特王国（419年）、⑤北非的汪达尔王国（439年）、④以里昂为中心的勃艮第王国（457年）、②高卢北部的法兰克王国（486年）、⑦意大利北部的东哥特王国（493年）和伦巴第王国（568年）。另有①盎格鲁人、萨克森人和朱特人渡海进入不列颠岛，建立了七个小王国。476年，日耳曼雇佣军首领奥多塞（Odoacer, 433—493）废黜西罗马帝国末代皇帝罗姆洛·奥古斯都（Romulus Augustulus, 460—476后），并以东罗马帝国皇帝代理人之名执政。

具野心的族民。在城市管理、政教关系，乃至葡萄栽培、建筑形制等方面，日耳曼王国均有意识地承袭了罗马模式。

在精神世界，日耳曼人也逐渐吸纳了基督教思想，放弃了万物有灵论。正因如此，他们不再害怕利用河流、森林等自然资源，更加渴望过上安定的生活。他们住在罗马城市中，饮食习惯、服装首饰也向罗马人看齐。②与罗马人略有不同的是，日耳曼人信仰的是基督教中的异端阿里乌派，即不接受圣父、圣子、圣灵的三位一体说，而认为圣子（即耶稣基督）是一位具体的、有形的神。这种教义十分契合当时刚刚放弃自然神崇拜的日耳曼人。

---

① 法兰克尼亚人与法兰克人，在德语中都是"Franken"。中文译名为区别两者，把民族大迁徙后留在莱茵河以东地带的法兰克人称为"法兰克尼亚人"。
② 约翰·巴勒克：《西方社会史》，第1卷，霍文利等译，桂林：广西师范大学出版社，2005年，第322页。

> **原始文献 1.2**
>
> ## 日耳曼国王们对东罗马皇帝的敬意
>
> 日耳曼人虽然推翻了西罗马帝国的统治,却并未结束古罗马帝国的历史。这是征服者对被征服者的敬畏。他们希望得到东罗马皇帝的敕封,以便名正言顺地统治帝国的西部。君权神授的思想深刻影响着日耳曼人。当时的共识是:具有神力者才能担任皇帝。因此,日耳曼人虽占据了西罗马帝国的疆土,却没有自信继承它的皇冠。这一缺憾不得不等待几百年后由法兰克王国的查理大帝来克服。
>
> 勃艮第王国国王西吉斯孟致东罗马皇帝的信:
> "我的人民即您的人民,统治他们不如为您服务更使我愉快;我族对罗马的世代忠贞使我们将您所赐予的军事头衔所表示的那些视为最大的荣耀;我们总是把皇帝给予的看得比我们祖先所能留下来的一切更重要。去统治我们的国家时,我们仅是把自己视为您的将领;您的神授君权普及海内,您的光辉从博斯普鲁斯照耀到遥远的高卢,您雇佣我们来管理帝国的边陲;您的世界便是我们的祖国。"
>
> ——引自《神圣罗马帝国》[英]詹姆斯·布赖斯著 赵秉莹等译,北京:商务印书馆 2016 年版,第 22 页。
>
> ※ 勃艮第国王的信透露出当时日耳曼人怎样的心态?

法兰克王国

法兰克王国的建立

法兰克人(Franken),意为"自由人"或"勇敢者",是生活在莱茵河中下游的日耳曼部族联盟。其内部分支繁多,尤以萨尔法兰克人中的墨洛温家族(Merowinger)发展最快。在西罗马帝国"以夷制夷"计划的安排下,法兰克人进入莱茵河西岸的高卢行省,成为罗马军队抵挡其他日耳曼部族的盾牌。[1]

---

[1] 海因里希·普莱梯沙:《德意志史》,第 1 卷,《500—1152:从法兰克王国到德意志王国》(Heinrich Pleticha, *Deutsche Geschichte. Band I. 500—1152 Vom Frankenreich zum Deutschen Reich*, München: Bertelsmann Lexikon Verlag, 1998),第 21 页。

公元481年,墨洛温家族的克洛维(Chlodwig I, 466—511)联合其他法兰克人,在高卢境内扩展势力。次年,他被奉为萨尔法兰克人的"小王"。486年,他率部击败了西罗马帝国驻高卢的最后一任总督西格阿里乌斯(Syagrius, ?—486/487),建立法兰克王国。墨洛温家族遂成为高卢境内最具影响力的家族。此后,克洛维连年用兵,征服了其他法兰克部族及西哥特人、阿勒曼人等,占领了几乎全部高卢以及莱茵河以东的广大地区。508年,东罗马皇帝阿那斯塔修斯一世(Anastasios I, 430—518)敕封克洛维为荣誉执政官。① 不过,克洛维更愿获得国王头衔。不久后,他在都尔的圣马丁教堂戴上王冠,定都巴黎,并以其祖父之名,命名为墨洛温王朝。

在立国前后,克洛维着重推行了三项措施:一是政治机制的罗马化。克洛维一度只允许高卢—罗马人进入管理机构,并保障各民族间的权利平等。他按照罗马法的原则,汇编《萨利克法典》。二是改宗基督教,推动王国境内的基督教化。在进入高卢时,法兰克人并未放弃原来的民族宗教。但据传,公元496年,由于妻子的督促和战局的危急,克洛维改宗基督教,并接受正统教义。当年圣诞节,他率3000名扈从,在兰斯教堂受洗。此后,克洛维的军队在征服领土的同时,也义无反顾地承担起传播福音、消灭异端的使命。阿勒曼人、图林根人和巴伐利

插图1.2 克洛维在兰斯教堂受洗(兰斯教堂入口处石像)。关于克洛维皈依和受洗的时间还存在各种说法,如496、497、498、499或507年。不过克洛维的目的很明确,即一方面以基督教徒身份同过去告别,另一方面向上帝祈求战争的胜利。

---

① 赫伯特·格隆德曼等:《德意志史》,第1卷(上),北京:商务印书馆,1986年,第146页。

亚人被迫皈依。基督教会与克洛维的统治形成了密切合作关系。511 年，克洛维甚至得到了主教授职权，国家教会的雏形出现。① 三是实行分封。克洛维把夺来的大量罗马王室的大量地产分封给扈从们，构成了最初的封君—封臣的采邑制。

在民族大迁徙时代，法兰克王国的建立本是稀疏平常的事。但其势力之大以及克洛维的以上三种措施，却把它同其他日耳曼小王国区别开来，使之成为连接古典世界与欧洲中世纪的重要桥梁。

从墨洛温王朝到加洛林王朝

克洛维死后不久，墨洛温王朝迎来了它的鼎盛期。在特德伯特一世（Theudebert I，495/500—547/548）在位期间，法兰克王国的疆域已从北海直抵多瑙河，巴黎成为欧洲西部的政治中心。为此，特德伯特一世历史性地称自己为"奥古斯都"，并下令用自己的名字铸造金币。② 不过，这种辉煌并未延续下去。墨洛温王朝很快遭遇统治危机。

墨洛温王朝的继承原则是政局持续混乱的主要原因。它既非罗马法确立的世袭继承原则，也不遵循民众选举的古老日耳曼习俗，而是分割制。这种继承原则起源于这样一种权利观念：国家由国王的儿子们分割，既便于统治，又保持了法兰克王权的统一性。王室认为，这种分割制将最终促成一个具有神力者重新统一全国。然而他们未曾料及，分割制最终造成了父子相残、兄弟阋墙的局面，王国也因此分裂为三个区域——以巴黎和苏瓦松一带为中心的纽斯特里亚；包括梅斯和兰斯周围地区的奥斯特里亚；以勃艮第为中心、包括普罗旺斯在内的勃艮第。

诸王不理朝政、疏于管理的慵懒态度加剧了权力旁落。据记载，历代国王沉湎女色，妻妾成群。王室成员间争风吃醋，互不相让。这便使管理国家的权力和责任落到了"宫相"手中。这是一种起源于管理罗马元老院庞大地产的官职，"宫相"是王室家政的主要管理者。公元 570 年左右，勃艮第首先任命了第一任宫相。随后，宫相的势力在王国内部急剧扩张。

---

① 海因里希·普莱梯沙：《德意志史》，第 1 卷，第 21—22 页。
② 赫伯特·格隆德曼等：《德意志史》，第 1 卷（上），第 151 页。

法兰克王国的地区差异更加速了民众的离心趋势。征服战争并未完成地区整合的使命。在莱茵河西岸，法兰克人聚居的北部和罗马—高卢人聚居的南部存在着经济与文化上的巨大差异。在莱茵河东岸，被武力征服的阿勒曼人、萨克森人和图林根人不时掀起反叛运动，这里的基督教信仰也同民族信仰混杂在一起。于是，法兰克人内部产生了呼唤强者的声音。

　　正是在这一背景中，丕平家族迅速崛起。公元625年，老丕平（Pippin der Ältere，约580—640）被任命为奥斯特里亚的宫相。其子中丕平（Pippin der Mittlere，635—714）几经努力，终于被任命为整个王国的宫相。其孙查理（Karl，688/689—741）在普瓦捷（Poitiers）战胜阿拉伯人（732年），被献上"锤子"（Martell）之美名。他当时慷慨封赏扈从，进一步推动了采邑制的发展。由此，丕平家族成为法兰克人心目中的强者，教会更希望凭借他们的力量传播福音。

　　公元751年，教皇扎迦利（Zacharias，679—752）提出"拥有国王头衔者最好是实际拥有权力的人"①。借此，查理之子小丕平（Pippin der Jüngere，或Pippin III，714—768）②废黜墨洛温王朝的最后一位国王。不久，他在苏瓦松被法兰克贵族推举为王，并在普吕姆修道院接受教皇特使博尼法斯（Bonifatius，672/675—754/755）涂抹油膏，完成登基仪式。③754年，教皇史蒂芬二世（Stefan II，死于757）在访问法兰克王国时，再次为新国王涂抹油膏，而国王则许诺保卫教会，打击意大利北部的伦巴第人。在这一过程中，王权与教权之间达成了默契：教皇以涂抹油膏的方式宣告墨洛温家族的神力从此转移到丕平家族，国王则用武力保障罗马教会的至高无上。

　　由于丕平家族后来出现了伟大的查理大帝，故而历史学家以"查理"的拉丁文形式（Karoli）命名这个新王朝为"卡洛林王朝"（又译"加洛林王朝"），丕平家族也被称为"卡洛林家族"。

---

① 乌尔夫·迪尔迈尔等编：《德意志史》(Ulf Dirlmeier, *Deutsche Geschichte*, Stuttgart: Reclams, 2012)，第30页。
② 小丕平，旧译"矮子丕平"，不妥。从德语角度来看，他的绰号主要指年龄；另有推测称法语中的"le Bref"也不是指身高，而是指"短发"。
③ 海因里希·普莱提沙：《德意志史》，第1卷，第27页。关于小丕平加冕一事，历来有不同的说法，上文叙述只是其中之一。

查理大帝

现在,我们迎来了法兰克王国历史上最伟大的国王查理大帝(Karl der Große,即"查理曼"[Charlemagne],747/748—814)。他是小丕平的长子。公元768年,根据部族全民大会的意见,查理同其胞弟卡尔曼(Karlmann,751—771)共同继承父亲的统治权。3年后,卡尔曼去世,查理便成为法兰克王国的唯一统治者,同时避免了墨洛温时期王国被瓜分的厄运。

查理是一位意志坚定、精力超常和手腕独特的君主。自继位起,他便致力于拓展疆土、传播基督教的使命。据统计,查理一生发动过53次战争,骑马行军近9万公里,对异端萨克森人用兵长达30年之久,战争死难者不下百万人。为进一步巩固王权,除加强巡视外,他在制度建设上动足了脑筋。一方面,他推动行政管理改革,加强中央权力,用地域统治取代血缘联盟。这些措施包括:"部"被"郡"或"区"所代,由中央政府任免的伯爵或边区伯爵成为地方最高行政长官;亚琛逐渐成了查理的固定驻地,每年5月国王和贵族在此召开大帝国会议,议决国家大事。另一方面,强化采邑制,巩固社会秩序。查理用臣属和封土的双重关系重组法兰克社会,构建起一套采邑金字塔等级制。他不仅是政治上的强者,还是文化上的贤人。在其统治期间,罗马文明得到了延续,教育隆盛,文化繁荣,后来被称为"卡洛林文艺复兴"。

在查理的文治武功日益显隆时,命运之神再次青睐他。此前,法兰克王国与罗马教会之间已形成了默契的互助关系。查理之父小丕平曾因救教皇有功,被封为"罗马贵族"。据说,他把拉文那(Ravenna)地区献给教皇,是为"丕平献土",教会借此建成教皇国。查理也曾救过教皇一次,但他并不满足于"罗马贵族"的虚号,反而更向往奥古斯丁笔下那个"上帝之国"的领导者形象。① 凑巧的是,深受罗马贵族折磨的教皇突然送来一封求救信。于是,公元800年,查理带着法兰克人如疾风般地扫荡罗马,平定纷争。当年圣诞节,教皇利奥三世(Leo III.,死于816)在圣彼得大教堂为查理加冕。从此,查理的头衔变为"由上帝加冕的伟大、贤明的奥古斯都、罗马帝国执政官、依靠上帝恩典的法兰克

---

① 海因里希·普莱提沙:《德意志史》,第1卷,第40页。

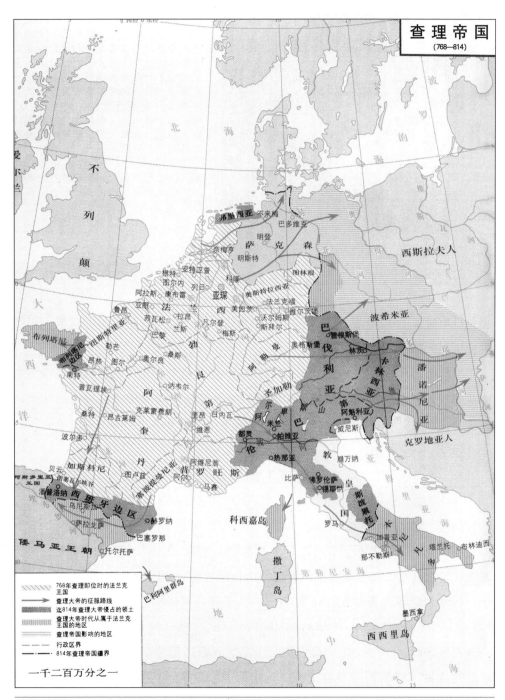

地图 1.5 查理帝国。查理时代的法兰克王国是继西罗马帝国后欧洲最大的国家。它西起埃布罗河，东迄易北河与多瑙河，北起北海和波罗的海，南抵意大利北部。

插图 1.3 教皇利奥三世为查理加冕（铜版雕刻画）。关于加冕一事，历来多有争论。查理大帝的传记作者艾因哈德认为，查理并未做好准备，甚至对加冕一事颇感愤怒。同其他日耳曼国王一样，他对东罗马皇帝仍然充满敬意，原本等待后者的敕封。此外，在查理看来，由教皇给他加冕的仪式颠倒了政教关系，使罗马主教因此具有了教皇之实。故而后来其子晋升为皇帝时，乃是查理亲自为他加冕。但也有人认为，查理对罗马皇冠早已垂涎三尺，推托只是表面文章。

和伦巴第国王"。12 年后，东罗马皇帝最终承认他为拥有同等权力的皇帝，可以平起平坐。

在整个日耳曼人的王国历史中，查理是称"大帝"的第一人。他不仅促成了法兰克王国向法兰克帝国的转变，还首次实现了日耳曼人成为罗马帝国继承者的梦想。"打到罗马，接受教皇的加冕"便成了由国王升格为皇帝的一种准则。

从东法兰克王国到德意志王国

法兰克王国的分裂

法兰克帝国并未永世长存。一方面分割思想深入人心，另一方面庞大帝国的统一治理确实比较困难，以致查理大帝也颇为赞同分区治理的方案。早在 806 年，他便制定了《继承条例》，规定三个儿子将分割帝国领土。只因两个儿子早逝，幼子"虔诚者"路易（Ludwig I der Fromme，778—840）方能独享整个帝国。

新皇帝明显缺少父亲的勇气和胆识。他既想遵循分割制，又为幼子谋算独吞的可能性，结果不得不与儿子们兵戎相见。贵族们支持反叛者，迫使"虔诚者"路易遵守《继承条例》，将帝国分割给三个儿子。根据协议，长子洛塔尔一世（Lothar I，795—855）得到皇冠和东部地区；三子"德意志人"路易（Ludwig der

Deutsche，806—876）① 得到巴伐利亚；幼子"秃头"查理（Karl der Kahle，823—877）得到西部地区。三个儿子之间拥有相互继承的权利。皇帝本人则被迫遁入修道院忏悔。

公元840年，"虔诚者"路易去世。洛塔尔一世试图统一帝国，他的两个弟弟决定联手反抗。842年2月14日，"德意志人"路易和"秃头"查理用《斯特拉斯堡誓言》（Straßburger Eide）巩固联盟，并得到了其他贵族的支持。在此压力下，洛塔尔一世不得不做出让步。其结果就是843年8月三方签署的《凡尔登条约》（Vertrag von Verdun）。该条约再次确定了分割原则，但做出了一

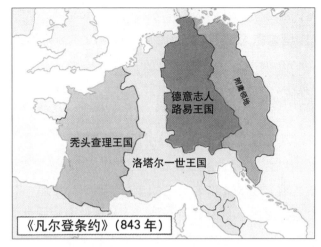

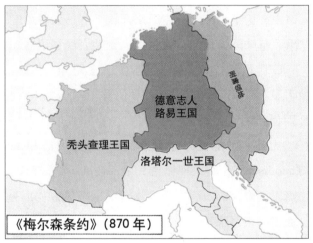

地图1.6 《凡尔登条约》后的法兰克王国和《梅尔森条约》后的法兰克王国。这些条约基本上确立了后世法兰西、德意志与意大利的版图。

些调整：洛塔尔一世获得洛林和意大利北部，保留皇冠，称中法兰克王国；"秃头"查理获得帝国西部，称西法兰克王国；"德意志人"路易获得帝国东部，称东法兰克王国。

---

① 与其他人的绰号不同，"德意志人"这个绰号并不是当时就有的，而是中世纪史学家赋予路易的。

洛塔尔一世之子洛塔尔二世（Lothar II，835—869）去世后，"秃头"查理与"德意志人"路易再次联手，于870年8月4日签订《梅尔森条约》（Vertrag von Meersen），瓜分洛林地区。880年，东、西法兰克王国又签订《里伯蒙条约》（Vertrag von Ribemont），把洛林地区全部划给东法兰克王国。

德意志王国的成立

《梅尔森条约》签订后，法兰克帝国也曾出现过几次统一的希望，但均以失败告终。当888年名义上的皇帝"胖子"查理（Karl der Dicke，839—888）去世后，帝国再也没有统一过。分割思想和相互猜忌只是阻止帝国统一步伐的因素之一，更重要的原因是东西差异越来越明显，以至于到公元9世纪时，一些人似乎忘记了莱茵河两岸原来都属于罗马人眼中的"日耳曼人"。东法兰克人逐渐产生了越来越强烈的自我意识，尤其表现在语言和安全观上。

日耳曼各部族间本来就存在方言差异，但在民族大迁徙后，这种差异性愈加明显。莱茵河西岸的日耳曼语同拉丁语融合，出现了罗曼语；东岸的日耳曼语则保持不变。时间一久，不少会议便特别要求用两种语言表达，如813年查理大帝主持的图尔宗教会议上，"拉丁语和Theodisca语"共用。在这里，"Theodisca"便指东部语言。该词在8世纪末已出现，以后被陆续用来撰写重要的历史文献。842年签订的《斯特拉斯堡誓言》是双方各用罗曼语和Theodisca语宣誓并书写下来的。这种情况越多，东法兰克人对"Theodisca语"的感情也就越深。他们逐渐把"Theodisca语"同"我们"这种自我意识结合起来，以区别于说罗曼语的西法兰克人。与此同时，另一个词"Teutonicus"也出现在东部。该词意为"条顿语"。这是东法兰克人出于对"条顿人"这一古日耳曼强者的尊敬所想象出来的一个概念。他们同样用这个词指代自己的语言，如诗人诺特克（Notker）在886年左右写下了这样一段话："我们"就是说"teutonisch"或"teutsch"语的人。[①] "Theodisca"与"Teutonicus"后来逐渐合并，产生了"Teutsch"（即Deutsch）一词，意为"德意志"。

[①] 约翰内斯·弗里德：《走入历史之路，1024年前的历史》，第17页。

"德意志"的产生表明东部地区形成了语言共同体，而在地域上的同舟共济则是抵御外敌所需。9世纪以来，东法兰克王国面临来自北方的丹麦人、东欧的斯拉夫人和马扎尔人的侵袭。然而统治者卡洛林家族却再也没有出现过像查理大帝那样的强者。末王"孩童"路易（Ludwig IV das Kind，893—911）继位时仅6岁，又如何带领东法兰克人抵御外敌呢？正因如此，东部的四大公爵萨克森、巴伐利亚、法兰克尼亚和士瓦本才团结起来，共同与外敌抗争。

语言和安全观的趋同，让原本由帝国任命的四大公爵一方面对卡洛林家族心生芥蒂，另一方面又在寻求重新组合的可能性，以保障新王权的强大。911年9月，孩童路易驾崩恰巧给了公爵们一个机会。他们拒绝了西法兰克国王"天真"查理（Karl III der Einfältige，879—929）的继承要求，转而选举了卡洛林家族的女系子孙、同为法兰克人的法兰克尼亚公爵康拉德一世为王。这一举动一方面让古代日耳曼人选举制得以维系，另一方面也体现了东法兰克王国的不可分割性。

不过康拉德一世并未让东法兰克人，尤其是公爵们感到满意。除了肃清王位觊觎者巴伐利亚公爵外，他并无特别战绩。而他力图加强王权的做法却遭到了其他公爵的抵制。令康拉德一世有苦难言的是，由于国王的物质基础并不坚实，缺少领土支撑，不能重振王权，御敌能力必然受制。正是在这种背景下，康拉德一世才不得不在去世前，指定当时最强大的萨克森公爵"捕鸟者"亨利为他的继承者。

919年5月，亨利继位，是为亨利一世。他是卡洛林家族的女系子孙，又是克洛维以来第一个非法兰克人出身的国王。这通常被视作德意志历史的开端。

结 论

德意志的历史首先孕育在古代日耳曼人的历史中。当古代日耳曼人离开"那景物荒凉、风光凄厉"的地方时，他们看到了一个完全不同的世界。古罗马的文明让他们的内心交织着自卑与自豪，充满着崇敬与遐想。最终，他们如愿以偿地获得了古罗马的皇冠，接受了象征神力的涂膏礼——野蛮人晋身为世界公民！然而条顿堡的热血还在沸腾，采邑分封腾空出世，在懵懵懂懂中，日耳曼人开始寻求自身的独特性。世界性与民族性的矛盾就这样第一次印刻在日耳曼人的心灵中。蜿蜒曲折的莱茵河没有带走日耳曼人的困惑，却把他们划分为两大群体：罗马化的日耳曼人和保持原貌的日耳曼人。凸显民族性的东部人在一连串的权力变动后，终于形成了一个新民族。这就是德意志。但是德意志人真的可以放下世界公民的梦想吗？

大事记

时间	德国	欧洲
公元前2000年左右	日耳曼人生活在斯堪的纳维亚半岛和日德兰半岛一带	克里特岛处于米诺斯文明时期，进入青铜时代
公元前6世纪起	一部分日耳曼人开始南下	公元前6世纪初，古希腊梭伦改革
公元前113年	两支日耳曼部族基姆布利人和条顿人攻入罗马行省诺里库姆。10年后，陆续败于马略率领的罗马军团	
公元前58年起	恺撒在高卢用兵，征服莱茵河两岸的一些日耳曼部族	
公元前44年		恺撒遇刺
公元前16年	奥古斯都设立国界墙	
公元6年	罗马成功征服了一些大日耳曼尼亚地区	
9年	日耳曼部族舍鲁斯奇人赫尔曼打败罗马人，取得条顿堡森林大捷	
48年		基督教耶路撒冷使徒会议确立以耶路撒冷教会为首、划分教区，正式传教开始

续表

时 间	德 国	欧 洲
375 年	匈人击败东哥特人，引发民族大迁徙	罗马皇帝瓦伦丁尼安一世去世
395 年		罗马帝国一分为二，西罗马后定都拉文那，东罗马定都君士坦丁堡
5—6 世纪	日耳曼小王国陆续建立	
476 年	日耳曼雇佣军首领奥多塞废除西罗马帝国末代皇帝	西罗马帝国灭亡
486 年	克洛维建立法兰克王国	
496 年	克洛维改宗基督教，在兰斯教堂受洗	
508 年	克洛维开启墨洛温王朝	
751 年	小丕平建立卡洛林王朝	伦巴第人攻陷拉文那，威胁罗马
9 世纪起		诺曼人开始对外扩张
800 年	教皇利奥三世在罗马为查理加冕	丹麦王哥特里克建立第一个防御堡垒，以抵御法兰克人的进攻
829 年		西萨克斯国王埃格伯特建立英国历史上第一个统一的英格兰王国
842 年	《斯特拉斯堡誓言》签订	
843 年	《凡尔登条约》签订	拜占庭皇帝召开宗教会议，正式接纳图像崇拜
870 年	《梅尔森条约》签订	阿拉伯人占领马耳他岛
877 年		西法兰克王国国王"秃头"查理颁布《克勒西敕令》，标志着法国封建制度完全确立

续表

时间	德国	欧洲
880 年	《里伯蒙条约》签订	
882 年		基辅罗斯国家建立
888 年	法兰克帝国的最后一任皇帝"胖子"查理去世	
911 年	东法兰克王国最后一任法兰克人国王"孩童"路易去世；法兰克尼亚公爵康拉德一世被选举为东法兰克王国的国王	维金人领袖劳罗被任命为诺曼底大公
919 年	萨克森公爵"捕鸟者"亨利一世被选举为东法兰克王国的国王，建立萨克森王朝	

进一步阅读书目

总体描述古代日耳曼社会的著作，可参见：林悟殊《古代日耳曼人》（北京：商务印书馆，1981 年）、杨邦兴的《日耳曼人大迁徙》（北京：商务印书馆，1986 年）、罗三洋《欧洲民族大迁徙史话》（北京：文化艺术出版社，2007 年）和 Jochen Martin, *Spätantike und Völkerwanderung* (München: Oldenbourg, 2001)。关于"民族大迁徙"的问题，特别推荐阅读：李隆国《"民族大迁徙"：一个术语的由来与发展》（载《经济社会史评论》2016 年第 3 期）。结合考古发现，对日耳曼社会进行实证研究的著作可参见英国史学家 Malcolm Todd 的一系列作品：*Everyday Life of the Barbarians: Goths, Franks and Vandals* (London: Dorset, 1972); *The Early Germans* (Oxford: Blackwell, 1992); *Die Zeit der Völkerwanderung* (Stuttgart: Theiss, 2002) 及最新出版的 *Die Germanen: Von den frühen Stammesverbänden zu den Erben des Weströmischen Reiches* (Augsburg: Weltbild, 2008)。对于日耳曼社会的理论分析，比较权威的著作是恩格斯的《马尔克》《论德意志人的古代历史》与《家庭、私有制和国家的起源》。

研究法兰克人及法兰克王国的基本史料是：格雷戈里《法兰克人史》（北京：商务印书

馆,1998年)、艾因哈德与圣高尔修道院僧侣所著《查理大帝传》(北京：商务印书馆,1979年)和《萨利克法典》(北京：法律出版社,2000年)。关于法兰克王国的通史性著作,可参见：Reinhard Schneider, *Das Frankenreich* (München：Oldenbourg, 2001) 和 Paul Fouracre ed., *Frankland. the Franks and the World of the Early Middle Ages* (Manchester：Manchester University Press, 2008)；Michael Peter, *Geschichte Frankens：vom Ausgang der Antike bis zum Ende des Alten Reiches* (Gernsbach：Katz, 2009)。近来关于克洛维及其真实历史的讨论增多,可参见：Michel Rouche, *Clovis.Histoire & Memoire. Le Bapteme De Clovis, Son Echo A Travers L'histoire* (Paris：Presses Universitaires De Paris-Sorbonne, 1996)；Laurent Theis, *Clovis：de l'histoire au mythe* (Bruxelles：Éd. Complexe, 1996)；Reinhard Schmoeckel, *König Chlodwig war kein Franke：Frankreiches und Deutschlands sarmatische Wurzeln* (Norderstedt：Books on Demand, 2009)。在这一方面,中国学者也不遑多让,相关研究可参见：陈文海《从"蛮族"首领到"圣徒"国王——论克洛维在中世纪法国的形象及其演绎》(载《史学集刊》2006年第6期)和徐晨超《论克洛维的改宗》(载《绍兴文理学院学报》2008年第5期)。关于加洛林王朝的统分问题,中国学者李云飞的论文《加洛林王朝代际更替中的疆土分治与王国一体》(载《历史研究》2021年第2期)有很好的分析。关于查理大帝,比较权威的著作是：Matthias Becher, *Karl der Große* (München：Beck, 2008)。有关日耳曼与德意志两种概念相互融合的历史,可参见Heinich Beck, Dieter Geuenich, Heiko Steuer und Dietrich Hakelberg, *Zur Geschichte der Gleichung, germanisch-deutsch* (Berlin：Walter de Gruyter, 2004)。文化方面,赫尔弗里德·明克勒的《德国人和他们的神话》(北京：商务印书馆,2017年)值得一读。

第二章

统治世界的迷梦：神圣罗马帝国前期的政治、经济与社会

在查理大帝加冕后的第 162 个年头，罗马城的圣彼得教堂内烛光闪烁。这一天本是一年一度的圣烛节，教堂的烛光仪式不足为奇。然而令罗马民众疑惑的是，教堂外居然站满了高大而强悍的蛮族士兵。他们知道，这些人来自北方，是传说中击败匈牙利异教徒、又帮助罗马城击退伦巴第人的奥托大帝（Otto I，912—973）的手下。但是这些蛮族士兵为何如此警卫森严地包围教皇的府邸呢？正在他们百思不得其解时，教堂内传来了阵阵欢呼声。不久，一个消息传来：教皇约翰十二世（Johannes XII，937/939?—964）刚刚为奥托大帝涂抹圣油，戴上皇冠。新的奥古斯都诞生了！对此，罗马人表现得十分冷静。一百多年来，查理大帝的子孙和一些意大利贵族都曾有过相同的待遇，可谁都没有能力长久地维系自己的王国，更别说重振罗马帝国的雄风了。然而对于德意志人来说，这一天却不啻为德意志历史的里程碑。它标志着罗马皇帝的桂冠传到了德意志人手中，查理大帝统治世界的梦想也一并由德意志人来实现，德意志人从此成为世界公民！这就是神圣罗马帝国的开端。

"神圣罗马帝国"的名称不是一开始就有的,也不是一成不变的。奥托大帝在世时自称"奥古斯都",并非"罗马皇帝"。他的儿子奥托二世(Otto II, 955—983)娶了希腊公主,得到了东罗马皇帝的认可,遂始称"罗马皇帝"。康拉德二世(Konrad II, 990—1039)定国号为"罗马帝国"。12世纪中叶,为同罗马教会相抗衡,"红胡子"弗里德里希一世(Friedrich I der Barbarossa,旧译"腓特烈一世",1122—1190)又改国号为"神圣帝国"。两号不久合一,即为"神圣罗马帝国"。300年后,因帝国疆域日益缩小,弗里德里希三世(Friedrich III, 1415—1493)改称"德意志民族的神圣罗马帝国"。此后,无人在罗马加冕,帝国统治者只能被称作"当选皇帝",即他是由选侯选举产生的皇帝,而不是由教皇加冕的皇帝。① 从奥托大帝加冕到1806年神圣罗马帝国解体,德意志人在统治世界的迷梦中度过了八个多世纪。

我们以宗教改革为界,把神圣罗马帝国分为前后两个时期。宗教改革前,神圣罗马帝国的各种特征处于不断显现和强化中;从宗教改革开始,神圣罗马帝国的支柱不断崩塌,直至被拿破仑的铁骑踏平。本章论述神圣罗马帝国前期的政治、经济和社会的发展。

皇位的稳固

帝国初期的制度建设

神圣罗马帝国建立初期,历代皇帝励精图治,在制度上推出了一系列稳固皇权的措施。首先值得一提的是皇帝们用家族政治与王室联姻的手段来抑制公爵势力的扩展。在东法兰克王国向德意志王国的转变中,四大公爵(法兰克尼亚、萨克森、巴伐利亚和士瓦本)扮演着决定性角色。然而在帝国初期,公爵势力的存在却成为威胁皇权的重要因素。自亨利一世起,萨克森王朝(919—1024)诸皇(王)用恩威并重的方式应对公爵们的离心力量。一方面,他们严厉镇压公爵们的反叛行动,如938年的法兰克尼亚公国的暴动;另一方面,又任

---

① 詹姆斯·布赖斯:《神圣罗马帝国》,赵秉莹等译,北京:商务印书馆,1998年,第450—452页。

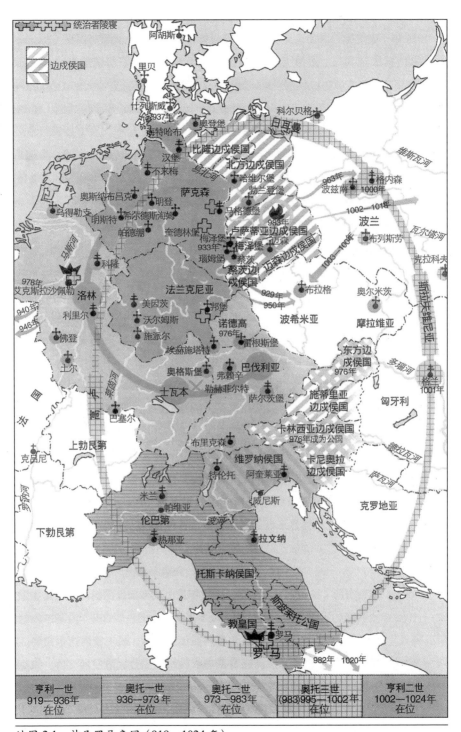

地图 2.1 神圣罗马帝国（919—1024 年）。

命皇室成员为各地公爵，或建立皇室与公爵之间的联姻关系，如士瓦本和巴伐利亚两大公爵多由外族人或皇室姻亲担任。如此一来，至少在短期内，萨克森皇室消除了地方势力对于中央权力的威胁，进而强化了统治王朝的地位，让选举制成为摆设。

其次，奥托大帝推行的帝国教会制度进一步分化了公爵势力，并建立起皇权与教权之间的同盟关系。政教合作本是法兰克王国的传统，历代国王掌握着任免主教的权力，教会也用涂膏礼确认王权的神授性。奥托大帝不仅继承了这一传统，更增进了教会的特权。他让教会连同所辖土地脱离地方权力的控制（即"豁免权"），直接处于皇室控制之下，并让弟弟担任科隆大主教即为一例。此外，他还向教会封授大量土地，以增强教会的物质势力，让教会首脑获得世俗管理权，变主教为政府的行政长官。马格德堡大主教区（967年）和班贝格大主教区（1007年）正是在这种背景下出现的。这些做法最终确立了皇帝的"主教授职权"，即皇帝有权任免主教。不仅如此，亨利二世（Heinrich II，973/978？—1024）登基后，还让教会贵族获得了选举皇帝的资格。这种政教合作关系在一段时间内巩固了中央权力，但从长期来看，它也是未来政教冲突的祸根之一。

最后，用废立教皇的方式来证明皇权的至高无上。尽管萨克森皇帝们笃信上帝，也需要教皇为他们加冕，但他们把自己视作上帝在尘世中的最高代表，而教皇只是皇权的附属，加冕不过是一种"服务行为"。他们多次出入罗马，以自己的喜好废立教皇，甚至还有意安排皇室成员、一位德意志人历史性地担任教皇（即格雷高利五世，Gregor V，972—999）。

所有稳定内部的制度建设之举，也需要外部环境的支撑。奥托一世两次战胜匈牙利人，特别是955年在奥格斯堡附近的莱希菲尔德（Lechfeld）战役，基本上稳定了东部边界。他在南部兼并意大利王国，把德意志人的触角伸向了阿尔卑斯山以南地区。他还颇有远见地让儿子迎娶拜占庭公主，从而获得东罗马皇帝的认可。

当然，帝国初期也不是那么一帆风顺的。奥托二世继位后，先在意大利南部败给了阿拉伯人（982年），后在易北河以东不敌斯拉夫人（983年）。这些败绩自然打击了萨克森皇室的威信，继而对上述集权性质的制度也产生了威胁。

> **原始文献 2.1**
>
> ## 亨利二世拒绝接受教皇的赠礼
>
> 公元1014年，亨利二世在罗马加冕。教皇本笃八世（Benedikt VIII，？—1024）向他赠送镶有珍珠的皇权金球。皇帝没有接受这份礼物，而是转赠给克吕尼修道院。
>
> 很有意义，噢，圣父，是你准备了这份厚礼，是你用这个球形来表示我的政权，要按什么样的原则办事。但是只有那些远离尘世光辉，只愿追随基督十字架的人才配占有这份礼品，除此之外别无他人。
>
> 阿·米尔著：《德意志皇帝列传》，李世隆等译，北京：东方出版社，1995年，第79页。
>
> ※ 为什么亨利二世拒绝了教皇的赠礼？

皇权的巅峰：亨利三世的统治

公元1024年，萨克森王朝的最后一位皇帝亨利二世无嗣而终。奥托大帝的玄外孙、法兰克尼亚公爵康拉德二世当选，开启了法兰克尼亚—萨利安王朝。但是，王朝更迭并没有中断各项制度的延续性。皇权上升的趋势在萨利安王朝的第二位皇帝亨利三世（Heinrich III，1017—1056）当政时达到巅峰。

亨利三世被誉为"上帝在地球上的总督"[1]。他不仅用武力平定内乱，还更为巧妙地用身兼法兰克尼亚公爵和士瓦本公爵的方式，扩大皇权的统治基础。在西边，他以决斗吓退法国国王，夺回了洛林。在东边，他接连攻打匈牙利人、波兰人、斯拉夫人，稳定了帝国的东部边界。[2] 在罗马，他还支持教会改革，严禁圣职买卖，连续废黜三位涉嫌贿选的教皇，并以"罗马人的保护者"头衔加冕为帝。在神圣罗马帝国的历史上，亨利三世是最后一位君临天下的实权皇帝。

---

[1] 阿·米尔：《德意志皇帝列传》，李世隆等译，北京：东方出版社，1995年，第89页。
[2] 赫伯特·格隆德曼等：《德意志史》，第1卷（上），第399页。

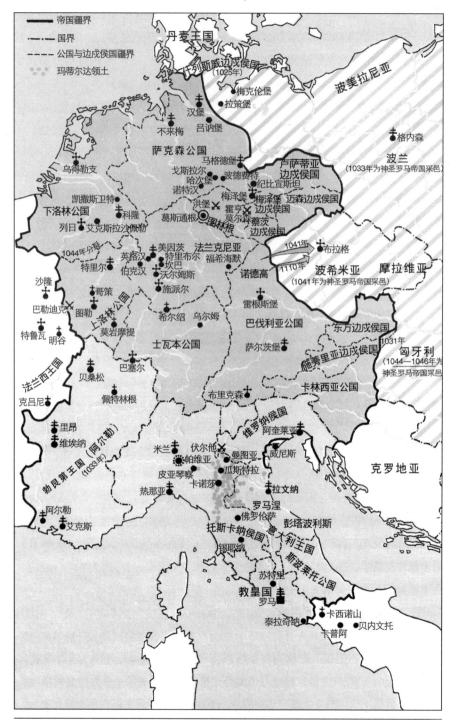

地图 2.2 法兰克尼亚—萨利安王朝时期的神圣罗马帝国。

亨利三世的英年早逝通常被视作帝国发展的转折点。早期制度建设的问题慢慢显露出来：一方面，中央与地方关系持续紧张。事实上，即便亨利三世在位期间，地方势力的各种抗拒行动从未停止过，再加上个人效忠度的降低和封建化的铺展而使局面逐渐失控；另一方面，政教关系随着教会改革运动的深入而广受质疑，日益赢得独立性的教会力量不仅希望摆脱世俗权力的控制，还试图反过来对皇权施加影响。自此，帝国进入狼烟四起的困境之中。

教权的挑战

克吕尼派运动

不满于现行政教关系的反对派首先来自基层教会，尤以克吕尼修道院为代表。该修道院位于法国南部勃艮第。10世纪末，克吕尼修道院的教士们发起纯净教会组织的运动，要求革除教职买卖和教士淫乱的流弊，这就是"克吕尼派运动"。不久，该运动席卷西欧。自视为教会保护者的亨利三世也对此表示支持。

然而克吕尼派运动只欢迎皇帝做他们的同盟者，而不是控制教会的统治者。他们声称，奥托大帝以降所形成的主教授职权也是一种圣职买卖。教皇利奥九世（Leo IX，1002—1054）正是克吕尼派运动的积极参与者。他把运动的矛头直接指向皇帝，要求实现各地主教任职与教皇选举的自主权。显然，这种斗争，反映的是政教双方对"谁才是上帝在尘世中的代表"这一问题的不同立场。

两次双皇斗

围绕主教授职权及其背后的权力之争，皇帝与教皇开启了长达两个多世纪的双皇斗。在无数次斗争中，尤以两次为甚。第一次发生在皇帝亨利四世（Heinrich IV，1050—1106）和教皇格雷高利七世（Gregor VII，1020—1085）之间，第二次发生在皇帝"红胡子"弗里德里希一世和教皇哈德良四世（Hadrian IV，？—1159）之间。

第一次双皇斗的主角脾气性格均属强硬派。亨利四世6岁继位，童年受到教会贵族的挟持，因而深感皇权的重要性。在他眼中，皇权必须绝对掌控教

插图 2.1 卡诺莎之行。亨利四世（下跪者）委托克吕尼修道院院长胡戈（左，Hugo，1024—1109）向其教女、卡诺莎边区伯爵夫人玛蒂尔德·冯·图茨恩（右，Mathilde von Tuszien，约1046—1115）求情，由后者代向格雷高利七世请罪。据载，亨利四世除去所有的皇帝标志，在卡诺莎城堡外赤脚站了三天，才得到教皇的原谅。自此，"卡诺莎之行"成为表示受辱之行的德国谚语。不过，在当时人看来，教皇或许也由于出尔反尔，而颜面扫地。

会。格雷高利七世曾是改革派教皇利奥九世的助理，后退隐克吕尼修道院，可谓深谙教会改革的意义。当选教皇后，他不仅要求继续推动主教授职权的改革，还破天荒地在《教皇敕令》中提出教皇拥有任免皇帝的权力。如此针尖对麦芒，两人的巅峰对决便是意料之中的事。公元1076年，双方在米兰主教的叙任问题上互不退让，隔着阿尔卑斯山毫无节制地相互攻讦。教皇最终以"破门令"（即开除教籍）来回应皇帝，并号召所有基督徒揭竿而起。面对始料未及的反叛力量，皇帝不得不采取迂回战术。1077年1月，他以"卡诺莎之行"的卑微姿态，获取了教皇的宽恕。待教籍恢复后，他迅即平定内乱，另立教皇，南下罗马，驱逐格雷高利七世。第一次双皇斗以皇帝的胜利而告终。

不过，双方在主教授职权上的摩擦仍在延续。直到1122年，亨利五世（Heinrich V，1081/1086？—1125）与教皇卡里克斯特二世（Calixt II，约1060—1124）达成所谓的"沃尔姆斯宗教协定"（这是17世纪出现的术语），并得到了德意志教俗诸侯的共同签署。它被誉为德意志历史上的第一部"国家大法"。根据该协定，皇帝有权干预德意志境内的主教和修道院院长的选举，并授予当选者以象征世俗权力的权杖；在意大利和勃艮第，皇帝无权干预主教和修

原始文献 2.2

亨利四世与格雷高利七世之间的斗争

中世纪早期，人们认为，政教一体的罗马帝国是一种理想的国家类型。在这种国家内，宗教权力与世俗权力和谐一致。神圣罗马帝国作为罗马帝国的继承者，也具有政教合一的特征，皇帝被视作上帝的尘世代表。然而到 11 世纪后半叶，亨利四世与格雷高利七世的相互攻讦却体现出两种不同的观念。

1076 年，亨利四世主持下的沃尔姆斯宗教会议决议废除格雷高利七世："你呀，我们所有的主教以及我们大家都宣判你有罪，滚下来！离开你不配占有的使徒座位！应该让另外一个不用神圣教规的外衣来掩盖暴行而以真正圣彼得的教诲教导人的人来登圣彼得的宝座。朕亨利，上帝恩宠的国王，以及我们主教们全体都对你说，滚下来，滚下来！"

丁建弘著：《德国通史》，上海：上海社会科学院出版社，2002 年，第 33 页。

格雷高利七世在废黜亨利四世的破门律中写道："现在降临吧，我恳求你们，啊，最神圣而幸福的神甫们和君主们，彼得和保罗，你们在人间也可以同样地按每个人的功罪，予夺其帝国、王国、诸侯领地、侯国、公国、伯国以及一切人的领土。你们既然裁判灵魂之事，那么我们所应相信的你们对于世间万物的权力是什么呢？既然你们裁判那些统治一切骄傲王公们的天使们，那么，对于他们的奴仆们，什么事情你们不能做呢？"

詹姆斯·布赖斯著：《神圣罗马帝国》，赵秉莹等译，北京：商务印书馆 1998 年，第 141 页。

※ 亨利四世与格雷高利七世如何认识自己的权力？

道院院长的选举，并只有在 6 个月后才能授予象征世俗权力的权杖；教廷有权向所有当选者授予象征宗教权力的指环和权杖。该协定在事实上并未削弱皇帝的权力——特别是一些强大君主（如霍亨斯陶芬王朝的那些皇帝们）仍然继续把帝国教会体制作为自己的施政工具——但在形式上却抬高了教皇的地位，以致数年后，教皇可以撇开皇帝，公然发出"解救圣地"的号召，启动十字军东征。

第二次双皇斗源于一种具有象征意义的礼节。据传，双皇见面时，皇帝应为教皇牵马，并在教皇下马时为他扶蹬。① 事实上，这是一个无法考证来源的礼节②，但其象征意义却昭然若揭，自然触动了新皇族霍亨斯陶芬家族的神经。该家族第一代皇帝康拉德三世（Konrad III，1093—1152）一上台便宣称德意志国王无须教皇加冕便可称帝。公元 1155 年，他的外甥"红胡子"弗里德里希一世在苏特里与教皇哈德良四世见面时，引人注目地拒绝了牵马扶蹬的政治礼节。教皇随即也未遵从常例拥吻皇帝。双方的矛盾由此揭开。两年后，一场盛大的法律论争爆发：教皇试图证明皇帝应从教皇手中接受封赐；皇帝则强调君权神授。这种口舌之争当然毫无结果。于是，"红胡子"用 32 年的时间来攻打意大利，试图以武力证明皇权的至高无上。然而世上终无常胜将军。公元 1177 年，"红胡子"变成了苦役，被人牵着走过威尼斯的大街，在圣马可大教堂内扑倒在教皇亚历山大三世（Alexander III，约 1100/1105？—1181）的脚下。教皇宽恕了宿敌，皇帝也十分虔诚地在教堂外为教皇牵马扶蹬，并最终死于十字军东征途中。第二次双皇斗以教皇的胜利而告终。

不仅如此，教皇的权力蒸蒸日上。亚历山大三世重申了教皇选举的原则，排斥了皇帝的干预权。英诺森三世（Innozenz III，1160/1161？—1216）甚至自诩为"万王之王、万主之主"，大肆宣扬"教皇权力至上"的理论，插手德意志的皇位之争。如若不是教皇与法国国王之间的矛盾上升，德意志皇权的命运殊难预料。

从德意志历史来看，双皇斗在某种意义上扮演着推动器的角色。它改变了帝国初期政教关系的和平局面，直接触及中世纪欧洲社会的重大问题，培育了德意志人的民族（国家）意识。然而斗争本身也造成了君权逐步失去权威性的结果，为此后诸侯邦国分立体制的形成提供了方便。

---

① 阿·米尔：《德意志皇帝列传》，第 139 页。
② 出现在 1230 年的《萨克森宝鉴》（Sachsenspiegel）曾在第一章中写道："上帝在地球上留下两把剑，用以保护基督的精神。宗教界由教宗决定；世俗界由皇帝决定。教宗在一定的时间，骑上一匹白马，而皇帝要在此时将马鞍固定，以便马鞍不会翻转。"这表明，这种礼节在德意志地区应该存在过一段时间。参见陈惠馨：《德国法律史——从日耳曼到近代》，北京：中国政法大学出版社，2011 年，第 119 页。

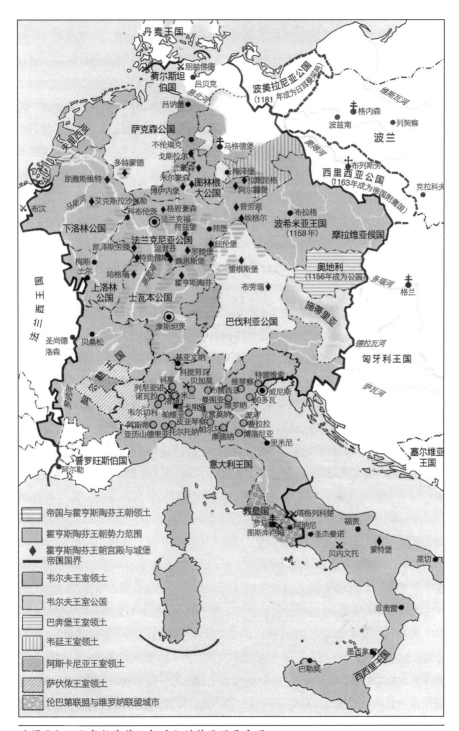

地图 2.3　霍亨斯陶芬王朝时期的神圣罗马帝国

诸侯邦国分立体制的确立

"迟到的"封建化

"封建化"指的是从日耳曼部落传统向中世纪国家制度的转向,一般表现为政治上的等级制和经济上的庄园经济。与其他西欧国家相比,由于帝国初期存在着强大皇权,德意志的封建化直到11世纪后期才初步形成,故而被历史学家称为"迟到的封建化"。不过,各国都有自己的发展道路,这种"迟到"只是德意志历史的特性而已。

推动德意志封建化的动力来自四个方面:第一,经济实力的对比发生逆转。皇室连年征战,消耗严重;诸侯借助东扩,建立边区马克,实力大增。第二,皇权的衰落。在与教廷的斗争中,皇权受到极大削弱,地方势力乘势而起。自亨利四世起,各地出现了大量以城堡为中心的地方政治单元。到弗里德里希二世(Friedrich II,1194—1250)时,因皇帝多年待在意大利,德意志诸侯的权势进一步得到巩固。第三,教会的封建化。"沃尔姆斯宗教协定"实际上鼓励了教会贵族的独立性,从而又培养了一支地方势力。第四,皇室的鼓励。面对社会结构的变化,同时为了与韦尔夫家族(Welfen)竞争,霍亨斯陶芬家族放弃了强硬的皇帝政策,努力调整中央与地方的关系,出台了一系列封建法令。如1180年的"采邑强制"条款规定国王必须在一年零一天内把无人继承的采邑再次分封出去;又如1232年"沃尔姆斯特权"规定世俗领主也有独立于国王的权力,允许诸侯在辖区内实行采邑制和铸币。它还把一些家族提拔为大公,以牵制那些老资格的公爵。

选侯选举制的出现

德意志的封建化直接导致传统的国王选举制发生重大变化。在德意志王国的历史上,选举曾经只是迎合先王或在位皇帝的意志而已,皇帝则是在国王人选上自然产生。然而由于教皇的干预和诸侯权力的上升,国王选举的结果便出现了其他可能性。公元1125年,亨利五世驾崩后,在教皇的支持下,公爵们违背了他的意愿,使萨克森公爵洛塔尔三世(Lothar III,1075—1137)成为第一个自由选举产生的国王和皇帝。亨利六世(Heinrich VI,1165—1197)试图用世袭制代

插图 2.2　查理四世与七大选侯。从左至右分别为特里尔大主教、科隆大主教、美因茨大主教、皇帝、波希米亚国王、普法尔茨伯爵、萨克森公爵、勃兰登堡边区伯爵。七大选侯被视作"照耀在神圣帝国之上的七重才智一统的七支烛光"。

替选举制，却因教会诸侯的反对而不得不作罢。此后，德意志多次出现数位国王并立的情况，甚至还出现了长达 20 年的"大空位期"（1254—1273）。

13 世纪中叶，选举制进一步转变为选侯选举制。公元 1263 年，教皇乌尔班四世（Urban IV，约 1200—1264）建议把选举罗马皇帝的权力赋予 7 个教俗诸侯（即"选侯"①）。1273 年，哈布斯堡家族的鲁道夫一世（Rudolf I，1218—1291）成为第一位由七大选侯推举产生的国王。此后，鉴于欧洲形势的变化，同时也为了适应世俗诸侯的权力变化，查理四世（Karl IV，1316—1378）于 1356 年颁布《金玺诏书》，确定美因茨、特里尔与科隆三大主教，波希米亚国王、普法尔茨伯爵、萨克森公爵和勃兰登堡边区伯爵为七大选侯。

《金玺诏书》颁布后，随着国际形势的变化和王朝更迭，帝国的皇权进一步衰落。14 世纪后半叶，西欧的英国、法国和西班牙陆续崛起；帝国东部边疆不得不再次面对波兰人和匈牙利人的威胁；南部的意大利人也不再欢迎德意志人南下，由于威尼斯人的阻挡，马克西米利安一世（Maximilian I，1459—1519）只能获得"当选皇帝"的头衔，这标志着帝国皇冠与罗马从此脱离干系。② 就这样，在 14 世纪末 15 世纪初，在新世界的入口处，神圣罗马帝国已经转变为一个单纯的德意志之地，并进一步成为哈布斯堡家族统治的代名词。

---

① 旧译"选帝侯"，不太严谨，因早年他们只是选举"国王"，教皇加冕后国王才称"皇帝"。
② 詹姆斯·布赖斯：《神圣罗马帝国》，第 316 页。

原始文献 2.3

金玺诏书（摘录）

查理四世作为欧洲最强大的君主，并不愿意动摇选举制。相反，他希望进一步明确德意志人在选举制中的特权，以排除教皇的干预和其他国王的觊觎之心，并维持国内和平。为此，在长达3个月的讨论中，皇帝严格控制了会议进程。这部帝国宪法没有提及教皇或罗马教廷，更未涉及皇帝在罗马加冕的问题。它被称为"德意志宪法史上的核心文件"，直至1806年帝国解体前始终是帝国的基本法。它虽然清晰定义了选侯权，达到了由德意志人控制德意志的目标，但在实践中却进一步弱化了中央权力，推动了诸侯邦国分立制度的形成。

I.16. 当美因茨收到罗马人之王驾崩之噩耗后，其大主教须在一个月内通知各选侯死讯并联系进行选举。若大主教忽视或拒绝从之，则各选侯在皇帝驾崩三月内当尽忠自发集会于法兰克福，以选举罗马人之王及未来皇帝。

II.2. 选举人起誓："我，美因茨主教，德意志帝国宫相，选侯，以我对上帝及神圣罗马帝国的信仰向我面前的神圣福音书起誓：我将在上帝帮助下，尽力依照我的智慧与判断，将选票投给最适合统治基督徒之人。我将不为任何人的任何妥协、收买、贿赂承诺之类所动，自主地提议并投出选票。愿上帝与所有圣徒保佑我。"

3. 选举人发誓后便要进行选举，若没有凭借多数选出一个统御世界及基督徒的罗马人之王与未来皇帝，他们就不能离开法兰克福。若起誓后三十天仍没有决议，则他们须粗茶淡饭过活且不能离开该市，直至选举达成决议为止。

IV.2. 当帝国皇位出现空缺，美因茨大主教可依据其自古以来就有的职权，召集其他选侯进行选举。他还有特权在选举时，按以下顺序分别向每位选侯收集选票：首先是自古以来就有第一个投票权的特里尔大主教；其次是最早为罗马人之王加冕的科隆大主教；再次是因其王室头衔优先于其他世俗诸侯的波希米亚国王；第四是莱茵的普法尔茨伯爵；第五是萨克森公爵；第六是勃兰登堡边区伯爵。之后其他选侯反过来要求美因茨大主教宣布他的选择与选举结果。在会场上，勃兰登堡边区伯爵向皇帝供水洗手；波希米亚国王有权第一个向皇帝奉上杯子，虽然他的王室身份使得他除非情愿可以不必如此；莱茵的普法尔茨伯爵则向他奉上食物；而萨克森公爵则依照通常礼仪像他的随从一样行事。

XI.2. 现通过法律将此权利永久扩大给世俗选帝侯，包括莱茵的普法尔茨伯爵、萨克森公爵、勃兰登堡边区伯爵及其继承人与臣属。

《金玺诏书》(*The Golden Bull of Charles IV*, 1356)，载《德意志史料集》(*Documents of German History*)，路易斯·L. 辛德（Louis L. Snyder）编，New Brunswick: Rutgers University Press, 1958年，第46—49页。

※ 从上述条文中，我们可以看出选侯选举制包括哪些程序？

缓慢变化中的经济与社会

封建庄园领地制

萨克森王朝时期,农业与土地经济成为帝国的主要产业,并奠定了封建庄园领地制的基本特征。领地制的持有者是各级贵族,他们根据封建继承关系拥有大小不等的庄园。庄园是农村的基本生产和生活单位,包含着领主私有地和农民自由地两部分。在农民的社会身份中,自由民、自由佃农和农奴是最基本的三种类型,他们需要用劳役、实物和货币地租的形式向领主纳税。13世纪后,商品经济发展促使德意志出现了农奴制衰退的趋势,如用货币地租来代替徭役。然而由于诸侯邦国分立体制的确立,各地领主为保障自己的独立性,再度

插图 2.3 帝国的等级关系。上帝对教士说:"你应该祈祷!"对贵族说:"你应该保卫!"对农民说:"你应该工作!"等级制是帝国统治的社会基础,但等级的权利与义务并不是从一开始便得到明确的。随着时间的推移,各等级的内涵也在不断变化中。

强化对农民的人身控制,尤其在南德出现了所谓"人身农奴制"的现象,以致15世纪后半叶不断涌现农民斗争。与此相反的是,在东部的领主庄园中,由于贵族们较为容易地获得斯拉夫人的土地,因而新迁来的农民大多沦为无地的农奴。总体而言,庄园经济的收支平衡状态仍属于低水平。或许由于未能及时解决肥料问题,粮食生产长期落后于人口增长,再加上极端气候频繁出现,造成13世纪晚期到14世纪上半叶德意志经济发展迟缓。

城市与城市同盟

城市勃兴是帝国社会发展中的重要现象。最初的德意志城市是那些古罗马的遗存。此后在经济发展的带动下，11世纪初，沿着莱茵河、易北河等流域出现了大批新城。[①] 一些城市处于经济贸易线上，如奥格斯堡、纽伦堡，它们很快成为帝国的重要商业之都；另一些城市作为各邦都城，获得了邦君的支持，如奥地利的首府维也纳便是12世纪兴起的城市。美轮美奂的建筑吸引着大量文学家驻足此地。到15世纪末，帝国共有4000多座城市。不过这些城市大多只有2000人以下的人口，只有科隆等少数城市的人口超过3万。

城市生活从一开始便出现了有别于农村的特征：

城市崇尚自由。在11世纪政教斗争或中央与地方的斗争中，科隆、沃尔姆斯等城站在皇帝一边，因而获得了豁免权，赶跑了主教或领主，成立城市议会，颁布城市章程。根据城市章程，逃往城市的农奴若能待满1年零1天，便获得了自由，这就是"城市的空气让人自由"的体现。

城市强调公共秩序和纪律。城市的各阶层被严格限定在有限的社会流动中，一些贵族和控制着商业生产整个过程的行会领袖们，作为"城市显贵"进入市议会；普通手工业者被整合到不同的同业公会中；"边缘群体"包括佣工、短工、乞丐和游民无产者，他们没有完整的市民权，对城市发展缺少影响力。

城市还尊重财富。城市商人的影响力与日俱增，他们不仅成为城市的统治者，而且还对帝国政治拥有影响力，如奥格斯堡著名的银行家富格尔家族便在15世纪起成为帝国皇帝与欧洲各君主的放贷人。

城市也成为知识创造的中心。14世纪起，帝国境内出现了第一批大学，如布拉格大学（1347年）、维也纳大学（1365年）、海德堡大学（1368年）、科隆大学（1388年）、爱尔福特大学（1397年）、维尔茨堡大学（1402年）、莱比锡大学（1409年）、弗莱堡大学（1457年）、美因茨大学和图宾根大学（1477年）。在大学中，"七艺"是主要的学习内容，即文法、修辞、逻辑、算术、几何、天文和音乐。

[①] 哈根·舒尔策：《德国：一段新的历史》(Hagen Schulze, *Germany: A New History*, Massachusetts: Harvard University Press, 1998)，第39页。

原始文献 2.4

汉撒同盟的法令（1260 年）

汉撒同盟最初是为了抵御海盗陆匪侵扰而组成的，随后逐渐演变为一个庞大的商贸组织。它有着固定的议会、法院和金库。吕贝克的法律成为同盟的法律。17 世纪后，汉撒同盟虽然衰落了，但其影响力并未完全消退。一些城市，如汉堡、不来梅、吕贝克等仍把自己称作"汉撒城市"。

在预定的相关商讨之后，我们谨宣布，向一切愿受吕贝克章程律法约束的商人提供援助的决议已经达成。

1. 每座城市均须尽力打击海盗等恶徒，维护海疆，以使海上贸易可以自由进行。

2. 若某人因违法而被一座城市驱逐，则其他城市亦不得接纳。

3. 若城市议员被俘，不应以赎金赎出，而要为其送去剑带短刀。

4. 商人不得为他人支付赎金，即使后者将会偿还也不行。否则将对其处以在其自己城市及所有吕贝克法律治下城市范围内没收所有个人财产的处罚……

7. 若爆发领土战争，各城市不得伤害其他城市议员的人身与财产安全，反之应予以善意帮助。

8. 若有任何男人在同盟任何城市内重婚，而其原配有力证可依法证明他为丈夫的，男人要被斩首……

以上决议一年内生效。之后所行措施须经各城市间以文书方式交流通过。

在施洗者圣约翰节于维斯马（Wismar）签订。

《汉撒同盟》(*The Hanseatic League*)，载《德意志史料集》，第 44—45 页。

※ 从上述条款中，我们可以知道汉撒同盟对所属成员的权利和义务有哪些规定？

---

13 世纪中叶，一些城市为了共同的海外利益，捍卫本地权益不受皇帝和邦君的威胁，陆续结成同盟关系，如莱茵城市同盟、士瓦本城市同盟和汉撒城市同盟，其中以汉撒城市同盟最具影响力。"汉撒"意为"行会"，是当时来往于戈特兰岛、尼德兰、英格兰和德意志的商人所建，后以吕贝克为中心，构成德意志北部的一支强大力量，极盛时有 80 多个城市加盟。它垄断了北欧的贸易线，并在伦敦、勃律格、卑尔根和诺夫哥罗德设立商站，甚至还干涉当地的政治决

经典评述

"德国工业在14和15世纪已经相当繁荣。城市行会手工业已经取代封建的地方性的农村工业,并且已经为较广大的地区,甚至为较远的市场从事生产。粗毛呢和亚麻布的织造这时已经成为固定而又分布很广的工业部门;就连比较精细的毛织品和亚麻织品以及丝织品也已经在奥格斯堡织造出来。除了纺织业以外,那些靠中世纪末期僧侣的和世俗的奢侈生活来维持的工艺品生产部门,例如金银加工业、雕塑和雕花业、铜版雕刻和木板雕刻业、武器锻造业、奖章制造业、旋工行业等等,也都蒸蒸日上。"

——恩格斯:《德国农民战争史》,《马克思恩格斯文集》,第二卷,人民出版社,2009年,第221页。

策。不过,汉撒同盟并未得到中央权力的支持,随着新航路的开辟与西欧政治格局的变动,最终在1669年黯然谢幕。

宫廷与骑士文学

我们最后来看帝国社会的最高层。贵族最初源于家族血统与战争功勋,此后随着社会权力关系的变动与分封的进行而不断分化。不过,尽管贵族之间存在差异,但宫廷生活的象征意义与示范作用却是统一的。它一方面承担起宣扬与区分贵族权力的使命,另一方面也在潜移默化中改造社会的审美观与道德观。其中,骑士文学是引人注目的成就。

骑士本是低级贵族,主要承担作战任务。但当城堡取代修道院,成为文化活动的中心后,骑士便成为文化的创造者与创作对象。在骑士文学中,无论史诗、抒情诗,还是教谕诗,无一例外地宣扬英勇善战、爱美尚德、忠诚慷慨等品质。德意志文学史上第一部名著《尼伯龙根之歌》便是这一时期的代表作。维尔茨堡的宫廷诗人瓦尔特(Walther)曾用如此诗歌来描写德意志骑士:"德意志的风尚超过全世界/从易北河到莱茵河/再回头到匈牙利/也许有最高尚的人存在/我在别处没有见过。"

插图 2.4 骑士的生活。骑士的形象在中世纪发生过转变。在军事作用下降后,骑士精神多指爱情生活上的坚贞和浪漫。随着火器传入欧洲,骑士的优势更不复存在,骑士文学也随之衰落。神圣罗马帝国前期的最后一位皇帝马克西米利安一世被称为"最后的骑士"。骑士时代的结束恰好敲醒了迷梦中的德意志人。

结 语

　　德意志的历史刚刚因亨利一世被选为王而拉开帷幕,却很快随着奥托大帝戴上罗马皇冠而消失在神圣罗马帝国的光环之中。帝国的梦想让德意志人陷入一种复杂的双重心理:一方面,他们渴望成为欧洲的最强者;另一方面,他们却甘愿融化自己,让世界公民的虚名慰藉不断受到伤害的民族心灵!皇权的起伏带走的是相互攻讦、硝烟弥漫,乃至生灵涂炭的一个个悲剧,留下的仍然是各行其是、划地分割,乃至彼此对立的一出出荒诞戏。当历史的时针终将指向近代世界时,迷梦中的德意志人啊,你将向何处去?

大 事 记

时间	德国	欧洲
962 年	奥托大帝在罗马加冕，神圣罗马帝国建立	
987 年		法国加佩王朝建立
1024 年	法兰克尼亚—萨利安王朝建立	
1054 年		基督教东西方教会正式分裂
1056 年	亨利三世去世	
1066 年		法国诺曼底公爵威廉登陆英国
1076 年	米兰主教叙任之争，第一次双皇斗开始	
1077 年	卡诺莎之行	
1096 年		十字军东征开始
1122 年	"沃尔姆斯宗教协定"签订	
1143 年		葡萄牙建立独立王国
1155 年	红胡子弗里德里希一世拒绝为教皇牵马扶蹬，第二次双皇斗开始	
1177 年	红胡子弗里德里希一世在威尼斯向教皇认罪	
1202 年		法王腓力二世剥夺英王约翰在法国的领地。这是法国王权由弱转强的转折点。
1215 年		英王约翰签署《自由大宪章》
1233 年		宗教裁判所设立
1263 年	教皇乌尔班四世提议用七大选侯选举制取代传统选举制	
1273 年	选侯权力加强，哈布斯堡王朝开始	

续表

时　间	德　国	欧　洲
1295 年		英国议会制正式形成
14 世纪起		欧洲进入文艺复兴时代
1306 年		法王首次召开三级会议
1309 年		教皇成为"阿维农之囚"
1320 年		波兰建立统一国家
1337 年		英法爆发百年战争
1348 年		黑死病蔓延
1356 年	查理四世颁布《金玺诏书》	英国在普瓦提埃战胜法国
1367 年	汉撒同盟正式成立	
1452 年	弗里德里希三世成为最后一位在罗马加冕的皇帝，神圣罗马帝国改名为"德意志民族的神圣罗马帝国"	
1453 年		土耳其攻克君士坦丁堡；英法百年战争结束
1499 年	瑞士独立	
1508 年	马克西米利安一世只获得"当选皇帝"的头衔	

进一步阅读书目

总体描述神圣罗马帝国前期政治、经济和社会发展的著作，首推英国历史学家詹姆斯·布赖斯《神圣罗马帝国》（北京：商务印书馆，1998 年）。德国史学界的最新研究可参见 Klaus Herbers 和 Helmut Neuhaus，*Das Heilige Römische Reich：Schauplätze einer tausendjährigen Geschichte*（*843-1806*）（Köln：Böhlau，2005）。

关于皇权与教会及公爵之间的斗争，不妨阅读刘新利《基督教与德意志民族》（北京：商务印书馆，2000 年）与侯树栋《德意志中古史——政治、经济社会及其他》（北京：商务印书馆，2006年），或对比阅读阿·米尔《德意志皇帝列传》（北京：东方出版社，1995年）和刘明翰《罗马教皇列传》（北京：东方出版社，1995年）。另可参见 Benjamin Arnold 的系列著作：*German Kneighthood 1050-1300*（Oxford：Oxford University Press，1985）；*Princes and Territories in Medieval Germany*（Cambridge：Cambridge University Press，1991）；*Power and Property in Medieval Germany：Economic and Social Change c.900-1300*（Oxford：Oxford University Press，2004）等。

关于该时期社会经济发展的情况，可阅读汤普逊《中世纪经济社会史》（北京：商务印书馆，1961年）中的部分章节（第11、19、26、27、28章）、汉斯－维尔纳·格茨《欧洲中世纪生活》（北京：东方出版社，2002年）和亨利·皮雷纳《中世纪的城市》（北京：商务印书馆：2006年）、王亚平《西欧法律演变的社会根源》（北京：人民出版社，2009年）。宫廷与骑士文学的意义，可参见约阿希姆·布姆克《宫廷文化：中世纪盛期的文学与社会》（北京：三联书店，2006年）和邢来顺《德国贵族文化史》（北京：人民出版社，2006年），德国史学界的通论作品有 Joachim Ehlers，*Die Ritter：Geschichte und Kultur*（München：Beck，2006）。

第三章

宗教改革

公元1517年深秋，德意志中部小城维滕堡，一位神甫在房间中来回踱步。回想起早晨看到的那一幕，他仍觉得胆战心惊。来自多明我修道会的约翰·特策尔（Johann Tetzel，1465—1519）居然大张旗鼓地销售赎罪券，甚至许诺"钱在匣子里铛鎯响，灵魂就从涤罪所跳上天堂"！尽管赎罪券的买卖已有数年之久，但特策尔的话仍然让这位圣经学的教授感到困惑。上帝允许以这种方式来赎罪吗？在查阅《圣经》后，他再次肯定了这种怀疑，并决心把自己的立场公布于众。这位神甫便是马丁·路德（Martin Luther，1483—1546），他那最终成文的战斗檄文被称作"九十五条纲领"。这篇长文公布后不久，宗教改革的旋风席卷了整个德意志与欧洲。它敲响了近代世界的钟声，传统社会的等级制度、神权政治与封建意识自此踏上了消亡之路。

宗教改革运动前后持续了一个半世纪，它所造成的社会影响无以衡量。为什么这场伟大的精神斗争会发生在16世纪初的德意志？这一切还应从当时的德意志社会发展中寻找原因。

宗教改革前的德意志

经济与政治发展的不平衡

15世纪末,在皇帝马克西米利安一世的统治下,德意志发展中的二元特性日益明显。一方面,经济成就在欧洲首屈一指,采矿业、金属业位居前列,银行业突飞猛进,城市建设引人注目①;另一方面,皇权衰落和政治分裂几成定局,诸侯与皇帝形成了微妙而脆弱的关系。马克西米利安一世曾推行一系列帝国改革,如确保帝国会议作为最高帝国机构的地位、成立新的帝国最高司法机构"帝国皇家最高法院"、推行"帝国税"来支撑帝国机构的开销、在皇帝与帝国等级之间创立"帝国区"以推行扁平化的地区管理、创立一种等级式的帝国政府。但这些措施并没有产生集权效果。② 这种政治与经济发展的不平衡性注定让德意志无法跟上大航海时代的步伐,构建绝对主义王权。更糟糕的是,其内部还集聚起强大的对抗力量。

信仰改革运动的兴起

与皇权同时衰落的还有罗马教廷的威望。在14世纪的大半时间里,教皇成为法王掌心的玩偶,连教廷也被迫从罗马迁往阿维农。阿维农的教廷勾心斗角、生活糜烂。约翰二十二世(Johannes XXII, 1245/1249?—1334)发明了"赎罪券",本笃十二世(Benedikt XII, 1285—1342)甚至制定了"赦罪价目表"。对此,教会内部出现了一些改革派,帝国境内尤以波希米亚教士、布拉格大学校长胡斯(Jan Hus, 1372—1415)最为出名。他接受英国教士威克利夫(John Wycliffe, 约1330—1384)的学说,猛烈抨击教皇的腐败,并号召民众革新教会。③

---

① 赫尔曼·奥宾与沃尔夫冈·措恩:《德国经济与社会史手册》,第1卷(Hermann Aubin und Wolfgang Zorn, *Handbuch der Deutschen Wirtschafts- und Sozialgeschichte*, Band 1, Stuttgart: Klett-Cotta, 1971),第437—446页;《宗教改革前夕德国的经济状况》,载《史学选译》1980年第3期,第2—3页。
② 乌尔夫·迪尔迈尔等编:《德意志史》(Ulf Dirlmeier u.s.w. Hrsg., *Deutsche Geschichte*, Stuttgart: Reclams, 2013),第128—129页。
③ 埃里希·卡勒尔:《德意志人》,黄正柏等译,北京:商务印书馆,1999年,第163页。

这场信仰改革运动引发了无数次浩大的宗教辩论和宗教冲突。在教皇的压力下，原本答应保护胡斯的皇帝西吉斯蒙德（Sigismund，1368—1437）做出了让步，胡斯被处死。不久，德意志出现了胡斯派运动，席卷多个地区，长达20年之久。它是宗教改革前罗马天主教会所遭受到的最大的一次打击。

人心恐慌与赎罪买卖流行

正当政坛与教界风云变幻时，14世纪后半叶，黑死病肆虐，土耳其人又以迅雷不及掩耳之势攻占君士坦丁堡。整个欧洲的民众都陷入突如其来的死亡阴影中。

人心恐慌不仅拯救了教会，还进一步为其宣扬赎罪理论提供了可能性。教会编写了各种末日时间表与临终祷告手册，把朝圣、朝拜圣徒的遗骸或圣物、捐赠，乃至购买赎罪券等方式美化为赦罪的途径。

16世纪初，赎罪券买卖更带上了敛财的色彩。为了重修圣彼得大教堂，教皇利奥十世（Leo X，1475—1521）把美因茨大主教的职位出售给马格德堡大主教阿尔布莱希特（Albrecht von Brandenburg，1490—1545）。后者有权在所辖教区出售赎罪券，以把收入的一半用于归还购买圣职的贷款。特策尔正是阿尔布莱希特大主教的全权代表。

插图3.1 讽刺特策尔进行赎罪券买卖的木刻画（1517年作品）。根据不同罪行，赎罪券的标价不一。据载，凡杀人者需付8个金币，伪造文书者需付7个金币，在教堂犯奸污罪者需付6个金币。特策尔在售卖赎罪券时，尤为不遗余力，他常高喊"天堂的门已经开了，现在开始卖啦！"叫卖赎罪券。

人文主义浪潮与技术的进步

罗马教廷的伎俩遭到了一批人文主义者的抵制。在文艺复兴的浪潮中,"圣经人文主义者"通过考订《圣经》版本,掀起了一股质疑教廷的思潮。尼德兰人伊拉斯谟(Desiderius Erasmus,1466—1536)呼吁每位基督徒必须认真学习和研究《圣经》,以《圣经》来取代教皇的权威。他在1516年出版了较为精确的希腊文版《新约全书》,并附上了自己所翻译的拉丁文译本。这些工作为不久后的宗教改革直接奠定了知识基础。故而有人风趣地评论说:"伊拉斯谟生了蛋,路德孵出了小鸡!"

在知识的进步中,技术更新也扮演着重要角色。15世纪中叶,德意志人古腾堡(Gutenberg,原名Johannes Gensfleisch,1400—1468)率先使用了金属活字版印刷工艺。赎罪券在德意志的流行,很大程度上也得益于这种技术的推动。当然,其正面价值在于极大提高了知识的传播速度。正因如此,路德才有可能成为第一位充分利用印刷品来影响公共舆论的人。

宗教改革前的德意志,变与不变的力量相互纠结,迷信教会与批评教会的对抗也逐渐显现,直至如满弦之弓那样,做好了蓄势待发的准备。

宗教改革的启幕

从1517年10月马丁·路德提出"九十五条纲领"到1521年4月帝国会议宣布他为异端,是宗教改革的启幕阶段。它牵涉两个关键人物之间的交锋——路德与新皇查理五世(Karl V.,1500—1558)。

马丁·路德

1483年11月10日,路德出生在萨克森的埃斯列本。因这一天恰好是圣者马丁的纪念日,故神甫为其取名马丁。路德从小接受了严厉而正统的家庭教育,18岁时入爱尔福特大学学习。按照父亲的愿望,路德在获得文学学士和硕士后,应继续攻读法学博士学位,以成为一名出色的律师。然而在一次突如其来的雷暴威胁后,他决定加入奥斯定修会。1507年,他被任命为神甫。5年后,路德获得神学博士学位,并受聘担任维腾堡大学的圣经学教授。

路德对罗马教廷的不满源于亲身感观与《圣经》研习。他曾访问罗马，却意外地发现这里竟是人间地狱，荒淫腐败随处可见。回到维腾堡后，他在《圣经·罗马人书》中发现了一行短句"义人必因信得生"。由此，他开始认识到：人不是靠自己的善行，而是靠信仰上帝而得以免罪。这便抽离了赎罪券存在的神学基础。这种思想后来反映在"九十五条纲领"中。

令路德始料未及的是，"九十五条纲领"的反响居然如此猛烈，而且判然相对。一方面，该文旋即被人从拉丁文译成德文，获得了人文主义者们的热烈欢呼；另一方面，教会高层惊慌失措，美因茨大主教宣布将路德革除教门，教皇亲自下令成立法庭以审判异端。

被教廷步步紧逼的路德不得不变成了真正的革命派。1520年，他发表了三篇纲领性的文章：《论罗马教皇权》《致德意志民族的基督徒贵族书》和《论基督徒的自由》。他直斥罗马是万恶之源，号召德意志人"把罗马来的恶棍逐出国境"，消除教皇对皇权的干预，并主张每一位基督徒通过阅读《圣经》直接同上帝联系。路德还公开驳斥教皇的教谕，将之连同所有宗教法规一并焚毁。路德已经在斗争中成长为德意志民族的代表和英雄！

1521年，新加冕的皇帝查理五世要求路德前往沃尔姆斯，在帝国会议上公开为自己的理论辩护或道歉，并应允保障他的人身安全。这将是一次怎样的会面呢？路德还会重蹈胡斯的覆辙吗？

查理五世

正当路德起草准备投往教廷的战斗檄文之时，神圣罗马帝国的皇位正面临着四位候选者的竞争。所有竞选者都有德意志皇室的血统，但只有萨克森选侯智者弗里德里希（Friedrich III，Friedrich der Weise，1463—1525）生活在德意志的土地上。其他三位分别是西班牙国王查理一世（Karl I，1500—1558）、法国国王弗朗索瓦一世（François I，1494—1547）和英国国王亨利八世（Heinrich VIII，1491—1547）。

在这场竞选中，查理一世依靠贿选成为最后的胜利者，1520年加冕为皇，改称查理五世。这位西班牙裔的皇帝继位后，便面临着一系列挑战：第一，如何归还用于贿选的巨额债务？这关系到他与笃信教会的富格尔家族之间的契

原始文献 3.1

"九十五条纲领"（摘录）

"九十五条纲领"是针对美因茨大主教阿尔布莱希特给特策尔的95条销售指令的。关于纲领的最初发布，历史学界长期以来存在着一种说法，即在10月31日清晨由马丁·路德贴到了维腾堡教堂的门口。但近来也有学者认为，这种说法纯属以讹传讹。实际情况是，马丁·路德先把该文寄给阿尔布莱希特，在未收到回信后，他抄了几份给部分同事，以试探他们的反应。不料，几个同事未经他的允许，便将该文公布出去。这里显示出印刷术的作用。不过，无论最初情形如何，该文所产生的爆炸性的社会影响力却是确凿无疑的。

出于渴慕真道、明辨事理的愿望；文学硕士、神学硕士和维腾堡大学常任讲师马丁·路德神父拟主持对下列各条进行的公开辩论，并希望不能参加口头辩论者提出书面意见。

以我主耶稣基督之名。阿门！

1. 当我主耶稣基督说"你们应当悔改"时，其意愿是希望信徒们毕生致力于悔改。

2. 不应当将"悔改"一词理解为忏悔仪式，即教士主持下的告解和补赎。

5. 教皇没有免除任何罪孽的意志和权力，他只能赦免凭自己的权力或教会法加于人们的惩罚。

6. 教皇除宣告或证明罪孽已由神赦免外，他本人不能赦免任何罪过。他至多仅仅有权在为自己保留裁决的案件中为人赦罪。即使如此，如果他的权力遭到否认，这种罪仍然未得赦免。

8. 根据教会法规，悔罪条例仅适用于活人，而不能加于任何死者身上。

20. 所以，当教皇说赦免一切惩罚时，并不真的指所有的惩罚，而仅仅是指他本人所施于人的惩罚。

21. 因此，推销赎罪券的教士们鼓吹，教皇的赎罪券能使人免除一切惩罚，并且得救，便陷入了谬误。

24. 因此，不分青红皂白地大肆鼓吹赦罪，不可避免地使大多数人受骗上当。

26. 教皇可以出色地批准赦免炼狱中的灵魂，但并非利用他未曾拥有的钥匙权，而是为其代祷。

27. 他们鼓吹的仅仅是人的主张，说什么当钱柜中的银币叮当作响，炼狱中的灵魂即会应声飞入天堂。

28. 显然，当钱币在钱柜中叮当作响，增加的只是贪婪和利己之心。至于教会代祷的功效，仅由神主宰。

50. 必须训示基督徒，假若教皇得知赎罪券兜售者的勒索行为，他宁肯将圣彼得教堂焚为灰烬，也不愿用其牧群的皮、肉、骨来建造它。

81. 对赎罪券的肆意鼓吹，使有学问的人也难以在信徒的攻击和敏感的质问下维护教皇的威望。

90. 不用理性来消除信徒的疑虑和争端，而仅凭武力压制，那就只能使教会和教皇成为敌人的笑柄,而使广大基督徒感到痛心。

94. 应当告诫基督徒通过苦行、死亡和地狱,忠心追随其主基督。

95. 唯有经历各种苦难,而不是虚假的平安担保,才能有把握进入天国。

《九十五条纲领》(The Ninety-Five Theses),载《德意志史料集》,第63—66页。

※ 在"九十五条纲领"中,路德如何驳斥赎罪券的作用?又是如何从中质疑教皇及教会存在的合理性?

约。第二,如何保持帝国内部的统一性,维系皇权的尊严?德语不流利的新皇帝显然感受到德意志地区各诸侯对他的不信任。第三,如何得到教廷的支持,破除法王试图吞并德意志的想法,并重新获得意大利?这一点反映了查理五世的普世帝国梦想。正因如此,处理新近出现的马丁·路德及其教义,不过是年轻新皇亟待处理的一系列重大事务之外的小事。但令他感到惊讶的是,这件小事却成为搅动上述所有挑战的关键线索。

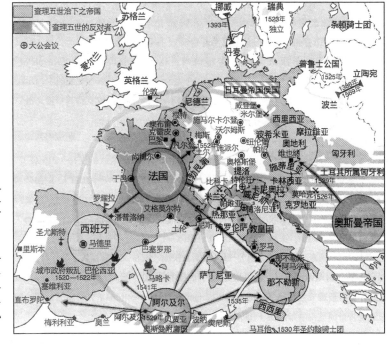

地图3.1　查理五世帝国。查理五世在位时,神圣罗马帝国的版图达到历史巅峰。他把西班牙王国与德意志王国合二为一。也正因如此,法国国王对于德意志的敌视情绪更为强烈。

插图 3.2　路德在帝国会议上。站立者为路德，左边坐者为查理五世。路德在发言结尾处充满豪情地回答皇帝及诸位贵族："只要我还不曾被《圣经》文字或清晰理性驳倒，我就不能也不愿撤回任何话，因为违背良心行事是难以做到的，也是危险的。愿上帝保佑我。阿门！"这通发言深深打动了听众们的心。不过，他的这番言论在后来的流传中出现了变化，使得它更具有豪迈气概："我不可能采取任何别的方式。这便是我的立场。愿上帝保佑我。阿门。"（马丁·基钦：《剑桥插图德国史》，赵辉等译，北京：世界知识出版社，2005年，第82页译文有所调整）

　　1521年1月，查理五世主持召开沃尔姆斯帝国会议。路德问题被列在了会议的最后议程。4月17日，面对一位拉丁语和德语都说得十分糟糕的年轻皇帝，路德曾有过犹豫。但在第二天，他却坚定了自己的立场，拒绝做出妥协。

　　难题仍然丢还给了查理五世。在路德发言时，皇帝已经看到诸侯中存在着巨大分歧。然而教廷的压力又让他不得不考虑到当时越来越复杂的欧洲局势。权衡再三后，他最终决定，为了维护自己在德意志的最高地位，进而追求普世帝国之目标，必须牺牲路德。在帝国法外令中，他要求所有德意志人不得向路德提供保护或帮助。就这样，在查理五世的心中，德意志人的民族理想再次被置于帝国迷梦之后。只不过这一次，德意志人不再听从命运的任意宰割，宗教改革的风暴已然刮起。

作为一场社会运动的宗教改革

宗教改革不只是一场信仰的斗争,它更像一次民众的狂欢,吸引着德意志社会各阶层参与其中。他们带着自己的理解,支持或反对路德的学说。这一股股激情四射的社会力量形成了历史的合力,推动着宗教改革运动向着未知的未来前进。

知识界与教士阶层

知识界与教士阶层是最先参与宗教改革的群体,但其内部的分化也最为严重。

马丁·路德当仁不让地担当着这场运动的精神领袖。在查理五世宣布帝国法外令后,教皇随即发布了破门令,路德面临生命之虞。不过幸运的是,他受到了智者弗里德里希的保护,在瓦特堡隐姓埋名四年,潜心翻译《新约全书》。十余年后,他又翻译了《旧约全书》。这两部书不仅宣扬了路德的"因信称义"思想,还奠定了现代德语的基础。坚决站在路德一边的是他的好友菲利普·梅兰希顿(Philip Melanchthon,1497—1560)。[①] 他们既不支持与罗马教廷妥协,也反对更为激进的改革方案,更反对农民们的起义行动。

比路德更为温和的是一批人文主义者。伊拉斯谟虽然批判教会的专制和愚民政策,却并不赞成路德的叛教行动。斯特拉斯堡的宗教改革家卡皮托(Wolfgang Capito,1478—1541)在给路德的信中,也告诫后者应该使用"更为迂回"的方式。[②]

比路德更为激进的也大有人在。瑞士的茨温利(Ulrich Zwingli,1484—1531)和加尔文(Johannes Calvin,1509—1564)提出了"预定论",进一步改革教会制度。明斯特出现了"再洗礼派",用世界末日理论来改变城市的权力关系。图林根的闵采尔(Thomas Müntzer,1489—1525)用一种神秘主义的泛神论,

---

① 陈钦庄、陈飞雁:《论梅兰希顿与德国宗教改革》,《浙江大学学报》(人文社会科学版)2004年第5期。
② 《卡皮托致路德信》,载《史学选译》1980年第3期,第10—11页。

号召基督徒为一个"尘世王国"而奋斗，并积极支持和领导了农民战争。

骑士

在世俗社会中，宗教改革运动的第一批支持者是帝国骑士们，即那些直接从皇帝那里获得头衔的低级贵族。他们在皇权衰落和火药运用的时代里倍感失落。因此，路德的教义便成为他们可资利用的斗争手段。

1522—1523年的骑士战争是由中莱茵地区的济金根（Franz von Sickingen，1481—1523）和胡滕（Ulrich von Hutten，1488—1523）领导的。两人在1519年结成联盟，主张废除贵族与教士的特权，把德意志从教皇的统治下解放出来，以重建统一的帝国。1522年，济金根召集骑士，组成"兄弟同盟"，并向特里尔大主教领地进攻。

这场骑士战争最终以济金根阵亡、胡滕病死而告终。骑士的影响力自此衰落。

农民

在骑士战争结束后不久，一场更为浩大的农民战争爆发了。这场持续两年的运动遍及德意志大部分地区，约有三分之二的农民投入战斗。

农民参与斗争的原因是复杂的。在南德地区，由于农民的古老权利被剥夺，因而希望在基督教神法下恢复传统，废除农奴制；在北部，参与斗争者大多为中等以上的农民和城市居民，他们更带有市民斗争的特点，追求平等权。

正因如此，农民战争不是一场整体行动，而是数场具有显著地区色彩的抗争集合。各地提出的起义纲领也可大致分为温和与激进两类。《十二条款》与《海尔布琅纲领》较为温和，它们不反对现存政治制度，只要求在神法治理下的平等权，保障贸易自由。《米尔豪森条款》与《书简》受到闵采尔思想的影响，较为激进，要求以暴力推翻现存政权，建立一个基督教的"人间天国"。由于各自为战，树敌太多，农民战争不久便被各个击破。

皇帝与诸侯

在抛弃路德后，查理五世得到了教廷与部分邦君的支持，开始了长达20年

原始文献 3.2

《十二条款》（摘录）

《十二条款》出现在上施瓦本地区，被誉为"1525年革命的宣言"。最新的研究表明，《十二条款》反映了这场农民战争既非单纯的反对剥削的经济斗争，又非罗宾汉式的绿林行动，而是一场追求现代民主政治的努力。它是农民参与的资产阶级革命。

第一条 ……从今以后我们应当能够代表全体大众拥有挑选和任命自己牧师的权力和能力……

第三条 ……我们将在所有正当的、基督教事务上非常乐意地服从我们选举出的、正直的统治者，因为他们是由上帝安排的。你们，作为真正的、公正的基督徒，将愉快地把我们从各种束缚中解放出来，否则你们就根据福音来证明为什么我们必须是你们的财产。

第七条 今后我们不会允许地主从我们身上压榨走更多的东西……

第十二条 我们相信并且决定，如果这些条款中的任何一条或多条不符合上帝之言（对此我们表示怀疑），并能够用《圣经》向我们证实这一点。只要能够用《圣经》证明（这个条款不符合上帝之言），那么我们将废除它。如果我们的条款得到批准，但后来又被发现为不合理，那么从那一刻起，这些条款将中止、无效和废弃不用。同样，如果《圣经》确实表明，某些怨情是违背上帝和给我们的邻居造成负担的，我们将为这些抱怨留有位置，我们将宣布将它们包含在我们的条款之中。对我们而言，我们将完全按照基督的教导生活和行事，我们将通过基督的教导向我们的主祈祷。因为除了他自己，别的任何人都不能给予我们正义。基督的和平将与我们所有的人同在。

彼得·布瑞克著：《1525年革命：对德国农民战争的新透视》，陈海珠等译，桂林：广西师范大学出版社，2008年，第222—228页译文略做调整。

※《十二条款》反映了农民的哪些愿望？

的对法战争。当然，为了赢得战争的胜利，他有时也默认"教随邦定"的原则，以便取得新教诸侯的支持。

然而，在皇帝的左右摇摆与权力算计中，帝国诸侯的分化却已是不可逆转的潮流。一部分诸侯带着信仰和私心投入到改宗运动中。新教诸侯成功地把教俗权力融为一体，还在教产还俗的浪潮中坐收渔人之利。为反对皇帝的沃尔姆

> ## 经典评述
>
> "路德战胜了虔信造成的奴役制，是因为他用信念造成的奴役制代替了它。他破除了对权威的信仰，是因为他恢复了信仰的权威。他把僧侣变成了世俗人，是因为他把世俗人变成了僧侣。他把人从外在的宗教笃诚解放出来，是因为他把宗教笃诚变成了人的内在世界。他把肉体从锁链中解放出来，是因为他给人的心灵套上了锁链。"
>
> ——马克思：《黑格尔法哲学批判导言》，《马克思恩格斯文集》，第一卷，人民出版社，2009年，第12页。

斯敕令，新教诸侯联合发布了一篇"抗议书"（Protest），自此，改宗者被称作"抗议宗教徒"（Protestant）。1530年，梅兰希顿起草了《奥格斯堡告白》，成为新教的战斗宣言。另一部分诸侯（尤其是教会贵族）坚持天主教信仰，维护沃尔姆斯敕令。

不久，新旧教派的贵族们从信仰对立走向了政治对立。1531年，新教贵族在图林根的施马尔卡尔登集会，结成了反对皇帝的防御性同盟。7年后，皇帝和天主教贵族结成反新教同盟。双方最终在1546年开始的施马尔卡尔登战争中一决高下。皇帝取得了胜利，但政治上仍然无法取得统一。1555年，双方签订了《奥格斯堡宗教和约》，肯定了"教随邦定"的原则，保障新旧教派的平等权，并规定已经还俗的教产继续保留在诸侯手中。该和约使帝国结构更为松散，各邦的独立性进一步增强。此时，马丁·路德已去世十年，而查理五世在不久后也交出了皇位，归隐修道院。

三十年战争

《奥格斯堡宗教和约》并没有结束德意志社会的内部矛盾。相反，一场更大范围的风暴已经在酝酿之中，而且终将结束德意志社会短暂的宁静与安详。

反宗教改革与两大军事集团的形成

在德意志社会新旧教派贵族互争高下之时，罗马教廷也在紧锣密鼓地筹划一场反宗教改革运动。1564年，为期19年的特兰托公会议最终颁布了《信纲》，肯定了原有的《圣经》版本，宣扬"无理性的信仰"，即反对路德的"因信称义"说，拒绝使用伊拉斯谟的希腊语版《圣经》，要求信徒全心全意地听从教会的指引。至此，新旧教派之间出现了一道不可逾越的壁垒。

《信纲》让刚刚平静下去的德意志两派诸侯再度爆发对立。在16世纪余下的几十年中，双方冲突不断，教会势力的版图也在不停变动中。1608年，新教诸侯结成了"新教联盟"。次年，天主教诸侯建立了"天主教同盟"。两大相互敌视的军事集团形成。

德意志社会的对立局面又牵动着整个欧洲的政治局势。信仰天主教的西班牙支持天主教同盟；信仰新教的英国、丹麦、荷兰以及正在同查理五世争锋的法国支持新教联盟。由此，德意志的内部张力便演化为规模宏大的国际斗争。

战争的爆发和进程

正在剑拔弩张之时，帝国西部波希米亚首府布拉格发生了"掷出窗外事件"，成为这场三十年战争的导火索。波希米亚是哈布斯堡家族的世袭领地，1609年改宗新教。1617年，皇帝马蒂亚斯（Matthias，1557—1619）为其指定了一位天主教国王。此举引发了波希米亚新教贵族们的强烈不满。1618年5月，波希米亚人把皇帝派去的两名代表从宫廷窗口掷出。

两人并没有受伤，但该事件却立即传遍了整个欧洲宫廷，并旋即引发了各种势力的介入。在天主教联盟的帮助下，皇帝平定了波希米亚叛乱，并在那儿重建政府。此事部分也得到了新教邦国萨克森的支持。其他新教邦国宣布中立。在宗教改革以来的德意志发展中，这是值得人们关注的现象。它表明，在帝国忠诚与信仰选择之间，帝国等级们此时仍然偏向前者。

不过，皇帝势力的持续扩展最终引发了新教联盟的恐慌。后者支持丹麦军队和瑞典军队相继入侵德意志，但他们都被军事家华伦斯坦（Albrecht von Wallenstein，1583—1634）打败。1635年起，法国介入战争，接连取得胜利，迫使皇帝一方停战求和。

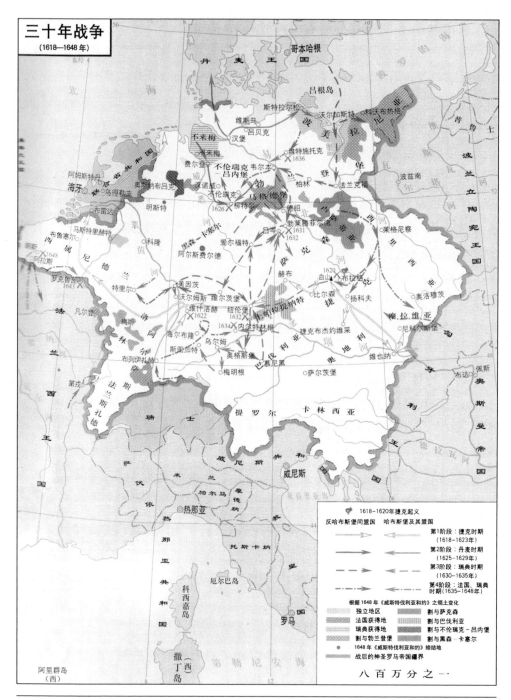

地图 3.2 三十年战争。德意志成为三十年战争的主要战场,损失严重。

插图3.3 签订《威斯特伐利亚和约》。《威斯特伐利亚和约》是近代第一部国际法,它结束了中世纪以来"一个教皇、一个皇帝"统治欧洲的局面,标志着神圣罗马帝国分裂格局的定型。

《威斯特伐利亚和约》

1648年,交战各方分别在威斯特伐利亚的明斯特和奥斯纳布吕克谈判,并最终在明斯特签订皇帝与法国之间的条约、皇帝与瑞典及德意志新教诸侯之间的条约。这就是《威斯特伐利亚和约》。

该和约让德意志失去了大量领土,或割让给法国和瑞典,或允许荷兰与瑞士独立;德意志内部领土调整,新的帝国宪法确保邦权至上,并保留法、英等欧洲国家干涉德意志事务的权力;和约还再次确定"教随邦定"的原则,并把1624年确立为"标准年",以保障还俗教产的所有权。不过,该和约的正面意义在于,在经历了百年动荡后,德意志地区终于重获稳定。

宗教改革后的德意志社会

三十年战争意味着德意志宗教改革时代的结束,但宗教改革带来的政治、经济和文化影响却留存在德意志社会中。

帝国统治结构的变动

三十年战争后，德意志分裂为 314 个邦和 1475 个骑士庄园领。为此，帝国的统治结构出现了相应的调整，尤其体现在永久性的帝国会议和两个帝国法院的建立上。

由帝国等级参加的帝国会议从 1663 年起连续开会，商讨国家大事，因而被后世称为"永久议会"。它负责保障国内和平与共同安全秩序。根据等级，帝国会议分为选侯议团、诸侯议团和帝国城市议团。前两个议团议出决定，城市参与表决，最后由皇帝宣布为"帝国决议"。

帝国法院分为帝国最高法院（驻地在施佩耶尔）和帝国皇家法院（驻地在维也纳）。前者主要处理邦国之间的冲突，新旧教徒在法院中拥有数量相等的代表。后者主要处理邦国与臣民之间的冲突，所有法官由皇帝直接任命。

此外，值得关注的是，巴伐利亚由于吞并了上普法尔茨地区，而晋升为选侯。如此一来，帝国选侯人数增加到 8 名。

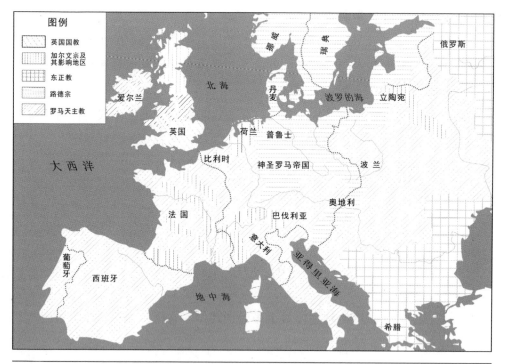

地图 3.3　新旧教派的势力分布。

若从帝国发展的视角来看,统治结构的调整在一定程度上适应了分裂现状与权力格局,有限恢复政治运行的稳定性,避免了自下而上革命的爆发。相反,若从民族发展的视角来看,这种调整是以有别于英法两国的路径为特征的,绝对主义王权未能出现在帝国层面上,从而延缓了现代意义上的民族国家之诞生。

两个德意志

宗教改革为德意志社会带来了截然对立的世界观。在天主教的世界中,传统的农业社会及其背后的等级体制仍然被视作金科玉律;在路德宗或加尔文宗的世界里,一种市民社会及其所信仰的资本主义精神却在缓慢酝酿中。

新旧世界的文化生活也出现了巨大差异。天主教堂满是巴洛克的神秘而豪华的风格,新教教堂却掀起了破坏圣像运动,强调简洁和实用;天主教徒继续循规蹈矩地完成各种华美的宗教仪式,新教徒却重视布道和《圣经》讲读;天主教地区展示了巨大的艺术创造力,新教地区却产生特殊的阅读文化。于是在此后数个世纪中,天主教地区贡献了无数艺术家,而新教地区涌现了不少文学家。

尽管存在差异,但宗教改革后的德意志社会也出现了一些共同趋向:教育在竞争中迅猛发展;"文明"的礼仪从宫廷传入市民社会;以理性为名的猎巫运动此起彼伏。总而言之,一种世俗化与理性化的火光将德意志人带到了近代世界的入口。

结　语

马丁·路德的质问在德意志的历史上划出了一条耀眼的光芒。它扯下了教廷的虚伪面纱,卸下了帝国神权政治的重担,指出了通往近代世界的捷径。然而,这位德意志的民族英雄却没有成功地重组德意志。皇权的残念连同心灵的争执,再一次地把德意志送到了权力纷扰的火山口。裂痕继续扩大,目标依然迷茫。群龙无首的德意志只能继续在黑暗的隧道中匍匐前行,等待他们的摩西!

大事记

时间	德国	欧洲
1415年	胡斯被处死,随后引发胡斯派运动	葡萄牙开始向海外扩张,到达并占领非洲西北部地中海沿岸的休达城
1429年		贞德出现在英法百年战争中,取得奥尔良的胜利
1453年		奥斯曼土耳其人攻克君士坦丁堡
1455年		英国爆发红白玫瑰战争
1483年	马丁·路德出生	
1485年		英国都铎王朝建立
1487年		迪亚士发现好望角
1492年		哥伦布开辟通向美洲的新航路
1493年	农民革命社团"鞋会"出现	
1498年		达·伽马开辟新航路
1499年	瑞士独立	
1514年	教皇利奥十世与马格德堡大主教阿尔布莱希特签署在德国销售赎罪券的协议	
1517年	马丁·路德提出"九十五条纲领"	
1519年		麦哲伦第一次环球航行
1520年	马丁·路德发表三篇重要文章《论罗马教皇权》《致德意志民族的基督徒贵族书》和《论基督徒的自由》;再洗礼派出现;闵采尔开展宗教改革	

续表

时 间	德 国	欧 洲
1521 年	沃尔姆斯帝国会议，皇帝查理五世宣布帝国法外令	莫斯科大公国基本统一俄罗斯
1521—1524 年	马丁·路德隐居瓦特堡，翻译《新约全书》	
1522—1523 年	骑士战争	
1524—1525 年	农民战争	
1530 年	梅兰希顿起草《奥格斯堡告白》，成为新教徒的纲领	
1531 年	新教贵族结成反对皇帝的施马尔卡尔登同盟	
1534 年		英国国王亨利八世建立国教会，即圣公会
1536 年		加尔文在瑞士推行宗教改革
1543 年		哥白尼出版《天体运行》
1546 年	施马尔卡尔登战争，皇帝取胜	
1547 年		俄罗斯始建沙皇专制制度
1550 年	查理五世颁布严禁宗教改革、残酷迫害新教徒的"血腥诏令"	
1554 年		英国女王玛丽复辟旧教
1555 年	《奥格斯堡宗教和约》签订	
1559 年		英国女王伊丽莎白重建国教会；出现清教徒
1562 年		法国爆发胡格诺战争（1562—1594）
1564 年	特兰托公会议颁布《信纲》	

续表

时间	德国	欧洲
1566年		尼德兰爆发革命
1588年		英国与西班牙爆发大海战，英国成为海上霸主
1598年		法国颁布《南特敕令》，承认宗教自由
1600年		英国成立东印度公司；布鲁诺被罗马教廷处以火刑
1603年		英国斯图亚特王朝开始统治
1608年	新教联盟成立	
1609年	天主教同盟成立	
1618年	"掷出窗外事件"，三十年战争开始	
1620年		英国清教徒乘坐"五月花号"到北美建立殖民地
1632年		伽利略出版《关于两个世界体系的对话》
1640年		英国革命爆发
1645年	帝国最高法院成立	
1648年	三十年战争结束，《威斯特法利亚和约》签订	
1649年		英国处死国王查理一世，建立共和国
1660年		英国斯图亚特王朝复辟
1663年	帝国会议成为永久议会	
1688年		英国爆发光荣革命
1698年		俄国彼得一世改革

进一步阅读书目

关于马丁·路德其人，可参见一系列传记作品：罗伦·培登的《这是我的立场：改教先导马丁·路德传》（南京：译林出版社，1993年）、马莱特·迈克尔的《马丁·路德》（上海：上海译文出版社，2001年）、格拉汉姆·汤姆凌的《真理的教师：马丁·路德和他的世界》（北京：北京大学出版社，2004年）、马立臣的《德国宗教改革家马丁·路德》（北京：商务印书馆，1983年）和于可的《马丁·路德》（天津：新蕾出版社，2000年）。若对马丁·路德的思想感兴趣，建议阅读《马丁·路德文选》（北京：中国社会科学出版社，2003年）与两卷本的《路德文集》（上海：上海三联书店，2005年），或参见阿尔托依兹的《马丁·路德的神学》（南京：译林出版社，1998年）。近来德语界颇受好评的传记作品是 Horst Hermann, *Martin Luther. Eine Biographie* (München: Taschenbuch Verlag, 2006)。关于查理五世，可阅读最新译著杰弗里·帕克的《皇帝：查理五世传》（北京：社会科学文献出版社，2021年）。

关于宗教改革的进程，可阅读查理·斯托非的《宗教改革：1517—1564》（北京：商务印书馆，1995年）、杜兰的《世界文明史》第6卷《宗教改革》（北京：东方出版社，1998年）、埃尔顿的《新编剑桥世界近代史》第2卷《宗教改革：1520—1559》（北京：中国社会科学出版社，2003年）。德国著作可阅读 Bernd Moeller, *Deutschland im Zeitalter der Reformation* (Göttingen: Vandenhoeck und Ruprecht, 1977)。若对宗教改革中的杰出人物及其相互关系有兴趣，可参见拉萨尔的《弗兰茨·冯·济金根》（北京：人民文学出版社，1976年）、克利斯坦的《宗教改革：路德、加尔文和新教徒》（北京：汉语大词典出版社，2003年）、福格勒的《闵采尔传》（北京：商务印书馆，1997年）、张庆海的《觉醒的德意志：马丁·路德与托马斯·闵采尔》（长春：长春出版社，1995年）等。关于农民战争，可仔细阅读恩格斯的《德国农民战争》（北京：人民出版社，1962年）、威廉·戚美尔曼的《伟大的德国农民战争》（北京：商务印书馆，1982年）和孔祥民的《德国宗教改革与农民战争》（北京：北京师范大学出版社，1992年），最新研究成果可参见布瑞克的《1525年革命：对德国农民战争的新透视》（桂林：广西师范大学出版社，2008年），朱孝远的《宗教改革与德国近代化道路》（北京：人民出版社，2011年），侯树栋也有相应的论文发表。

关于三十年战争，可参见夏龙珠的《三十年战争》（北京：商务印书馆，1980年），以及最新译成中文的席勒所著《三十年战争史》（北京：商务印书馆，2009年）。德国史学界的经典著作应属 Johannes Burkhardt, *Der Dreißigjährige Krieg 1618-1648* (Frankfurt a. M.: Suhrkamp, 2009年新版); Fritz Dickmann, *Der Westfälische Frieden* (München: Verlag Aschendorff, 1985)。最新译著见约翰内斯·布克哈特的《战争的战争（1618—

1648）：欧洲的国家建构与和平追求》（杭州：浙江人民出版社，2020年）。

  宗教改革后德意志的社会变迁，可阅读彼得克劳斯·哈特曼的《神圣罗马帝国文化史：帝国法、宗教和文化》（北京：东方出版社，2005年）、里夏德·范迪尔门的3卷本《欧洲近代生活》（北京：东方出版社，2003—2005年）、爱德华·福克斯的3卷本《欧洲风化史》（沈阳：辽宁教育出版社，2006年）以及诺贝特·埃利亚斯的《文明的进程：文明的社会起源和心理起源的研究》（上海：上海译文出版社，2009年）、钱金飞的《德意志近代早期政治与社会转型研究》（北京：人民出版社，2017年）等书。

第四章

权力版图的重新划定

在《威斯特伐利亚和约》签订后的第 92 年,德意志的两位年轻贵族同时登上了本邦的君主之位。他们是表兄妹,长辈们曾有意撮合两人结成秦晋之好,却未能成功。现在,他们各自成为德意志领土上最有势力的两位国王。这就是普鲁士的弗里德里希二世(Friedrich II, Friedrich der Große,又称弗里德里希大王,旧译腓特烈大帝,1712—1786)和奥地利的玛丽亚·特蕾西娅女王(Maria Theresia, 1717—1780)。普鲁士和奥地利本是帝国的边缘地带,甚至一度是化外之地。如今,它们却掌控着德意志的未来。不仅如此,一山容不得二虎,普奥之争将重新划分德意志内部的权力版图,决定着未来德意志的归属。

从 17 世纪中期到 18 世纪中期,是帝国权力进一步衰落的百年,同时也是普鲁士崛起的世纪。这两个引人注目的变化相互影响,但究其根本,仍应追溯到帝国权力受到的内外挑战。

江河日下的帝国统治

奥地利醉心于东扩

维也纳的哈布斯堡家族几乎不间断地在四百年间成为帝国皇冠的持有者。该家族最初不过在瑞士北部拥有一个伯爵领地。随后,它逐步向莱茵河东岸扩展。1273 年,它曾出过一位德意志国王(未加冕为帝),即鲁道夫一世(Rudolf I)。在他统治期间,哈布斯堡家族开始把经营重心放在帝国东部,即"奥地利"(德语意为"东部地带")。到 1400 年,它被提拔为奥地利公爵。从 15 世纪中叶起,历任奥地利公爵连续被选为皇帝,维也纳遂成为神圣罗马帝国的政治中心。

哈布斯堡家族倾向于用广泛的王室联姻而不是征服的方式,扩大和维护皇权的尊严。前文提及,在查理五世时代,西班牙王国与神圣罗马帝国的合并,正是这种联姻政策的产物。当时哈布斯堡家族不仅控制着欧洲大陆最繁华的地区,而且还成为一大片海外领地的宗主国。在 17 世纪,它是名副其实的欧洲最强大的王室。1684 年,一位奥地利的官员自豪地宣称:"只要奥地利愿意,它可以拥有一切!"[1]

哈布斯堡家族的皇帝们当然也关心奥地利在帝国内部的地位。出身于该家族的马克西米利安一世与查理五世都曾计划通过帝国改革来建立一种更具行动力的中央政府。但他们都没有成功。相反,《威斯特伐利亚和约》实际上确保了各邦主权,限制了皇帝的权力。在此情况下,奥地利不得不转向东部,借助世袭领地的不断扩大,来保证自己在帝国事务上的发言权,如利奥波德一世(Leopold I,1640—1705)成功打退了土耳其人的进攻,把匈牙利和斯洛文尼亚

---

[1] 约阿希姆·施特莱桑德:《从开端迄今的德意志史:导论》(Joachim Streisand, *Deutsche Geschichte von den Anfängen bis zur Gegenwart. Eine Einführung.* Berlin: VEB Deuscher Verlag der Wissenschaft, 1983),第 87 页。

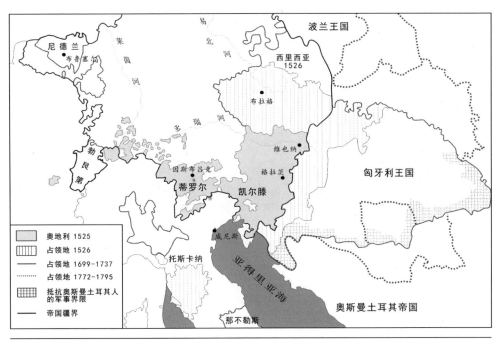

地图 4.1 哈布斯堡家族的扩张。

收入囊中。在这幅员辽阔的领地上，哈布斯堡家族建立起一个多民族的奥地利王国。

中小邦国维持现状

皇帝们的"不务正业"恰好满足了德意志中小邦国们维持现状的心愿。在帝国的传统区域中，三百多个邦国各自为政，用尽各种办法维持分裂格局，特别是用绝对主义的统治模式构建起保护地方权力的樊篱。

"绝对主义"来自罗马法术语，意思是"统治者脱离了法律的控制"。它反映了当时出现的中央集权化潮流，尤其体现在法国的路易十四时代。在绝对主义体制中，此前的封君封臣关系让位于国王的专制统治。

在神圣罗马帝国，绝对主义体制之所以在邦国层面上形成，一方面与哈布斯堡家族无力也无心构建中央权力有关，另一方面也得到了帝国会议的认可。17 世纪末，帝国会议专门通过决议，批准各邦设立常备军，并为此有权征收特别税；还把集体咨询的政治模式改为内阁治理，从而鼓励各邦君在内部建设绝

插图 4.1　德累斯顿的建设。德累斯顿是萨克森王国的首府，时有"小佛罗伦萨"的美誉。萨克森公爵为此投入了大量金钱。它反映了当时邦国经济与文化建设的成就。

对主义王权。1667 年，一位法学家便总结说："凡信赖其权力者，便会把来自施佩耶尔的空话视若粪土。"①

除了奥地利和普鲁士外，巴伐利亚率先成为一个现代化中央集权邦国。它推行一系列行政体制改革，任用大批官吏，架空贵族权力，制定成文法，搁置邦议会。② 萨克森－哥达－阿尔滕堡公爵"虔诚者"恩斯特一世（Ernst I, der Fromme, 1601—1674）同样改变了本邦的组织和管理体制，掌握了最高权力，并用重商主义的政策发展经济。③ 其他邦国也大多降低了等级代表会议的重要性。

在此背景下，"宫廷社会"应运而生。它指的是围绕邦君权力及其生活而展开的一种文化模式。在这种宫廷生活里，邦君被视作所有文化活动的核心。从邦都建设到宫殿修筑，从节庆安排到雕像创作，无一不透露着绝对主义王权的

---

① 乌尔夫·迪尔迈尔等编：《德意志史》(Ulf Dirlmeier u.s.w. Hrsg., *Deutsche Geschichte*, Stuttgart: Reclams, 2013)，第 202 页。施佩耶尔，帝国最高法院所在地。——引者注
② 马丁·基钦：《剑桥插图德国史》，赵辉等译，北京：世界知识出版社，2005 年，第 99—100 页。
③ 《恩斯特一世》(Ernst I. [Herzog von Sachsen-Gotha-Altenburg])，载《德国传记》(*Allgemeine Deutsche Biographie*)，第 6 卷，1877 年，第 302 页。电子文本见 http://de.wikisource.org/w/index.php?title=ADB:Ernst_I._(Herzog_von_Sachsen-Gotha-Altenburg)&oldid=567474，2009 年 10 月 8 日。

气息。为此，财政花费十分惊人。在萨克森选侯的"绿穹"珍宝室中，一件藏品或许抵得上数个宫廷的建造费用。在慕尼黑，全邦的一半支出都被用于宫廷花费！

周边国家咄咄逼人

帝国权力既然不受关注，周边国家的蚕食行动便在不知不觉中形成了愈演愈烈之势。在《威斯特伐利亚和约》中，法国和瑞典不仅得到了德意志的部分领土，而且还据此成为帝国会议的等级代表，对帝国事务拥有发言权。不仅如此，两国在1658年还筹划了一个莱茵同盟，吸纳美因茨、科隆、诺伊堡、明斯特、不伦瑞克、黑森—卡塞尔等诸侯参加，明目张胆地挑战皇权。[1] 在帝国的西部，哈布斯堡家族与法国多次交锋；在北部，利奥波德一世不得不依靠普鲁士的力量，打退了瑞典的进犯。18世纪初，汉诺威邦君继承英国王位，又把英国势力引入到帝国事务中。

1701年西班牙王位继承战反映了帝国的复杂生存环境。哈布斯堡家族的王室联姻政策虽然在名义上巩固了皇权，但在实际上却大大增加了爆发继承争议的几率。当西班牙哈布斯堡家族的最后一位国王卡洛斯二世（Carlos II，1661—1700）无嗣而终时，法国的路易十四（Louis XIV，1638—1715）与帝国皇帝利奥波德一世均为自己的子孙提出了继承要求。为此，双方不惜兵戎相见，并各自得到德意志诸邦与其他欧洲国家的支持，直至1715年战事结束。波旁王室的菲利普王子继承西班牙王位，但由此失去继承法国王位的资格。如此一来，路易十四试图把西班牙和法国合二为一的计划以失败告终。哈布斯堡家族看上去是这场冲突的最后胜利者，压制了法国称霸欧洲的势头。但帝国并未因此而获益。

正是在这种背景中，帝国东北部慢慢崛起了这一时代的另类强者。它与帝国的命运若即若离，却又蕴藏着奇特的爆发力，以致可以改变既有的权力结构，为德意志人呈上既陌生又熟悉、既恐惧又艳羡的民族蓝图。

---

[1] 阿·米尔：《德意志皇帝列传》，第381页。

帝国东北部的新贵

普鲁士的出现

"普鲁士"最初与德意志人无关。普鲁士人属于印欧人种中的波罗的海族,同立陶宛人相近。他们生活在波罗的海沿岸,介于斯拉夫人和日耳曼人之间。这片区域就是"普鲁士"。

德意志历史上的"普鲁士"则是条顿骑士团征服的结果。公元9世纪后,波兰人一再试图征服普鲁士,使之成为基督教国家,但均以失败告终。1225年,波兰公爵邀请条顿骑士团入境,共同讨伐普鲁士。德意志人用血腥的武力方式,耗时近60年,才最终占领普鲁士全境。随后,大量的德意志人移民至此,此前普鲁士人的文化习俗慢慢湮没。移居此地的德意志人遂以"普鲁士人"自居。

骑士团国家的兴衰

在征伐普鲁士的进程中,神圣罗马帝国皇帝与罗马教皇均表现出极大的热情。1226年,弗里德里希二世颁布诏书,把条顿骑士团征服的土地赐予当时的团长赫尔曼·冯·萨尔查(Hermann von Salza,1162—1239),以便让未来的普鲁士成为帝国的一部分。1234年,教皇格雷高利九世(Gregor IX,1167—1241)又宣称将普鲁士置于教皇的保护之下,成为他的"永久产业"。最终,在普鲁士建立起来的骑士团国家巧妙地周旋于双皇之间,在名义上同时臣服于他们,但实际上取得了相对自治的权利。

骑士团国家政教合一。它把骑士的生活方式和修士的生活方式结合在一起。在行政体制上,它是一个由骑士贵族组成的寡头政体。团长是最高领袖,由选举产生,任期终身。团长以下设立五大总管,组成行政议事会。国家下辖20个省,由总督管理。团长、总管、总督及各骑士首领等人组成骑士会议,拥有最高决定权。在日常生活中,它强调"安贫、守贞和服从"的修道原则,成员之间以兄弟相称。

骑士团国家成立后,一度发展迅速,到14世纪中叶已成为一个强大的波罗的海国家。除征服原普鲁士人居住的区域外,它还通过鼓励移民和城市贸易等方式,急剧提升自己的经济实力。骑士团国家的城市与汉撒同盟建立了密切联系,并把贸易扩展到北欧、英国、西班牙和葡萄牙。

然而在这些繁荣背后,骑士团国家的弱点也不断暴露出来:首先,权力过于集中引发了其他等级的强烈不满;其次,经济越繁荣,世俗化的冲击便越大,再加上骑士战术越来越陈旧,以及征服普鲁士行动的最终完成,导致"笃信"骑士团征伐教义的人逐渐减少;最后,在骑士团国家身边的波兰和立陶宛已经强大起来,而作为保护人的帝国皇权与罗马教权却在衰落中。由此,骑士团国家不可避免地踏上了衰亡之路。1410年7月,波兰—立陶宛联军在格伦瓦尔德(后称为"坦能堡")击败骑士团。1466年,骑士团国家被迫接受波兰人提出的一系列苛刻条件,答应在今后300年中,把西普鲁士割让给波兰国王,让东普鲁士成为波兰的臣属之地。骑士团国家从此一蹶不振。

霍亨索伦家族与勃兰登堡—普鲁士公国

不过,普鲁士并没有随着骑士团国家臣服于波兰而沦亡。一个新统治家族的出现成为普鲁士历史的转折点。它就是霍亨索伦家族。

霍亨索伦家族是德意志的高级贵族。公元1100年,该家族受封"索伦伯爵"。14世纪中叶,该家族在"索伦"前冠以"霍亨"(即"高贵的"),遂称"霍亨索伦"。它的家族领地原在德意志西南面,后通过姻亲关系承袭纽伦堡伯爵。不久,该家族一分为二,即法兰克尼亚系和士瓦本系,前者保留纽伦堡伯爵称号,后者主要在士瓦本地区发展。

1415年,霍亨索伦家族的纽伦堡伯爵弗里德里希六世(Friedrich VI,1371—1440)因助西吉斯蒙德登基为皇,故而被敕封为勃兰登堡边区伯爵弗里德里希一世,并获选侯头衔。勃兰登堡位于帝国的东北边境,与普鲁士交界。霍亨索伦家族在那里悉心经营,逐步扩展。宗教改革时,勃兰登堡边区伯爵虽然是中间派,但也借机推行世俗化和集权化的政策。

1510年,霍亨索伦家族法兰克尼亚系的另一名成员勃兰登堡—安斯巴赫的阿尔布莱希特(Albrecht von Brandenburg-Ansbach,1490—1568)被推举为骑士团团长。他不仅成功地推动骑士团国家参加宗教改革,从此同罗马教廷分道扬镳,而且还推动世俗化改革,以继续承认波兰国王宗主权的代价,换得后者敕封他为普鲁士公国的世袭公爵。

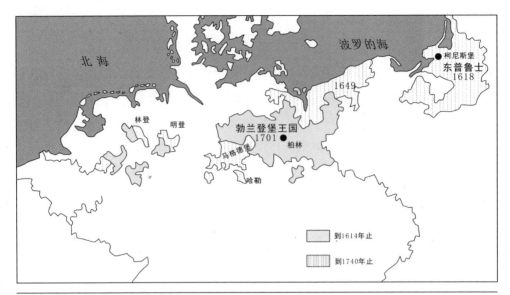

地图 4.2 霍亨索伦家族的扩张。

1618年,普鲁士公爵阿尔布莱希特·弗里德里希(Albrecht Friedrich,1490—1568)无嗣而终。其女婿、同为霍亨索伦家族成员的勃兰登堡侯爵约翰·西吉斯蒙德(Johann Sigismund,1572—1619)继承爵位,从而完成了两地之间的个人联系,称勃兰登堡—普鲁士公国。

权力二元局面的形成

17世纪初,帝国皇权在衰落,但毫无疑问的是,哈布斯堡家族是帝国内部的最强者。此时的霍亨索伦家族仅仅统治着帝国的东北一隅,勃兰登堡被人蔑称为"神圣罗马帝国的砂石罐头",普鲁士则在帝国疆域之外,臣服于波兰。然而霍亨索伦家族的四代领袖却有着卓越的眼光,在不到150年的时间里,改变了帝国内部的权力结构,形成了普奥争霸的局面。普鲁士人究竟是如何做到这一点的?

励精图治的普鲁士诸王

弗里德里希·威廉一世(Friedrich Wilhelm I, der Große Kurfürst, 1620—

1688）是普鲁士崛起时代的第一人，因其成绩卓著，故而被冠以"伟大的"头衔，即"大选侯"。他从三十年战争中吸取教益，实施了大规模的军事改革和政治改革，以加强王权。他建立起德意志第一支常备军，让其接受职业军官团的严格训练。此外，他还推行同最高级军官商讨公事的制度，奠定了后来普鲁士总参谋部的基础。在政治上，他积极调整统治结构，一方面承认容克贵族的特权，另一方面又用专职官吏行使收税权，从而打击了其他贵族等级，为专制王权开辟道路。大选侯主张宗教宽容，甚至准许被法国驱逐出境的胡格诺派新教徒居留避难。"人是最大的财富"可谓是他留给后世的至理名言。

大选侯的次子弗里德里希三世（Friedrich III，1657—1713）接过了民族崛起的大旗。他打消了兄弟们瓜分普鲁士的企图，成功保障了领土的完整。更为重要的是，他以向帝国提供军队为代价，获得皇帝敕封他为"普鲁士的国王"（König in Preußen）的回报。1701年1月18日，弗里德里希三世在科尼斯堡举行国王加冕仪式，勃兰登堡—普鲁士公国从此更名为"普鲁士王国"，弗里德里希三世改称"弗里德里希一世"（Friedrich I）。

弗里德里希·威廉一世（Friedrich Wilhelm I，1688—1740）是普鲁士历史上毁誉参半的君主。他生性吝啬，好武轻文，一生过着斯巴达式的简朴生活。他在政治与军事体制上的改革影响深远。这位"国家之父"热衷于家长制的统治，事无巨细，均在他的掌控之中。他还合并中央管理部门，成立统管经济、财政和军事的总理事务院，亲自出任总理大臣及财政、军事等关键部门的领导，由此，他把自己称作"普鲁士国王的第一仆人"。在其统治时期，普鲁士的募兵制发展为征兵制，国王还用连队经理制鼓励容克贵族为他招兵买马。因其热衷于军队建设，故而被后人称为"士兵王"。在士兵王去世时，普鲁士这个欧洲人口小国居然已经拥有欧陆第四位的强大军队。

真正标志着普鲁士跻身强国之林的国王是弗里德里希二世。这位士兵王的次子曾经有着完全不同于父亲的人生追求与精神气质。他爱好艺术，擅长吹奏长笛。启蒙思想曾让他如痴如醉。德语说得结结巴巴的他居然能用法语洋洋洒洒地写下充满着启蒙观念的《驳马基雅维利》。然而这位自以为"误生王家的艺术家"却不得不向父亲的威严低头。在好友被处死刑后，他被迫接受父亲的安排，出入军营，巡视各地，直至对自己的国王使命有了重新认识。

原始文献 4.1

大选侯"致其子密函"

大选侯是普鲁士崛起中的关键国王。他继位时，普鲁士正深陷三十年战争带来的萧条和荒芜之中；他去世时，普鲁士已显露起飞迹象。不过，他在遗嘱中出人意料地希望将普鲁士均分给他的儿子们，以致让一向崇拜他的哲学家莱布尼茨惊愕不已，甚至宣称应该褫夺国王的"伟大的"称号。在1667年"致其子密函"中，大选侯总结了自己的执政经验。这也是后来普鲁士精神的一种反映。

你必须像一个好父亲那样管教你的民众，必须不分宗教信仰地爱你的下属，并时时为其谋取福利。你应致力于四处拓展贸易，时刻在意勃兰登堡边区的人口增长。尽可能地利用官员和贵族的建议，以与自己身份相称的态度倾听他们所说的，并仁慈地待他们；能到处赏贤识能，如此你才能提升你在下属中的影响，并得到他们的爱戴。但关键的是你的态度必须保持温和，以免有损你的地位与声望。关于你自己的身份，你应注意决不可在与地位高低以及头衔授予相关的事情上让步；相反，你应牢牢把握卓越的地位。记住一个人若容许朝中浮夸炫耀成风，他必会失去自己的优越地位。

应热心于在你的领地里主持正义。注意公平正义，无论贫富，一视同仁。注意诉讼之事不得拖延耽搁，如此才能巩固你的地位。

应积极寻求与帝国各诸侯贵族结交盟友关系。经常与他们联系并维持友谊。确保不给他们留下敌意的口实。勿招惹猜忌不和，但若争端爆发，应保证你在其中处于能维持自己分量的有力地位……

若有必要，有盟友相伴是明智的，当然最好是依靠自己的力量。若你无能，而又无人对你抱有信心，那么你便处于弱势。感谢上帝啊，正是因为我拥有了这些东西才使我变得强大。我唯一后悔的是，在我统治初期，听从了那些与我愿望相悖的人的建议，没有采取这些政策。

《大选侯给儿子的政治建议》(The Great Elector's Political Advice to His Son)，载《德意志史料集》，第94—95页。

※ 你如何看待大选侯的这些想法？

弗里德里希二世当政时期被历史学家称为开明专制的时代。所谓"开明"，是指国王在启蒙思想的引导下，适当调整国家与社会的关系，例如禁止审讯时

插图 4.2　弗里德里希二世在无忧宫中吹奏笛子。这位叱咤风云的普鲁士国王一辈子都保留着这项艺术爱好。

的拷打行为，松弛新闻检查，废除宗教歧视。所谓"专制"，是指国王统治的实际目标仍然是国家利益至上和王权至上，故而他会亲任总理事务部主席，把军事体制引入文官制度，强调"权大于法"的歪理。名实不符的结果便是国王最终同他心仪的启蒙大师伏尔泰分道扬镳。当然，弗里德里希二世的努力也得到了殷实的回报。他被后人敬称为"大帝"，成为德意志历史上为数不多的具有该尊号的国王（皇帝）。

普奥争霸

弗里德里希二世的更大功绩展现在外交舞台上。他一改普鲁士缩身于东北角的传统，雄心勃勃地冲入德意志的中心，甚至开始扮演欧洲强者的角色。这些行动无一例外地引导普鲁士同哈布斯堡家族统治下的奥地利一决雌雄。

1740—1748 年的奥地利王位继承战是双方的第一次巅峰对决。奥地利大公、神圣罗马帝国皇帝查理六世（Karl VI,1685—1740）因无男嗣，故曾取得帝国公爵与欧洲其他国王的同意，于 1713 年颁布《国本诏书》，规定奥地利王

插图 4.3　子孙满堂的奥地利国王玛丽亚·特蕾西娅女王。女王的孩子中有两位神圣罗马帝国皇帝和一位法国王后。

位由长女玛丽亚·特蕾西娅继承。然而当 1740 年查理六世去世后，普鲁士因垂涎富饶的工业区西里西亚，联合法国、西班牙、巴伐利亚和萨克森，反对女王的继承权，并率先出兵。毫无从军经历的玛丽亚·特蕾西娅仓促应战，不断败退，让普鲁士夺得西里西亚。幸好在英、俄两国的支持下，玛丽亚·特蕾西娅的丈夫洛林公爵弗兰茨·斯特凡（Franz Stephan，1708—1765）当选为帝国皇帝，勉强维持住奥地利的地位和统治。

不久后，两国再次走上了角斗场。这一次，奥地利得到了法、俄两国的积极支持，而普鲁士却只有英国的财政资助，而且还不得不历史性地面对两线作战的困境。这次七年战争（1755—1763）有着戏剧般的转折。当弗里德里希二世不断遭受败绩，无力回天，甚至产生自杀念头时，女沙皇突然去世，一位亲普鲁士、崇拜弗里德里希二世的新沙皇彼得三世（Peter III，1728—1762）继位。他宣布俄国退出反普同盟，不仅把俄军攻占的全部土地归还给普鲁士，而且还要求同普鲁士结盟。此举让普鲁士转危为安。1763 年，战争结束。奥地利没有夺回西里西亚，而且还被迫把波希米亚的部分领土交给普鲁士。

经典评述

"德国的发展还有一点是极其特殊的，这就是：最终共同瓜分了整个德国的两个帝国的组成部分，都不纯粹是德意志的，而是在被征服的斯拉夫人土地上建立的殖民地：奥地利是巴伐利亚的殖民地，勃兰登堡是萨克森的殖民地；它们之所以在德国内部取得了政权，仅仅是因为它们依靠了国外的、非德意志的领地；奥地利依靠了匈牙利（更不用说波希米亚了），勃兰登堡依靠了普鲁士。"

——恩格斯：《恩格斯致弗兰茨·梅林（1893年7月14日）》，《马克思恩格斯文集》，第十卷，人民出版社，2009年，第661页。

上述两场战役基本确立了普鲁士的大国地位。普鲁士已经成为帝国内部唯一能够抗衡奥地利的力量。弗里德里希二世甚至偷偷筹划了一份"德意志诸侯宪法联合计划"，试图进一步改变帝国的统治方式。然而，由于奥地利的强烈反对，这一计划不得不最终作罢，但普鲁士欲把奥地利取而代之的野心已经昭然若揭。

普鲁士精神

从条顿骑士团征服普鲁士开始，经过霍亨索伦家族数代国君的励精图治，到弗里德里希二世时，普鲁士王国已成为德意志乃至整个欧洲的强国。这一历史与"普鲁士精神"的形成息息相关。

骑士团国家最早奠定了普鲁士精神的基本特征。它对骑士们提出的"安贫、守贞和服从"的要求让普鲁士人养成了遵守纪律、服从命令和履行义务的习惯。管理者用"自觉纪律""冷静思考"和"互助协作"的精神摸索出一套行之有效的行政体系。

至士兵王时代，普鲁士精神基本定型。当时，它受到三种思想的直接影响。第一种是虔敬主义。虔敬主义源于路德宗，但忧虑后者过于强调"因信称义"而导致理解冲突，主张凸显个人道德之心，认为日常生活的实践工作就是上帝对信仰的考察。所以虔敬主义不赞成逃避现世，而是把国家利益置于中心位置。士兵王与虔敬主义的主要传播者弗兰克（August Hermann Francke，1663—1727）相遇，从而让这一思想成为18世纪普鲁士最强大的精神力量。

第二种思想是新斯多葛派。它主张服从命运，以理性克服热情的禁欲主义。该思想的宣传者强调勇敢、尽职和忍耐应该成为普鲁士军人的职业道德，并且要求人们认识到生活的意义在于责任，只有对国家和集体履行自己的责任才能获得权力。这种责任伦理学最终转化为实用的官僚伦理学，直接影响了普鲁士官僚制度的形成和发展。

第三种思想是霍亨索伦家族的加尔文主义。自大选侯以降，普鲁士历代君主都推行宗教宽容政策，吸纳各种人才，但他们自己却严守加尔文教义，即强调自律性和勤勉工作。国王因此掌握了一支忠诚于他的庞大军队和一套严守纪律的官僚体制。

普鲁士精神具体表现在五个方面，后被称为"波茨坦传统"。这就是专制主义、军国主义、国家主义、重商主义和宗教宽容。

结　语

16世纪初，马基雅维利的《君主论》点燃了欧洲人追求权力的欲火。一个世纪后，这把火焰终于烧到了德意志的国土。拥有皇冠的奥地利、坚持传统的中小邦国和深谙权力的普鲁士，德意志的未来雄主似乎已经不言而喻地涌动于其中。权力版图的重新划分完成了德意志迈向近代世界的第二步。不过此时，奥地利人、普鲁士人、萨克森人、巴伐利亚人等等诸如此类的称呼，却仍然明白无误地提醒着德意志人，他们还没有建成真正的、统一的民族国家。而那个惊世骇俗的一跃，他们还将等待数年之久。

大事记

时间	德国	欧洲
1096 年		第一次十字军东征开始
1100 年	索伦家族受封伯爵	
1225 年	波兰公爵邀请条顿骑士团进入普鲁士	
1226 年	神圣罗马帝国皇帝弗里德里希二世把条顿骑士团征服的土地赐予团长赫尔曼·冯·萨尔查	
1233 年		宗教裁判所设立
1234 年	罗马教皇格雷高利九世宣布普鲁士将成为教皇的"永久产业"	
1273 年	哈布斯堡家族的鲁道夫一世成为德意志国王	
1282 年		土耳其人战胜拜占庭军,始建奥斯曼土耳其国家
1283 年	条顿骑士团征服普鲁士	
14 世纪中叶	索伦家族改称霍亨索伦家族	黑死病蔓延
1410 年	骑士团国家在格伦瓦尔德败给波兰—立陶宛联军	
1415 年	霍亨索伦家族的纽伦堡伯爵弗里德里希六世受封勃兰登堡边区伯爵	葡萄牙开始向海外扩张
1466 年	骑士团国家被迫向波兰臣服	
1510 年	霍亨索伦家族的阿尔布莱希特·冯·勃兰登堡-安斯巴赫被推举为骑士团团长	
1618 年	勃兰登堡侯爵约翰·西吉斯蒙德继承普鲁士公爵称号,完成两地之间的个人联系,称勃兰登堡—普鲁士公国	三十年战争爆发

续表

时间	德国	欧洲
1701 年	西班牙王位继承战	
1701 年	普鲁士公爵弗里德里希三世受封为普鲁士王国国王，称弗里德里希一世（1月18日）	
1714 年		英国汉诺威王朝开始
1740—1748 年	奥地利王位继承战	
1748 年		孟德斯鸠出版《论法的精神》
1756—1763 年	七年战争	
1762 年		卢梭出版《社会契约论》

进一步阅读书目

关于奥地利的历史，可参见埃里希·策尔纳的《奥地利史：从开端至现代》（北京：商务印书馆，1981年）和黄正柏、邢来顺合著的《未竟的中兴：18世纪的奥地利改革》（南京：南京大学出版社，2001年）、史蒂芬·贝莱尔的《奥地利史》（北京：中国大百科全书出版社，2009年）。

关于普鲁士的崛起，中国学者的经典著作是丁建弘与李霞合著的《普鲁士的精神和文化》（杭州：浙江人民出版社，1993年）。关于普鲁士的官僚制度建设，可参见徐健的《近代普鲁士：官僚制度研究》（北京：北京大学出版社，2005年）。德国学界的经典著作是 Francis L. Carsten, *Die Entstehung Preußens* (Frankfurt am Main：Ullstein, 1981)、塞巴斯提安·哈夫纳的《不含传说的普鲁士》（北京：北京大学出版社，2016年）。

关于近代早期的宫廷社会，特别是绝对主义制度的发展，建议参考 Rudolf Vierhaus, *Deutschland im Zeitalter des Absolutismus（1648-1763）*(Göttingen：Vandenhoeck & Ruprecht, 1984)。

在人物研究方面，李兰琴的《普鲁士国王弗里德里希二世》（北京：商务印书馆，1985年）和亨利·瓦洛通的《玛丽亚·特雷西娅传》（北京：商务印书馆，1993年）均值得一读。

第五章

民族意识的觉醒

公元1807年12月13日，星期日，一个比以往更寒冷的冬夜。普鲁士的首都柏林街头，脚步匆匆的行人们却感到内心燃起了一团烈火，无以名状地敲击着他们业已麻木的神经。几分钟前，他们刚刚聆听完柏林科学院大礼堂内的一场演讲。那位露着坚强肌肉、有着肥大鼻子的演讲者，居然在一群法军密探的监控下，慷慨激昂、热情奔放地教导着听众们如何成为一名"勇敢的祖国保卫者"！要知道，就在不久前，一位可怜的书商不过是出版了一本《德意志处于深深的屈辱之中》，便被拿破仑（Napoleon Bonaparte，1769—1821）处以死刑。然而眼前的这位先生不仅口若悬河地历数德意志的伟大之处，还勇敢地应允将连续为公众演讲数次！人们的激情被点燃，拥挤不堪的大礼堂内欢呼声不断。"祖国""祖国爱""德国魂""德意志的统一"这些陌生而熟悉的词汇在礼堂的上空快乐地跳跃起来。这是路德之后德意志出现的又一幅民众欢腾的场面。这位演讲者便是德意志古典哲学的代表之一费希特（Johann Gottlieb Fichte，1762—1814）。这场演讲后来持续了14次，最后结集成册，名为《对德意志民族的演讲》。遗憾的是，费希特没有看到德意志的统一，甚至还没有等到侵略者投降的消息，便与世长辞。不过，他的此次演讲不仅代表了个人立场的极大转变，也喻示着德意志社会迈出了向近代世界转型的第三步，即告别世界公民的迷梦，凸显民族意识的重要性，为建立一个现代民族国家而努力。

原始文献 5.1

费希特《对德意志民族的演讲》（摘录）

这是费希特于1807年12月13日至1808年3月20日每周日晚为民众讲演的记录。此前，他曾发表《现时代的基本特征》一书，阐述过自己的历史哲学观。这篇《对德意志民族的演讲》可被视作《现时代的基本特征》的续篇，目的是为了向德意志人指明置之死地而后生的道理。他一方面痛惜民族与国家被掌控的命运，另一方面又希望以此为契机，教育自私自利的邦君们，从而可以重振民族精神，赢得国家独立。

我是为德国人全体、就德国人全体而演讲。对于过去数百年来许多灾厄在这本属同胞的我们中间所造成的怪异分裂全不计较，而为德国人全体、就德国人全体而演讲。敬爱的听众诸君，我的眼睛正瞧着诸君——德意志民族的第一流人物而且是他们最直接的代表，向我表示德意志民族可爱的特质，造成我这讲演的火焰的焦点的诸君。我的精神把德意志民族的有智之士从它的一切地方齐集在这里，以便研究我们共同的地位和境遇。但愿使诸君感奋的这讲演活力的一部分将变成无言的印刷品，到了那不得不以读这讲演的记录而自甘的人们眼前，犹能发露它的力量，到处燃起德国人的情绪，督促他们的决心和实行吧。只为德国人全体，就德国人全体，我这样演讲。我要在这个时间向他们指明：唯有德意志的统一才是真正的统一，唯有德意志民族的联合才是有意义的国民联合。虽说是真正的统一，但这样的联合要素已被我们的现状所破坏而丧失，以至于不能再恢复它本来的面目了。我民族虽与外国联合可免于灭亡，但保持自己的特性，才能赢得在任何形式下不隶属于外人的独立性，这就是那叫作"德国魂"的我们的共同的特质。

《费希特全集》，第7卷，第266页；转引自洪汉鼎：《费希特：行动的呐喊》，山东文艺出版社，1988年，第145—146页。

※ 费希特希望德意志人做些什么？为什么要做这些事？

文化繁荣背后的隐忧

巴洛克时代的德意志

17—18世纪的德意志文化繁盛期又被称作"巴洛克时代"。"巴洛克"，原指不规则的珍珠，引申为不拘一格。它本是一种艺术风格的名称，后来泛指一种重视感官享受、宣扬澎湃激情的文化创作方式与生活情趣。在宗教改革后的德意志，政治与信仰上的分裂越明显，文化上就越繁荣，显现出多样性发展的趋势。这种多样性的文化建立在邦君的宫廷生活之上，融入当时弥漫于整个欧洲的巴洛克风潮中。

巴洛克时代的德意志涌现出众多文化大师与传世作品。在文学上，格里美豪森（Hans Jakob Christoffel von Grimmelhausen，约1622—1676）创作了著名的流浪汉小说《痴儿西木传》，通过主人公颠沛流离的传奇人生，揭示了人生无常的道理。在音乐上，巴赫（Johann Sebastian Bach，1685—1750）与亨德尔（Georg Friedrich Händel，1685—1759）如双子星座那样，照耀着德意志的黑暗大地。在建筑上，天主教地区出现了大量巴洛克风格的教堂与修道院，用眼花缭乱的形式在情感上重新征服失去的教徒们。

德意志民族意识的沉沦

然而在这种巴洛克式的繁荣背后，德意志人的民族意识却在慢慢消退中。德语地位始终不高便是首当其冲的明证。路德虽然统一了德语，但法语仍然占据着德意志政界与文化领域的主导地位，德语被视作下层民众使用的粗俗不堪的语言。伟大的普鲁士国王弗里德里希二世开诚布公地承认，他的德语甚至还不如马车夫好。

随着法语强势地位而来的，便是法国文化的巨大冲击。贵族和中产阶级们成为了"法国狂"，文化理念、生活方式乃至饮食习惯都以法国为榜样。例如在戏剧创作中，法国古典主义戏剧家推崇的"三一律"被德意志人毫无保留地视作金科玉律；在日常生活中，法国的服装、发型，甚至剃刀和内衣，都成为德意志人的最爱。

邦国分立的政治现实进一步阻止了民族意识的形成。邦君们用虚无缥缈的帝国幻想与严厉专制的地方主义，抹杀了德意志人的国家观念。又是那位普鲁士的邦君弗里德里希二世，在后来被誉为德意志民族史诗的《尼伯龙根之歌》首次出版时，说尽了讽刺挖苦的话。[1]

在德意志文化发展的历程中，巴洛克时代是一个重要的过渡期。它一方面

---

[1] 埃米尔·路德维希：《德国人：一个民族的双重历史》，杨成绪、潘琪译，北京：东方出版社，2006年，第207页。

经典评述

"尽管如此,德意志狂的否定仍然没有彻底完成自己的任务:还有许多东西应当送回老家去,——送回阿尔卑斯山,送回莱茵河,送回魏克瑟尔河,我们将把五头政治留给俄国人;把意大利人的教皇政治以及同它相关的一切,把他们的贝利尼、唐尼采蒂,乃至罗西尼——如果这些人要向莫扎特和贝多芬炫耀他们的教皇政治的话——留给意大利人;把法国人对我们的狂妄批评,把他们的轻松的喜剧和歌剧,把他们的斯克里布和亚当留给法国人。我们要把外国人的荒诞不经的习俗和时髦风尚,一切多余的外国词汇,统统赶回它们的老窝去,我们再也不做外国人愚弄的傻瓜了。我们要团结成统一的、不可分割的、强大的——以及像上帝所喜欢的自由的德意志民族。"

——恩格斯:《恩斯特·莫里茨·阿伦特》,《马克思恩格斯全集》,第二卷,人民出版社2005年,第281页。

表现为超越地区视野的世界眼光,留下了不少值得称道的艺术成就;另一方面,与同时代的英法民族文化发展相比,它已显示出一种滞后性,以至于阻碍了德意志人进一步思考这种文化的民族性。当然,德意志人的民族意识不会就此沉沦。一连串民族文化运动即将在德意志掀起更大浪潮。

德意志启蒙运动

启蒙运动传入德意志

在巴洛克文化大行其道时,启蒙运动已在欧洲悄然兴起。这场运动颠覆了传统的价值观,强调人凭借理性,可以认识世界,由此把人的精神从中世纪的蒙昧状态中解放出来。它产生于英、法,随后传遍西欧各国。德意志也不例外。

启蒙运动在德意志的铺展,借助了多重力量。巴洛克时代对于法国文化的崇拜在无形中为法国启蒙思想的传播开辟了道路。德意志启蒙运动的总结者康德

(Immanuel Kant，1724—1804）便是卢梭（Jean-Jacques Rousseau，1712—1778）的崇拜者。一些邦君宣称信仰启蒙思想，并把启蒙运动的部分原则贯彻到行政管理中，如不再体罚士兵等。普鲁士国王弗里德里希二世与萨克森选侯"强壮者"奥古斯特（Friedrich August I von Sachsen, der Starke，1670—1733）等人因此被称为"开明君主"，他们的统治被称为"开明专制"。还有一些新兴的市民阶层也充当着启蒙思想的积极传播者，例如柏林的出版商尼克莱（Christoph Friedrich Nicolai，1773—1811）同哲学家摩西·门德尔松（Mases Mendelssohn，1729—1786）和文学巨匠莱辛

插图 5.1　普鲁士国王弗里德里希二世（右）与启蒙哲学家伏尔泰（Voltaire，1694—1778）。弗里德里希二世自称"国王—哲学家"，邀请伏尔泰定居柏林。未几，国王的专制作风暴露，伏尔泰拂袖离去。

（Gotthold Ephraim Lessing，1729—1781）合作，创办了著名的文学刊物、德意志启蒙运动的重要阵地《德意志万有文库》。

德意志启蒙运动的主要特征

德意志启蒙运动既带有欧洲启蒙运动的普遍特征，即尊重理性，抬高人的价值，也带有本土特色。它主要针对德意志当时急需解决的三个问题而展开。

第一，提高德语的地位。在巴洛克时代，只有少数学者认识到德语的重要性，马丁·奥皮茨（Martin Opitz，1597—1639）甚至把德语视为"元语言"，但法语和拉丁语盛行的局面直到 17 世纪末也没有得到改观。哲学家托马西乌斯（Christian Thomasius，1655—1728）是第一位在德意志大学中用德语授课的德意志人。18 世纪初，一批知识分子仿照英国，创办了一系列德语期刊（如《马勒

论坛》和《爱国者》)和德语协会(如"使用德语协会")。哲学家沃尔夫(Christian Wolff，1679—1754)和法学家尤斯图斯·默泽(Justus Möser，1720—1794)都用德语写作。这些举动至少让德语获得了同法语和拉丁语相等的地位。

第二，突破法国文化的影响。在这一方面，弗里德里希·卡尔·冯·莫泽(Friedrich Karl von Moser，1723—1798)是当仁不让的旗手。他撰写了多篇论文，严厉批判德意志人对法国文化的盲目崇拜行为，在德意志第一次提出了"民族精神"(Nationalgeist)这一名词。诗人克罗卜斯托克(Friedrich Gottlieb Klopstock，1724—1803)不仅从民族神话和历史中汲取灵感，创作了大量民族史诗，而且还大胆地用德语的自由韵律歌颂"祖国"。他也因此被誉为"德意志所有诗人的老师"。德意志民族文学的奠基者莱辛既在《拉奥孔》中批驳了诗画相通的传统文艺理论，又在《汉堡剧评》中提出了建立民族文化的主张。由此，法国文化的魅力逐渐消褪。

第三，创建"和谐"哲学。德意志的启蒙哲学家们愿意发扬启蒙运动的斗争精神，却不愿因此让民族分裂的伤疤变得更大。由此，毫不奇怪的是，无论是早期的莱布尼茨，还是晚期的康德，都在他们的哲学思想中，十分巧妙地用繁琐的方式，来论证现存秩序的合理性。这些思想反映了德意志启蒙哲学家们面对现实的矛盾心态，同时也把启蒙原则的适用范围逐渐局限于哲学和文学领域中。

德意志启蒙运动的贡献与问题

对于德意志人而言，德意志启蒙运动的最大价值不仅在于理性地位的提高，更在于民族意识的增强。在这场超越宗教的新普世精神的运动中，德意志的启蒙思想家们第一次意识到自己对于"祖国"的感情。日后成为伟大教育家的洪堡(Wilhelm von Humboldt，1767—1835)在其最初的政论中，直言不讳地寄希望于理性的立法者能够有助于德意志民族的形成。[①] 这是神圣罗马帝国建立以来，思想界出现的第一次大规模的民族统一诉求。

尽管如此，德意志启蒙运动毕竟是欧洲启蒙运动的组成部分，启蒙思想的普世性不可避免地仍然保留在德意志启蒙思想家的心灵中。这种新的世界主义

---

① 梅尼克:《世界主义与民族国家》，孟钟捷译，上海：上海三联书店，2007年，第31页。

情怀同顽强留存下来的帝国梦想结合在一起，阻碍着德意志人构建一个近代意义上的民族国家，即让他们始终向外审视，而把自己的民族命运置于一边。甚至如莱辛这样的德意志民族文学之父也不掩饰自己对于"爱国主义"的憎恶之情。他曾如此写道："我不能理解人们对自己国家的热爱。在我看来，这只能算是一种英雄主义式的缺点。幸好我没有这个缺点。"

文化民族主义运动

18世纪，欧洲的民族主义运动大致分为两种类型。以法国为代表的类型被称为"民主主义的民族主义"，强调民族主义运动的政治特征；以德国为代表的类型被称为"文化民族主义"，偏重于从文化层面上去表达民族主义的诉求。两者都伴随启蒙运动的发生而发展。在德意志，文化民族主义运动成为继德意志启蒙运动之后的第二波民族意识的构建浪潮。

文化民族主义运动的产生及其主要特征

在文化上认识并发展民族主义运动，是德意志的历史与现状决定的结果。一方面，政治、经济与信仰的分裂格局激起德意志人对于统一民族精神和民族文化的热情，而挥之不去的法国文化恰好成为新一代思想家们的战斗对象；另一方面，在邦国绝对主义的控制下，德意志社会产生了一种"政治淡漠症"，追求"思想的天空"（海涅语）便成为自然而然的选择，如一时繁盛的柏林沙龙大多围绕文化论题而展开。

文化民族主义运动具有三大特征。首先，它重视感情，轻视思考。与启蒙运动高举理性的大旗不同，文化民族主义运动强调感情的力量，凸显精神的重要性。因此，文化是民族融合的主要动力。其次，它美化历史，提高中世纪的地位。哥特艺术与中世纪的民间文学被誉为上帝的结晶，神圣罗马帝国的历史成为文化民族主义者创作的主要源泉。最后，强调德意志的特殊性，进一步抬高德意志文化的地位。德语再次被论证为"元语言"，德意志人则是"元民族"，由此德意志民族比其他民族"更高贵"。在这种论证逻辑中，德意志文化也登上了历史的巅峰。

原始文献 5.2

文化民族主义者阿恩特歌颂祖国

阿恩特（Ernst Moritz Arndt，1769—1860）是文化民族主义运动的代表之一，德意志诗人、作家。他曾在耶拿大学学习基督教神学、历史、民族文化、语言学和自然科学。17世纪末游历意、法、比等各国。1800年4月，他完成博士论文，反对卢梭思想。他早年致力于提高德意志人的民族意识，为此写下了大量的诗歌。拿破仑入侵后，他积极投入到反法斗争中，鼓吹德意志人的"纯正性"，甚至提出了反犹主义理论。

德意志人的祖国在何方？
德意志人的祖国在何方？
　是士瓦本呢？还是在那普鲁士的土地上？
　那不是莱茵河上葡萄鲜艳欲滴之处？
　那不是波罗的海上，海鸥掠过水面的地方？
　哦，不！德意志人的祖国，
　必当更伟大，更堂皇。
德意志人的祖国在何方？
　是巴伐利亚？还是在那斯蒂莱恩的土地上？

　那不是马萨的牛羊放牧之处？
　那不是马克的铁厂里，火焰燃烧的地方？
　哦，不！德意志人的祖国，
　必当更伟大，更堂皇。

德意志人的祖国在何方？
　是威斯特伐利亚？还是在波美拉尼亚的海滨上？
　那不是岸边风沙飘荡之处？
　那不是多瑙河上波涛汹涌的地方？
　哦，不！德意志人的祖国，
　必当更伟大，更堂皇。

德意志人的祖国在何方？
这伟大的土地如何命名？
　是提洛尔！那瑞士人居住的地方？
　那里的风土人情令人神怡心旷。
　哦，不！德意志人的祖国，
　必当更伟大，更堂皇。

德意志人的祖国在何方？
这伟大的土地如何命名？
　啊！那必是奥地利呀，
　那里因胜利与富足而享誉四方。
　哦，不！德意志人的祖国，
　必当更伟大，更堂皇。

德意志人的祖国在何方？
这伟大的土地如何命名？
　那岂非是德意志王冠上的宝石，
　不久前却被冠冕堂皇而又狡诈地扯下？
　哦，不！德意志人的祖国，
　必当更伟大，更堂皇。

德意志人的祖国在何方？
最后来为这伟大的土地命名吧！
　"哪里有德意志母语的声音在回荡，
　哪里有歌颂上帝的圣歌在唱响。"

> 是这片土地,
> 　勇敢的德意志人啊,这就是你们的家乡!
>
> 这便是德意志祖国,
> 　在这里人们紧握双手来把誓言约定,
>
> 在这里人们眼中闪耀着信仰与真理的光芒。
> 是这片土地,
> 　勇敢的德意志人啊,这就是你们的家乡!
>
> 这便是德意志祖国,
> 这里不齿于南人的卑劣,
> 这里与一切冒犯者为敌,
> 这里亦是一切高贵灵魂之友。
> 是这片土地,
> 所有德意志人便是这片土地!
>
> 那土地便是所有德意志人,
> 上帝照管着它,然后赐予我等,
> 无论思想还是行动,我们都应当有着德意志之心,
> 愿我等尽心真诚热爱这里。
> 这便是你们的土地,
> 所有德意志人便是这片土地!
>
> 《德意志人的祖国在何方?》(Where Is the German's Fatherland),载《德意志史料集》,第144—146页。
>
> ※ 从诗歌中,阿恩特想告诉德意志人哪些道理?

文化民族主义运动的具体表现

文化民族主义运动不是一场有组织的统一行动,而是发生在众多学术领域中的共同心理趋向。它具体表现为文学领域中的"狂飙突进运动"、文学与艺术领域中的"浪漫主义运动",以及古典哲学的演进等。

狂飙突进运动发生在1770—1785年间,是德意志历史上第一次带有全德性质的民族文学运动。这场运动得名于作家克林格尔(Friedrich Maximilian Klinger,1752—1831)的剧作书名,汇聚了大批青年文学家和诗人,其中赫尔德(Johann Gottfried Herder,1744—1803)、青年歌德(Johann Wolfgang Goethe,1749—1832)和青年席勒(Friedrich Schiller,1759—1805)是他们的杰出代表。赫尔德被誉为德意志文化民族主义的缔造者。他深刻而系统地阐述了文化民族主义理论,强调民族应该是有机的、自然的、建立在精神和文化基础之上的共同体,以此反驳法国启蒙思想家的观点,从而为德意志实现统一寻

插图 5.2　魏玛歌剧院前的歌德与席勒像。1794 年，歌德与席勒在魏玛相识。他们结成至交，共同开创了德国文化史上的魏玛时代。"魏玛"从此成为德意志自由精神的象征。

求出路。同一时期，年轻的歌德和席勒各自发表了《少年维特之烦恼》《强盗》及《阴谋与爱情》等作品，透露出对现存社会制度的强烈不满。不过，在 1785 年后，狂飙突进运动的旗手们逐渐转向，相继放弃了激进的文学立场，学会与现实妥协。歌德与席勒决心向古希腊罗马学习，由此开辟了古典主义之路。《浮士德》正是歌德转型后的代表作。莫扎特（Wolfgang Amadeus Mozart，1756—1791）和贝多芬（Ludwig van Beethoven，1770—1827）均属于古典主义音乐家中的佼佼者。

与此同时，另一批文学家和艺术家举起了反古典主义的旗帜，进一步推进了狂飙突进运动的精神，把"浪漫主义"定为自己的目标。"浪漫"最初意为传奇虚构，后成为一种美化中世纪生活的术语。浪漫主义运动既反映了德意志人对时代转型的抗拒，也是当时抵制启蒙思想和法国大革命的一种方式。早期浪漫派文学家诺瓦列斯（Novalis，1772—1801）和施莱格尔（Friedrich von Schlegel，1772—1829）着力于美化神圣罗马帝国的历史，将普世主义精神视作德意志的主要特征。[1] 晚期浪漫派文学家格林兄弟（Jakob

---

[1] 梅尼克：《世界主义与民族国家》，第 51 页。

Grimm，1785—1863；Wilhelm Grimm，1786—1859）等注重搜集德意志的民歌和神话，整理民间文学，创作了著名的《儿童与家庭童话集》。舒伯特（Franz Shubert，1779—1828）等音乐家热衷于为浪漫派诗人谱曲，创作了大量流露自然之美的艺术歌曲。

在哲学领域中，由康德开创的古典哲学，经费希特和谢林（Friedrich Wilhelm Joseph von Schelling，1775—1854），在黑格尔（Georg Wilhelm Friedrich Hegel，1770—1831）那里达到巅峰。德意志古典哲学是对抗法国"百科全书"派的唯物主义而产生的唯心主义哲学。康德首先把研究的重点从客体转移到主体，从外界转移到人的精神，强调精神世界的主导性。费希特提出了"自我""绝对自我"的概念，进一步把人对外界的权力推至极致。谢林认为，"绝对的自我"之上还有"神性"，人的精神与自然都从属于这个"神性"，因此人不仅要利用自然，还应尊重自然。这些思想都为黑格尔所继承。他娴熟地运用正—反—合的辩证法，论证了德意志民族是一种"世界历史民族"，普鲁士君主专制国家正是"绝对精神"的最佳体现。因此，作为普遍精神发展道路的承载者，德意志民族有权统治世界。

文化民族主义运动的双重影响

文化民族主义运动是德意志民族意识形成中的重要环节。受制于政治分裂的时代现实，德意志人不得不从文化角度寻求民族统一的途径。在文学、艺术和哲学领域中，文化民族主义者构建起民族共同体的雏形，并且激扬起民众对于强大国家的心理诉求。

然而文化民族主义运动又在不自觉中产生了负面影响。政治论题的缺失注定了文化民族主义运动将在不久后面临转向的困境。对于启蒙思想的坚拒形成了有意识的反现代化思潮，进而强调个体的特殊性，特别是强调德意志民族的优越性，以致最终为极端民族主义、反犹主义奠定了思想基础。

民族主义运动的政治化

19世纪初，徜徉在思想天空的德意志人也不得不面对惨痛的现实。异族入侵的巨大压力迫使德意志的思想家们投笔从戎，并宣告德意志民族意识的最终觉醒。

神圣罗马帝国的解体

自法国大革命后，德意志的命运便同这个邻国紧密相连。革命的光芒既照亮了死气腾腾的专制小邦，赢得一批德意志人的欢呼和雀跃，又招来了普、奥大邦的联合剿杀。待拿破仑腾空出世，法军四处出击，德意志各邦不得不面对重新组合的生死抉择。

拿破仑的策略是打击奥地利、拉拢中小邦国、中立普鲁士。奥地利是神圣罗马帝国的皇冠持有者，也是反法同盟的主力，因而成为拿破仑的主要打击对象。拿破仑用武力迫使奥地利接连签订《坎波·福米奥和约》（1797年）与《吕内微尔和约》（1801年），法国得到莱茵左岸地区、比利时与列日。为补偿这些地区的世俗诸侯，神圣罗马帝国于1803年达成《全帝国代表团会议主决议》，归并大小邦国，绝大部分教会诸侯教产还俗，减少教会选侯，增加世俗新教选侯。这些举措大大削弱了哈布斯堡家族的势力。不久后，奥地利再次战败，维也纳失陷，《普莱斯堡和约》（1805年）把奥地利势力彻底排挤出意大利和德意志。1806年7—8月，西、南德意志的16个邦国在巴黎签订议定书，声明脱离德意志帝国，承认拿破仑为其保护人。普鲁士因得到拿破仑的割地许诺，按兵不动，坐观其变。在此情况下，皇帝弗朗茨二世（Franz II，1768—1835）在8月6日宣布解散神圣罗马帝国，他以"奥地利皇帝"的名义，退而统治哈布斯堡家族的祖传领地。

德意志民族解放战争

拿破仑在德意志的统治，充满着历史的吊诡。他一方面扮演着"奥吉亚斯牛圈"的清扫者，推行《拿破仑法典》，废除封建领地制度，统一度量衡，实行自由贸易，为德意志带来了资本主义的新鲜空气；另一方面却处心积虑地宰割和奴役德意志，他不仅在1806年击败普鲁士，迫使后者签订割地赔款的《提尔西特和约》（1807年），并承担反英义务，加入大陆封锁体系，而且还扶持傀儡政权，成立其弟统治下的威斯特伐利亚王国。

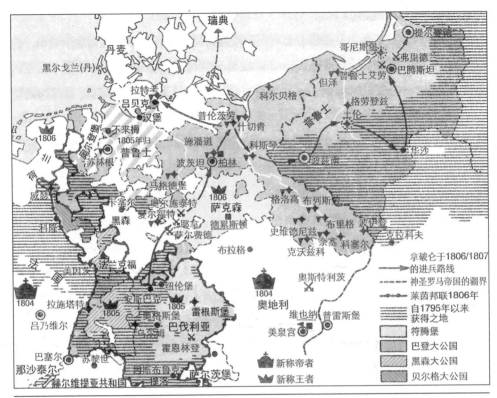

地图 5.1 拿破仑控制下的欧洲。

拿破仑的压制自然激起了德意志人的强烈不满。民族激愤情绪如火山爆发那样，流溢在德意志的大地上。知识界的政治淡漠症已经被愤懑和敌意所取代，施莱马歇尔（Friedrich Schleiermacher，1768—1834）、亚当·海因里希·米勒（Adam Heinrich Müller，1779—1829）、费希特等人在各地巡回演讲，有意识地通过贬低法兰西民族，来抬高德意志民族的地位。德意志的第一位英雄赫尔曼在此时被广为称颂，以激励民众的战斗精神。被拿破仑革职的军官们和热血沸腾的大学生们组织了数十个抗法社团，其中较为出名的有"体操之父"雅恩（Friedrich Ludwig Jahn，1778—1852）组建的"德意志协会"。贝多芬甚至划去了《英雄交响乐》乐谱上所有的拿破仑的名字。[①] 德意志人的政治热情从未如此

---

① 乔治·勒费弗尔：《拿破仑时代》，下卷，河北师范大学外语系翻译组译，北京：商务印书馆，1985年，第38—42页。

高昂，他们的民族意识也从未如此清晰！

痛定思痛的普鲁士人首先迈出了改革之路。这场影响深远的改革自 1807 年起，持续数年之久，由两位自由派贵族施泰因（Heinrich Friedrich Karl vom und zum Stein，1757—1831）与哈登贝格（Karl August von Hardenberg，1750—1822）相继领导，在农业、城市治理、国家行政体制、财政、工业、教育和军事等多个领域展开。其中，农业改革结束了农奴制，削弱了贵族统治权，启动了德意志社会结构的现代化进程，被后世誉为"普鲁士道路"；由沙恩霍尔斯特（Gerhard von Scharnhorst，1755—1813）、格奈泽瑙（August Neithardt von Gneisenau，1760—1831）和克劳塞维茨（Carl von Clausewitz，1780—1831）领导的军事改革不仅促成军队的现代化，而且还通过普遍义务兵役制，激发起普鲁士人的爱国热情；洪堡领导下的教育改革着力于塑造学生的个性，宣扬爱国主义和人道主义教育，创办于 1810 年的柏林大学确定的学术自由、教学与科研相结合、科学研究领先等三原则成为新型大学的鲜明特征。

这些改革家并不都是普鲁士人。施泰因来自拿骚，哈登贝格来自汉诺威，沙恩霍尔斯特、格奈泽瑙和克劳塞维茨来自萨克森，只有洪堡才是普鲁士

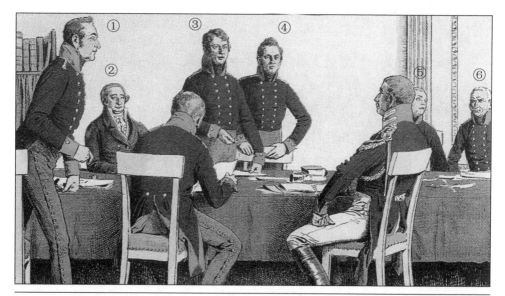

插图 5.3　普鲁士改革者。从左至右：①博因（Leopold Hermann Ludwig von Boyen，1771—1848）、②弗里德里希·威廉三世（Friedrich Wilhelm III.，1770—1840）、③格奈泽瑙、④沙恩霍尔斯特、⑤格罗尔曼（Karl Wilhelm Georg von Grolman，1777—1843）与⑥施泰因

人——即便如此,在其主政下的柏林大学,拥有来自各邦的杰出学者。这些人都认识到这样一个事实:"我们必须使普鲁士重获新生以拯救整个德意志。"① 这表明,在德意志历史上,普鲁士的领导地位首次得到人们的认可。

1812年年底,当拿破仑侵俄战争出现失败迹象时,反法斗争得到了德意志社会各阶层的积极支持。1813年年初,各地出现了一系列人民起义。3月,普王正式对法宣战,并同英国和瑞典共同筹建反法同盟。8月,奥地利加入其中。10月17日,反法联军在莱比锡大败法军。这场由欧洲各民族和德意志各邦参与的大战后被称为"莱比锡各民族大会战",它的胜利成为德意志民族主义运动史的转折

> **原始文献 5.3**
>
> ## 施泰因评价普鲁士
>
> 施泰因是普鲁士改革的领导者之一。他是拿骚人,出生于南德,但在情感上倾向于普鲁士。他曾如此对比普鲁士和奥地利:
>
> 霍亨索伦家族是真正的德国人:普鲁士是一个新教国家,两百年来,一种伟大而多姿多彩的生活、一种自由探索的精神已然发展起来,已经不能被压制或被误导。
>
> 哈布斯堡家族不能指望去领导德国人,因为真正的德意志精神已经被耶稣会的思想败坏,这是致命的……奥地利不是未来的保障。
>
> 转引自安托万·基扬:《近代德国及其历史学家》,黄艳红译,北京:北京大学出版社,2010年,第8—9页。
>
> ※ 施泰因如何看待普鲁士和奥地利在德意志发展中的角色?你认同这种想法吗?

点。

---

① 安托万·基扬:《近代德国及其历史学家》,黄艳红译,北京:北京大学出版社,2010年,第7页。

文化民族主义运动的转向

在民族解放战争期间,文化民族主义运动在不自觉中转向政治民族主义运动。如何构建未来的德意志民族国家,成为这一时期民族主义者的中心话题。然而他们的回答却不尽相同。自由主义者受到启蒙思想和大革命的正面影响多一些,大多希望通过改革,或借助外国势力,来改造旧制度,建设一个新时代的国家。他们是普鲁士改革的主要推动者。政治的浪漫派们把国家视作一件由浪漫主体的创造性成就所产生的艺术品。他们运用神秘主义的、神学的和传统主义的观念,美化弗里德里希二世时代的普鲁士王国,甚至神圣罗马帝国。他们的代表有施莱马歇尔、诺瓦里斯、亚当·米勒等。[①] 双方的争论起初是学术性

插图 5.4 一个分赃的会议:维也纳会议。左前站立者是梅特涅。维也纳会议除了让各国封建王朝复辟外,还是典型的瓜分会议。英、俄两国扩展和巩固了各自的霸权;奥地利放弃了西、南德意志的部分属地,重心东移;普鲁士获得了德意志最富庶、最先进的西部地区,重心西移。

---

① 卡尔·施密特:《政治的浪漫派》,冯克利、刘锋译,上海:世纪出版集团,2004 年,第 117 页。

的，随着拿破仑战争的结束，这种争论便愈加激烈。但是德意志的未来仍然不能由德意志人自己来掌控。

1814年9月起，维也纳成为重塑欧洲秩序和安排德意志未来的场所。200多个邦国代表参加会议，但奥地利、俄国、英国、普鲁士与法国代表是维也纳会议的掌控者。奥地利首相梅特涅（Klemens Wenzel Lothar von Metternich，1773—1859）极力推销"正统主义"的复辟原则，并任意瓜分战败国的财产，重新划分列强在欧洲的势力范围。

1815年6月8日，维也纳会议还通过了《德意志联盟条例》，宣布成立德意志联盟。这是一个由38个主权邦国和4个自由市组成的松散联合体。联盟没有

原始文献 5.4

《德意志联盟条例》（摘录）

维也纳会议通过的《德意志联盟条例》只是在形式上重新组建一个德意志国家，但它不是启蒙运动以来德意志民族主义运动的最终目标。英、丹、荷三国因拥有德意志的领土，也有权参加联盟议会。任何重要的议案都需得到三分之二多数支持才能通过。该条例还反映出奥、普两邦之间的竞争关系。普鲁士虽然取得了同奥地利平起平坐的地位，但后者仍然占据着联盟议会主席的位置。

第1条 德意志各亲王与自由市，包括他们的君主，奥地利皇帝与普鲁士、丹麦、荷兰国王——奥地利皇帝及普鲁士国王因其领地从前属于德意志帝国；丹麦国王因荷尔施坦因之故；荷兰国王因卢森堡大公国之故——结成一个名为德意志联盟的永久同盟。

第2条 这一联盟的目标应为保持德意志的内外安全，以及各德意志邦国的独立性与不可侵犯。

第3条 联盟一切成员权利平等。它们均同意维护《联盟条例》。

第11条 所有联盟成员须承诺自己将维护整个德意志以及联盟的每个邦国，抵御侵犯。……若联盟宣战，任何联盟成员不得单独与敌方协商、停战或媾和。

第12条 联盟成员保有其各种形式的结盟权。然而，他们须承诺其不会直接侵犯联盟或其中任何成员的安全。

《德意志联盟条例》（The German Confederation，1815），载《德意志史料集》，第151—153页。

※ 从联盟条例上，我们可以知道德意志联盟是一个怎样的国家？

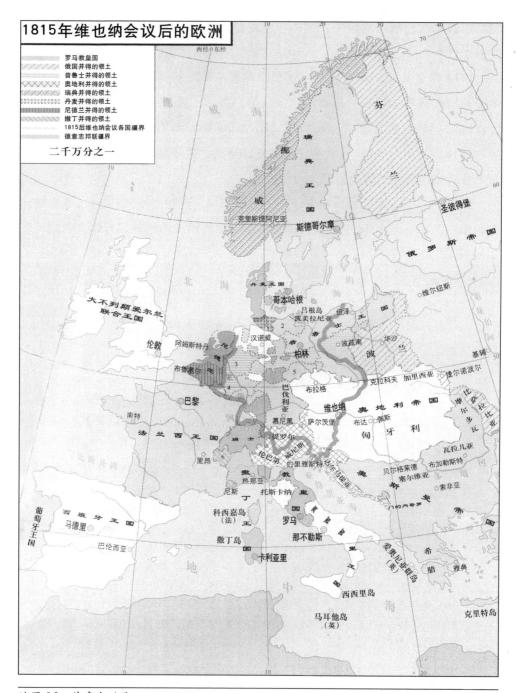

地图5.2 德意志联盟。

外交权力,不设中央政府,没有国家元首,只有设在美茵河畔法兰克福的联盟议会代表形式上的中央权威。联盟议会由各主权邦代表组成,奥地利担任主席。

结 语

"我是谁?"哲学的这一基本问题在德意志这块盛产哲人的土地上响彻云霄。从启蒙思想家,到文化民族主义者,再到政治舞台上挥斥方遒的政治民族主义者,几代德意志人为了同一个理想,前赴后继地描绘出各种形式的国家图像。德意志意识终于在民族的存亡之秋迸发出来,而且在欧洲的民族舞台上耀眼夺目。然而德意志问题从来就不是一个简单的民族问题。摘下皇冠的德意志人突然发现,从世界帝国转变为民族国家的努力居然是如此艰难!民族主义的热浪会冲破一切限制,完成期盼已久的亮丽转身吗?

大事记

时间	德国	欧洲
1789 年		法国大革命爆发
1793 年	普奥参加第一次反法同盟	法国国王路易十六被处死;波兰被瓜分
1797 年	奥地利战败,签订《坎波·福米奥和约》	
1799 年		拿破仑发动雾月十八政变
1801 年	奥、法签订《吕内微尔和约》	
1803 年	神圣罗马帝国各级贵族达成《全帝国代表团会议主决议》	
1804 年		拿破仑称帝
1805 年	奥、法签订《普莱斯堡和约》	以英、俄为首结成第三次反法联盟

续表

时 间	德 国	欧 洲
1806年	西、南德意志16个邦国声明脱离帝国，承认拿破仑为其保护人，建立莱茵同盟；末代皇帝弗朗茨二世宣布解散神圣罗马帝国（8月6日）	英、俄、普等国结成第四次反法联盟；俄土战争
1807年	普鲁士在法俄签订的《提尔西特和约》上签字	
1807年	普鲁士改革开始	
1808年		俄国发动对瑞典的战争，瑞典战败，把芬兰割让给俄国
1812年		拿破仑发动侵俄战争
1813年	莱比锡各民族大会战（10月17日）	
1814年	维也纳会议召开	法国波旁王朝复辟
1815年	德意志联盟成立（6月8日）	

进一步阅读书目

关于德意志民族主义运动的总体情况，可参见：Otto Dann, *Nation und Nationalismus in Deutschland: 1770-1990* (München: Beck, 1993); Hans-Martin Blitz, *Aus Liebe zum Vaterland: Die deutsche Nation im 18. Jahrhundert* (Hamburg: Hamburger Ed., 2000); Abigail Green, *Fatherlands: State-building and Nationhood in Nineteenth-century Germany* (Cambridge: Cambridge University Press, 2001)，莱奥·巴莱特德的《德国启蒙运动时期的文化》（北京：商务印书馆，1990年）以及梅尼克的《世界主义与民族国家》上编（上海：上海三联书店，2007年）。

关于德意志民族主义运动发展历史上的代表人物及其思想的研究，可阅读：Mary Anne Perkins, *Nationalism versus cosmopolitanism in German Thought and Culture, 1789-1914: Essays on the Emergence of Europe* (Lewiston: Mellen, 2006)、海涅的《浪漫派》

(上海：上海人民出版社，2003 年）、卡尔·施密特的《政治的浪漫派》（上海：世纪出版集团，2004 年）、曼弗里德·布尔的《理性的历史：德国古典哲学关于历史的思考》（北京：社会科学文献出版社，1992 年）；贺麟的《德国三大哲人歌德、黑格尔、费希特的爱国主义》（北京：商务印书馆，1989 年）以及李宏图的《西欧近代民族主义思潮研究——从启蒙运动到拿破仑时代》（上海：上海社会科学院出版社，1997 年）。此外，也不妨看一些传记作品，如加勒特·汤姆森的《莱布尼茨》和《康德》（北京：中华书局，2002 年）、洪汉鼎的《费希特：行动的呐喊》（济南：山东文艺出版社 1988 年）、古留加的《谢林传》（北京：商务印书馆，1990 年）、艾利森·利·布朗的《黑格尔》（北京：中华书局，2002 年）、古留加的《赫尔德》（上海：上海人民出版社，1985 年）、汉斯－尤尔根·格尔茨的《歌德传》（北京：商务印书馆，1982 年）、雷曼的《我们可怜的席勒：还你一个真实的席勒》（北京：中央编译出版社，2007 年）、诺贝特·埃利亚斯的《社会学视野下的音乐天才：莫扎特的成败》（桂林：广西师范大学出版社，2006 年）、罗曼·罗兰的《贝多芬传：插图珍藏本》（北京：人民音乐出版社，1999 年）等。目前这些代表人物的经典著作大多已有影印本或翻译，可参见：Frederick C. Beiser 的《德国浪漫主义早期政治著作选》（北京：中国政法大学出版社，2003 年）、《赫尔德美学文选》（上海：同济大学出版社，2007 年）、赫尔德的《论语言的起源》（北京：商务印书馆，1998 年）、洪堡的《论国家的作用》（北京：中国社会科学出版社，1998 年）、费希特的《对德意志民族的演讲》（沈阳：辽宁教育出版社，2003 年）等。

关于维也纳会议和德意志联盟成立的情况，可参见：Walter Demel, *Von der Französischen Revolution bis zum Wiener Kongreß*, *1789-1815* (Stuttgart：Reclam，1995)。相关史料收集在 Klaus Müller, *Quellen zur Geschichte des Wiener Kongresses：1814/1815* (Darmstadt：Wissenschaftl. Buchges., 1986) 和 Michael Hundt, *Quellen zur kleinstaatlichen Verfassungspolitik auf dem WienerKongreß：die mindermächtigen deutschen Staaten und die Entstehung des Deutschen Bundes 1813-1815* (Hamburg：Krämer，1996)。

第 六 章

通往新帝国之路

在马丁·路德敲醒帝国迷梦中的德意志人的三百年后，在驱逐拿破仑军队的关键一役——莱比锡各民族大会战——取得胜利的四年后，500名年轻的大学生们在凌晨集中，向路德翻译《圣经》的地方进军。他们不是为了嬉戏，也不是为了研究，而是为了憧憬一个伟大民族的未来！沿途，他们向民众发表了热情洋溢的演讲，爱国主义的真挚情怀几乎感染了每一位听众。当暮色降临，他们在瓦特堡对面的小山上燃起了篝火，唱着民族解放战争时期的流行歌曲，模仿路德当年焚毁教皇训令的方式，把28本非德意志的书籍投入火中。焚书之举有着重大的象征意义，它把民族主义的激情和自由主义的期待融合在一起。因而，在被焚烧的书籍中，既有象征外来占领岁月的《拿破仑法典》，也有普鲁士的警察法令。在书籍之外，那些被视作旧政权象征的物品，如普鲁士骑兵的紧身衣、假发辫和军棍等也被一并扔进了火堆。这场集会延续着拿破仑统治时期的民族激情，拉开了"统一与自由"运动的序幕。[①] 然而他们并不知道，通往新帝国之路竟是如此曲折坎坷，以至于他们中的一些人只能抱憾终身，另一些人到耄耋之龄才能看到预期之外的民族统一！

究竟是什么阻碍着德意志民族走向统一、成为一个民族国家呢？又是什么最终推动着它完成民族国家的构建使命呢？这一切应当从历史的演进中寻求答案。

---

① 马丁·基钦，《剑桥插图德国史》，第154页。

复辟时代

复辟与镇压

维也纳会议后,德意志各邦贵族重新确立了统治地位。他们是德意志立宪运动与民族统一道路上的最大障碍。西、南各邦不反对立宪,但坚持自己的独立主权;以奥、普为首的大部分邦国则恢复了传统的等级体制,禁止一切民族主义运动。德意志贵族们的这种立场又得到了欧洲列强的支持。1815年9月,奥、普、俄三国结成"神圣同盟",共同维持德意志乃至欧洲的"正统"秩序。

贵族们的这些举动让那些民族解放战争的经历者们感到愤怒,尤其是年轻的大学生们。他们更盼望实现自由民主,建立统一国家。1815年6月,耶拿大学出现了第一个大学生社团。他们提出了"忠诚、自由、祖国"的口号,还采用了黑—红—金三色旗,作为"统一与自由"运动的象征。不久,各地大学生社团纷纷建立,并联合成立一个跨区域的大学生总社团。他们在瓦特堡聚会,发表统一德意志的宣言。这些举动获得了一些爱国知识分子的支持,如前文提及的体操之父雅恩和文化民族主义代表阿恩特。[1] 南德的知识界出版了大量影响深远的国家法著作,罗特克(Karl von Rotteck,1775—1840)第一次提出了现代意义上的"议会",并编著了后来被誉为"三月革命前自由主义圣经"的《国家辞典》。[2]

面对日益强大的民众反抗力量,正统主义者们采取了强硬的镇压措施。1819年3月,梅特涅下令处死了刺杀俄国间谍科采比(August von Kotzebue,1761—1819)的大学生桑德(Karl Ludwig Sand,1795—1819)。8月,他又联合普王,签订联手镇压大学生运动和自由媒体的《特普里茨宣言》。随后,在奥地利的压力下,23个德意志邦国签订《卡尔斯巴德决议》,禁止大学生社团和体操协会的活动,派遣监督员进驻大学,严密监视政治性的印刷品和书籍。

---

[1] 海因里希·普莱梯沙:《德国史》,第5卷,《1815—1918:复辟与俾斯麦帝国》(Heinrich Pleticha, *Deutsche Geschichte.5. 1815-1918. Restauration und Bismarkreich*. Gütersloh: Bertelsmann Lexikon Verlag, 1998),第29页。

[2] 格尔德·克莱因海尔、扬·施罗德主编:《九百年来德意志及欧洲法学家》,许兰译,北京:法律出版社,第357页。

原始文献 6.1

《卡尔斯巴德决议》（摘录）

1819年8月6—31日，梅特涅召集德意志联盟成员的外长在卡尔斯巴德集会，商讨应对自由主义者和民族主义者的方案。并不是所有外长都赞同梅特涅的想法，但奥地利的强大压力最终让23个邦国在决议上签字。该决议后来在法兰克福的联盟议会上全票通过。该决议实质上突破了联盟不干涉各邦内政的惯例，也违背了奥地利只关注国内事务的传统。

1. 每所大学都须任命一名该邦统治者的特别代表。该代表须受适当教育，拥有广泛权力，且在大学有居所。这一职务可由校长或其他任何政府认为适宜之个人担任。

该代表当严格执行现行法律及纪律规章；他应仔细观察大学教员于其公共课与选修课中的表现，且他应在不直接干涉学术科学问题或教学方法的前提下，为教学指出有益的方向。他应时刻注意学生未来的态度。最后，他应一刻不停地注意……在学生中……任何可能提升德性之事。

2. 联盟政府彼此互相承诺：对于那些公开偏离其职责，擅自越界，滥用其对青年思想的影响，灌输有害思想及对公共秩序的敌意，意图推翻现政府命令，经证实明显与那些委派给他们的重要工作不相称的任何教员，将其清除出大学或所有一切公共教育机构……

任何因此免职的教员亦失去在联盟其他邦国内任何公共学习机构的任职资格。

3. 当法律与大学中未经授权之秘密社团机构直接抵触时，应严格执行法律。这些法律尤其适用于几年前以大学生协会为名成立的社团，因其社团组织体现出了固定合作关系与大学间持久联络的想法，而这是完全不可容忍的。政府的特别代表应遵照命令，最大程度地关注这些组织。

各邦政府互相同意：任何意图保留在未经授权之秘密社团中的会员身份或要加入这类协会的个人，均被剥夺担任一切公职的资格。

4. 任何依照大学议事会决定、经政府特别代表提出或认可而被学校开除的学生，不得为任何其他大学所接受……

5. 只要此法令依然生效，任何按日发行的出版物或不超过20页的连载印刷品，都必须在各邦官员事先得知且批准的情况下才能在联盟各邦印发。

《卡尔斯巴德决议》(The Carlsbad Decrees, 1819)，载《德意志史料集》，第158—160页。

※ 根据上述条款，德意志人丧失了哪些权利？

知识界的分化

在各邦的复辟浪潮与严厉镇压下,德意志的知识界出现了严重的分化。政治的浪漫派们与保守的正统主义者合作,形成了"浪漫保守主义"的浪潮。[①] 他们继续坚持反启蒙的立场,反对理性的改革,寻求用神圣罗马帝国的政治文化传统来复兴德意志。哈勒(Karl Ludwig von Haller,1768—1854)是他们的代表。在其论述政治学的著作中,哈勒强调,邦国越多,便越能保留美善和多样性,因而也就让更多人享受到独立性。他讨厌一切"普遍"的词汇,希望用基督教会的普世性来应对启蒙思想的普遍原则。[②] 另一位国家法学者施塔尔(Friedrich Julius Stahl,1802—1855)不遗余力地宣扬"革命即罪恶"的观点,强调家长制的基督教国家是最令人满意的国家形式。他们的观念直接影响了一代政治家,甚至包括未来的普鲁士国王弗里德里希·威廉四世(Friedrich Wilhelm IV,1795—1861)。

与之相反,自由主义者与民族主义者并未放弃自己的努力,他们持之以恒地推动着"统一与自由"运动的发展。1830年,法国的七月革命再次影响到德意志各邦,"统一与自由"运动出现了第二次浪潮。曾经拒绝立宪的不伦瑞克、萨克森、汉诺威等邦推动了有限的宪政改革。已经立宪的巴伐利亚则成为德意志民族运动的大本营,"声援出版自由爱国联合会"于1832年5月27日在汉巴哈宫组织大规模集会,近3万名来自各阶层的参与者身披象征德意志自由主义的黑—红—金三色旗,聆听洋溢着爱国主义的演讲。"统一与自由"运动的参与者毫不畏惧专制君主们的镇压行动。1833年,一批激进的海德堡大学生在法兰克福冲击警察哨所,试图推翻联盟议会,建立一个统一的共和国。1837年,因反对汉诺威国王的废宪举动,哥廷根大学的七位教授锒铛入狱,是为震惊全德的"哥廷根七君子"事件。

介于两者之间的知识分子退缩到纯粹的文化创作世界中,过着一种"两耳不闻窗外事"的生活。拿破仑战争以来,接连发生的希腊独立战争与波兰起义,让不少人感到世事无常的压力。"回到家庭生活"成为这些知识分子的共同

[①] 郭少棠:《权力与自由:德国现代化新论》,上海:华东师范大学出版社,2001年,第52—55页。
[②] 梅尼克:《世界主义与民族国家》,第171页。

插图6.1 汉巴哈大会。黑—红—金三色旗首次如此鲜明地挥舞在德意志大地上。这三种颜色的组合形式最早出现在民族解放战争中,但并没有被绘制在旗子上,而是分别用于前线士兵的服装、饰边和纽扣。1815年,大学生社团开始把这三种颜色集中在一起,绘制成图片,作为纪念之用。这场民族运动的盛会最终并未达成任何结论。事实上,"统一与自由"运动的参与者存在分歧:温和派不希望诉诸暴力,激进派却渴望革命。此外,在梅特涅的压力下,巴伐利亚当局迅速行动,汉巴哈大会的领袖们要么被逮捕入狱,要么被迫流亡海外。

选择。后来的文化史学家把这段时期称作"毕德麦耶尔时代"。"毕德麦耶尔"(Biedermaier)是文学著作中的一个虚构形象,名字来源于两首诗的题目。1869年,人们首次用该词来指代对政治没有兴趣的人,只是在"他的小屋、他的小园、他那小块土地,及他那被人看不起的乡村教师的命运"中,找到了尘世的幸福。在绘画作品中,小城窄巷取代了山峦原野;在文学作品中,调和、宁静与互不干扰的格调成为主旋律。

政治上的复辟与镇压,知识界的分化,让德意志的统一几乎成为遥不可及的梦想。然而与此同时,经济上的联合趋势却让统一事业初露曙光。

经济统一的曙光

经济统一理论的先驱当属李斯特(Friedrich List,1789—1846)。这位政治经济学教授早年参加过南德的立宪运动。从1819年起,李斯特开始筹建关税同盟。他成立了"德意志商业和手工业联合会"，但此举不仅没有得到联盟议会和邦君们的支持，反而使他本人受到复辟势力的压制，被迫侨居美国。1834年，

原始文献 6.2

李斯特的《政治经济学的国民体系》（摘录）

该书是李斯特批判英、法古典经济学理论，创建德国国民经济学历史学派的重要著作。李斯特反对英、法古典经济学家们所宣扬的自由贸易和国际分工的理论，主张在一定时期内推行保护关税政策。他认为，各国经济发展必须经历五个阶段：原始未开放时期、畜牧时期、农业时期、农工业时期和农工商业时期。只有每一个国家都达到了它们可能达到的阶段，并在持久和平的保证下，国际间的自由竞争才对一切国家有利。而德意志正处于从农工业时期向农工商业时期的过渡阶段，必须依靠国家的干预力量，才能促进生产力的发展，从而提高国家的政治和经济地位。李斯特的思想结合了德意志的历史和国情，在当时的社会条件下，具有一定的进步性。

流行学派在保护关税的作用这一点上，对天然或原始产物与工业品这两者是不加区别的。它从这种关税对原始或天然产物的生产总是有害的这一点出发，得出了错误结论，认为这种关税对工业品生产也具有同样有害的影响。……在与先进工业国家进行完全自由竞争的制度下，一个在工业上落后的国家，即使极端有资格发展工业，如果没有保护关税，就决不能使自己的工业力量获得充分发展，也不能争得圆满无缺的独立自主地位，流行学派没有能看到这一点。……保护制度必须与国家工业的发展程度相适应，只有这样，这个制度才会有利于国家的繁荣。对于保护制度的任何扩张都是有害的；工业的充分发展是只能逐步实现的……

的确，我们敢断言，德国国家的生存、独立和它的前途所依靠的，就是它的保护制度的发展。只有在普遍繁荣的基础上，民族精神才能生根，才能开出美丽的花朵，结出丰富的果实；只有在物质利益调和一致的基础上，精神力量才会涌现，也只有在这两者的共同基础上，国家力量才能产生。如果我们没有国家，没有使我们国家得以恒久存在的保证，那么我们这些人，不论是统治者或臣民，贵族或平民，也不论是学者、军人、市民、工业家、农业家或商人，我们的一切努力又有什么意义呢？……

弗里德里希·李斯特著：《政治经济学的国民体系》，陈万煦译，商务印书馆，1997年，第266—267、274、354—355页。

※ 李斯特如何分析古典经济学理论的问题？他的理论对德意志的发展究竟有什么作用？

李斯特以美国驻莱比锡公使的身份重返德意志,致力于全德铁路系统的规划。他把关税同盟和铁路系统视作统一德意志的共同前提。1841 年,他出版了代表作《政治经济学的国民体系》,系统阐述了适合于后发现代化国家的保护关税理论。

在当时的德意志各邦中,对李斯特思想颇具好感的邦国首推普鲁士。1818 年,普鲁士颁布新的关税法,首先在邦内实现统一关税的目标。然而由于它的西部莱茵省与东部彼此分离,再加上众多"飞地",让它拥有了长达 7500 公里的关税边界。这种现实让普鲁士一直谋划成立更大范围的关税同盟。经过十余年的努力,普鲁士相继同北德、中德和南德的各邦达成免税协议。1833 年 3 月,普鲁士把所有协议合并,成立德意志关税同盟。该组织于 1834 年元旦生效,到 1842 年已扩展到 28 个邦。德意志关税同盟的出现直接促进了统一运动的深入,而且还改变了奥、普之间的均势关系。普鲁士借助德意志关税同盟,掌握着德意志通往世界的黄金运输线,从而为其将来统一德意志奠定了坚实的物质基础。

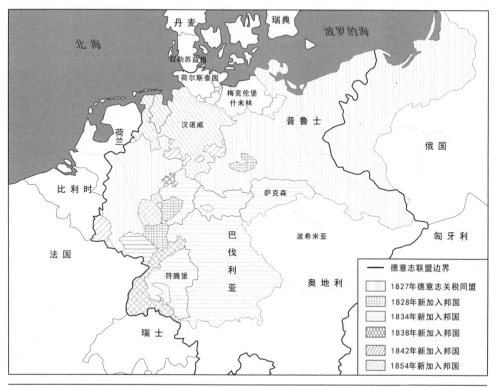

地图 6.1 德意志关税同盟。

在德意志关税同盟成立后不久，另一场伟大的经济变革也悄然兴起。这就是第一次工业革命。与英国相比，德意志的工业革命发生时间较晚，但它在铁路建设上的成就却引人注目。在李斯特的推动下，德意志的第一条铁路于1835年贯通。到1850年，所有的大城市都已有铁路相连，铁路总长仅次于英国。铁路建设迅速带动了相关产业的发展，从而强有力地推动了德意志工业化与统一的进程。

插图6.2 德意志的铁路建设。德意志的第一条铁路是从纽伦堡到菲尔特，全长仅6.5公里。到1850年，铁路全长近6000公里。起初，各邦均不支持铁路建设，甚至害怕它促进民主化。但修筑铁路的高额利润吸引了大量私营公司，并随后带动了邦国政府的热情。铁路这种连接空间、缩短距离的交通工具很快形成了对于分裂格局的冲击力，如李斯特所言，成为"民族统一的'婚带和结婚戒指'"。此外，铁路建设也推动了人员流动，对工业化和城市化起到了重要作用。

社会问题初显

工业化不仅制造了财富，也导致了社会结构的急剧变动。中上层贵族与资产阶级之间的结合成为常事，出现了所谓"资产阶级的贵族化"与"贵族的资产阶级化"的现象。下层民众却不得不面对"贫困化"的威胁。早期工厂的恶劣生产条件与超长劳动时间，更进一步加剧了社会对立的情绪。德意志各地出现了各种形式的反抗运动，尤以1844年西里西亚纺织工人起义为典型。

为解决日益显著的社会问题，各种方案应运而生。政治的浪漫派们希望用传统的等级秩序融化对立情绪，如亚当·米勒公开宣扬"回到过去"。基督教社会伦理学家们身体力行地投身于济贫活动中，如天主教中央党的创始人赖兴施佩格尔（August Reichensperger，1810—1892）和基督教内省布道会的创始人维歇尔（Hinrich Wichern，1808—1881）均不约而同地致力于建设工人联合会与孤儿教养院。① 自由主义者准备重组工厂内部的劳资关系，如法学家佩塔勒（Johannes Alois Perthaler，生卒年不详）提出建立一个"工人委员会"，让工人参与到利润分配和节省资源的工作中，以形成一种"企业共同体"。② 工人运动也提出了自己的方案。1836年，德国工人阶级的第一个政治组织"正义者同盟"在巴黎成立。它的领导者之一魏特林（Wilhelm Weitling，1808—1871）深受法国空想社会主义者的影响。在《和谐与自由的保证》一书中，他严厉批判了资本主义的生产方式，主张用暴力推翻旧制度，建立一个以生产资料公有制为基础的"大家庭联盟"。

最具革命性的改造社会方案是由马克思（Karl Marx，1818—1883）与恩格斯（Friedrich Engels，1820—1895）提出的。马、恩两人早年均参加过青年黑格尔派活动，后来通过与工人的实际接触，并系统研究英国古典政治经济学和各种空想社会主义学说，逐渐转变为唯物主义者和共产主义者。1844年，两人在巴黎结交，从此开始了长达数十年的革命友谊。他们合作创立了历史唯物主义和剩余价值学说，把空想社会主义发展为科学社会主义。1847年11月，两人受新成立的国际无产阶级组织"共产主义者联盟"的委托，为该组织起草新纲领。次年2月，《共产党宣言》正式发表。它系统阐述了无产阶级的革命理论，标志着科学社会主义的诞生。

1848/1849年革命

三月革命

19世纪40年代的德意志社会充满着变与不变的纠葛。一方面，分裂的格局

---

① 海因里希·普莱梯沙：《1815—1918：复辟与俾斯麦帝国》，第60页。
② 汉斯·尤尔根·陶特贝格：《德国工业共决史，19世纪思想与实践的起源和发展》（Hans Jürgen Teuteberg, *Geschichte der industriellen Mitbestimmung in Deutschland. Ursprung und Entwicklung ihrer Vorläufer in Denken und in der Wirklichkeit des 19. Jahrhunderts*，Tübingen：J.C.Mohr，1961），第26、38页。

依旧，各邦君主继续维护着他们的专制特权。伟大的民族诗人海涅（Christian Johann Heinrich Heine，1797–1856）用长诗《德国，一个冬天的童话》真实描述了当时的情况。另一方面，普鲁士的新国王弗里德里希·威廉四世继位后，出台了一系列富有进步色彩的政策，召开联合邦议会，甚至还公开表示支持德意志的统一。这让"统一与自由"运动的参与者们开始寄希望于用非革命的手段达到目标。① 与此同时，由于1845/1846年连续发生的马铃薯病虫害与农业歉收，德意志出现了粮食奇缺和饥饿危机，以致各地爆发形式多样的反抗运动。德意志社会已经处于风暴来临的前夜，但前进的方向仍然模糊不清。

> **原始文献6.3**
>
> ## "三月前时代"的德意志社会
>
> 历史学家海因里希·冯·特赖奇克（Heinrich von Treitschke，1834—1896）在其名著《19世纪德国史》中曾这样写道：
>
> 在当时，引人注目的是选举、议会辩论、各种会议上的磋商以及巨大的经济企业。人们的消遣是蹲咖啡馆或抽烟。家庭生活的地位逐渐淡化了。妇女不再声称对社交生活拥有不容置辩的控制权，但她们也在此前一直为男子垄断的行业中同后者竞争。报纸和廉价群众读物在最广大的阶层中唤起了对公共事务的兴趣。这个时代的民主特征表现在所有社会阶层都穿着的连衣裙、制服和方便服上，表现在胡须的式样上，表现在长裤和靴子上，这一新气象已经出现在客厅里了，因为这地方的民主色彩的晚礼服让每个人都感到不安，无论是客人还是侍者。
>
> 转引自安托万·基扬：《近代德国及其历史学家》，黄艳红译，北京：北京大学出版社，2010年，第85页。
>
> ※ 与此前社会相比，这一时期德意志社会的主要变化有哪些？从字里行间中，你能发现作者的立场是什么吗？

---

① 沃尔夫冈·希德尔：《1848/1849：一场不受期待的革命》(Wolfgang Schieder, "1848/1849: Die ungewollte Revolution"），载卡罗拉·施特恩与海因里希·奥古斯特·温克勒编：《德意志历史的转折点，1848—1990》(Carola Stern und Heinrich August Winkler, *Wendepunkte deutscher Geschichte 1848-1990*, Frankfurt a.M.: Fischer, 1994)，第17—24页。

1848年2月底，法国再次爆发针对专制君主的革命，并把革命的火焰迅速散播到欧洲各地。在德意志，这股革命浪潮结合此前已在涌动着的变革暗流，在不到一个月的时间内遍及所有邦国。

然而从一开始，德意志的革命便呈现出多样性的特色。不同地区的革命形式各异：在西、南中小邦国，政府用让步的方式换取了不流血革命的胜利，自由派资产阶级上台组阁；在维也纳，镇压的手段不见成效，梅特涅最终潜逃；在柏林，弗里德里希·威廉四世被迫任命自由派代表康普豪森（Ludolf Camphausen，1803—1890）组阁，用普鲁士国民议会代替联合邦议会，甚至允诺"普鲁士会继续融入德意志中"。[1] 不同社会群体的革命目标也不尽相同，甚至截然相反：一部分知识分子追求的是政治民主化，另一部分知识分子却着眼于统一的德意志议会；西、南邦国的手工业者怀念过去法国统治下的自由主义法律秩序，东普鲁士的手工业者却希望国家实施更为贴心的保护主义措施。作为革命主力的农民、手工业者与工人，在是否继续使用暴力、推动革命发展的问题上也存在着巨大分歧。这场"小人物们"的群众革命试图修改现存体制，却无法提出统一而明确的目标，从而埋下了革命最终失败的祸根。[2]

法兰克福国民议会的兴衰

在三月革命的高潮中，自由派资产阶级们不失时机地筹划成立一个全德国民议会，以实现一个民主的统一德国。在此期间，共和主义者与君主主义者之间的冲突成为引人注目的插曲。一些激进共和主义者甚至离开会场，在巴登地区组织了一场为期两周的暴力革命。然而，国民议会的选举进程并未因此而停止。5月18日，全德国民议会在莱茵河畔法兰克福城的圣保罗教堂开幕，史称"法兰克福国民议会"。

从诞生之日起，法兰克福国民议会便陷入多重矛盾中。由于德意志联盟议会继续存在，法兰克福国民议会的合法性及其立宪使命便显得突兀可笑，它与各邦政府及邦国民议会之间的关系也比较微妙。在585名出席会议的代表中，

---

[1] 海因里希·普莱梯沙：《1815—1918：复辟与俾斯麦帝国》，第119—124页。
[2] 吴友法、黄正柏：《德国资本主义发展史》，武汉：武汉大学出版社，2000年，第99—104页。

原始文献 6.4

法兰克福国民议会主席加格恩的演讲（摘录）

加格恩（Heinrich Wilhelm August von Gagern，1799—1880）是黑森自由派资产阶级的代表、"小德意志"方案的支持者、法兰克福国民议会主席。他的演讲充分表现了自由派资产阶级的要求及其内在矛盾。

谁要搞中央集权？先生们，我斗胆要让你们吃一惊，告诉你们，我们自己要进行临时的中央集权。[响起持久而响亮的鼓掌声。]看起来议会里的大多数人已越来越赞同这一观点，而我自己也坚持，未来的中央集权必须置于受负责大臣所辅佐的摄政之手。

如果我们想要这样一个摄政，无疑如我们这里大多数人所想，我们已找到这样的人了，一个最为卓越杰出之人；他已经证明了自己值得整个民族来支持他担负起那至高无上的职务；而且他必定还会继续证明这一点。我们必须从最高层选出一位摄政来，因为在如今的形势下，已经没有任何一个个人、群体或是党派足以担此大任了。[从右边传来了"听！听！"的叫喊声。]

先生们，你们看到了我在你们面前就这个问题而进行的充分辩论。[转向左面]而你们会因弃国家主权原则于不顾而遭到谴责。最为肯定的是，在我的提议中绝没有任何原则上的让步，即使我的观点如此，事实上也正是如此，这位贵人必须是一位君主，就此你们必须做出让步——这不是因为他是君主的事实，而是无论如何都应当这样做。[议会和旁听席上一再响起大范围的掌声与喝彩。]

先生们[面向整个议会]，关于我们的君主们已经说了许多尖刻愤恨的话了，而爱人之心始终是我的最爱。[从右面传来高声喝彩。]但是，先生们，怀着对所有同时代人的憎恨，却不去区别出那些一定程度上理应被憎恨的人来，可不是有雅量的事情啊。[从右面和旁听席上传来持续不断的喝彩声。]

让我们尽可能地团结起来吧！为了照亮并走上通往佳境之路，让我们为该牺牲的而做出牺牲吧。我们不会放弃自由，并且还要实现我们的民族与祖国的统一，这些都是我们渴望已久的目标。[从整个议会席和旁听席传来了持续不断的喧闹掌声。]

《法兰克福国民议会》（The Frankfort National Assembly，1848），载《德意志史料集》，第178—179页。

※ 你认为加格恩的演讲中是否存在矛盾？如果有，它们是什么？

政治立场相差极大：共和派与君主派相互对峙；奥地利的支持者又同普鲁士的拥护者彼此敌视。议会之外的声音也不时影响着讨论进程：马克思与恩格斯发表了《共产党在德国的要求》，并编辑出版《新莱茵报》，提出了无产阶级的革命目标；一些激进共和主义者还发起了冲击王宫的行动。在此情况下，占据多数的中间派掌控了法兰克福国民议会的主要方向，首先达成了两个明显具有妥协色彩的决议：未来的德国是一个君主立宪制的统一国家，奥地利大公约翰（Erzherzog Johann von Österreich，1782—1859）担任临时政府的帝国执政。

法兰克福国民议会的最大困境是制定全德宪法。宪法的民主精神少有人质疑，但在统一方式和领袖选择上出现了截然对立的现象。在经历17—18世纪权力版图的重新划分后，拥有皇冠的奥地利与经济强大的普鲁士成为旗鼓相当的对手。一山能否容下二虎？还是改弦易辙？议员们由此分为两派：一为"大德意志派"，主张以奥地利为中心，但希望奥地利放弃非德意志人的匈牙利地区，建立统一的德意志帝国；一为"小德意志派"，主张以霍亨索伦家族为世袭领袖，组成不包括奥地利在内的德意志联邦，但要求普鲁士解体，以消除中小邦国的忧虑，并让未来的普鲁士国王定都法兰克福。

正当法兰克福国民议会耗费大量精力讨论宪法条款时，随着巴黎革命的结束，德意志的政治格局发生了显著变化。尤其在奥、普两邦内，专制主义与邦国至上的气息再次浓烈起来。哈布斯堡皇室接连镇压了匈牙利革命运动和维也纳人民起义，解散帝国会议。由于奥皇拒绝放弃匈牙利，法兰克福国议会中的"小德意志派"最终获胜。然而他们所寄予希望的普鲁士也并不配合。无论是邦国民议会中的自由派资产阶级，还是普王本人，都不在乎全德宪法。在他们眼中，统一的普鲁士才是关键所在。12月5日，普王解散邦议会，颁布钦定宪法。

由此，法兰克福国民议会的失败便是预料之中的结果。1849年3月28日，帝国宪法诞生，获29个邦国承认，而奥、普大邦们却拒不接受。次日，普鲁士国王被选举为德意志皇帝，但弗里德里希·威廉四世却没有接受法兰克福国民议会代表团送来的皇冠。他轻蔑地把这顶皇冠称为"不洁的……充满了1848年革命的腐尸臭味"。这引发了法兰克福国民议会的巨大震动。一部分人选择退出，另一部分人在5月底把国民议会从法兰克福迁往斯图加特，并最终在符腾堡政府的压力下，于6月18日停止活动。萨克森、莱茵、普法尔茨与巴登各地

插图 6.3　1848/1849 年革命中"德意志的米歇尔"和他的帽子（漫画）。"德意志的米歇尔"是 19 世纪中叶比较流行的漫画形象，当时被民族主义者视作德意志民族的化身。阿恩特认为，"德意志的米歇尔"与德意志精神具有紧密关系。在漫画中，米歇尔的帽子在春、夏、秋三季各不相同，眼神也有变化，暗示着革命发展的不同阶段。

爆发了声势浩大的"护宪运动"，然而起义者孤立无援，被邦国联盟军队——击破。1848/1849 年革命结束。

革命失败的原因及其意义

导致 1848/1849 年革命失败的因素是多重的。强大的王权势力，连同忠于王室的军官和公务员们，成为阻拦革命浪潮的第一道防线。他们以退为进，等局势变化后，重新夺权。资产阶级的软弱与分歧削弱了革命的抗争性。大多数革命参与者并未准备使用暴力手段，而他们彼此之间又对"先统一，还是先自由"的问题争执不下，以致延误了革命时机。革命缺乏广泛而统一的社会基础，尤其是农民阶层比较冷淡。最后，其他欧洲列强也不希望看到一个统一的德意志崛起于中欧，奥、普两邦的选择恰是它们所欢迎的结果。

但是，1848/1849 年革命并没有完全失败。革命不仅提供了各种教训，更留下了丰富的政治遗产。"基本权利""宪法国家"等观念进入公共舆论，1849 年宪法成为后世德意志数部宪法的主要参照。1848 年前后的历史也被分为"三月前时代"与"三月后时代"受到纪念。在这一意义上，1848/1849 年革命更多地是一场"未完成的革命"。

当然，这场革命也留下了负面影响。由于民主讨论的方式并未带来新国家，不少德意志人（甚至包括自由主义者）开始把目光转向强人政治。

经典评述

"1848年革命虽然不是社会主义革命,但它毕竟为社会主义革命扫清了道路,为这个革命准备了基础。最近45年来,资产阶级制度在各国引起了大工业的飞速发展,同时造成了人数众多的、紧密团结的、强大的无产阶级;这样它就产生了——正如《宣言》所说——它自身的掘墓人。不恢复每个民族的独立和统一,那就既不可能有无产阶级的国际联合,也不可能有各民族为达到共同目的而必须实行的和睦的与自觉的合作。试想想看,在1848年以前的政治条件下,哪能有意大利工人、匈牙利工人、德意志工人、波兰工人、俄罗斯工人的共同国际行动!"

——恩格斯:《共产党宣言1893年意大利文版序言》,《马克思恩格斯文集》,第二卷,人民出版社,2009年,第26页。

普鲁士统一德意志

政治反动与普鲁士构建新秩序的失败

19世纪40年代末,德意志各邦又恢复了三月革命前的政治格局。奥地利取消了宪法,增强王权,形成"新专制主义"体制。普鲁士恢复出版管制,缩小了地方自治权,宫廷党人不遗余力地推销贵族专制思想。中小邦国效仿奥、普,严厉压制民主言论。马克思便以讽刺的口吻写道:"生不能,死不得,不能结婚,不能写信,不能思想,不能出版,不能开店营业,不能教书,不能上学,不能集会,不能建设工厂,不能迁移。不经当局许可,无论什么事都不能做。"大量自由派资产阶级被迫远走他乡,不少人后来成为美国和瑞士的知识精英。

在各邦加紧统治的同时,普鲁士突然抛出了一份新的德意志联盟计划。事实上,弗里德里希·威廉四世虽然拒绝接受法兰克福国民议会呈上的皇冠,但成为德意志的领袖却一直是他的梦想。他比较认同由外交部长拉多维茨(Josef von Radowitz,1797—1853)提出的改革计划:在奥地利之外,建成一个以普鲁士为首的更为紧密的新联盟,取名"德意志帝国",但不设皇帝;该联盟再同奥地利帝国结成一个"更广泛的联盟"。

当然，这一计划最后没有成功。奥地利的首相施瓦岑贝格（Felix zu Schwarzenberg，1800—1852）态度强硬，不惜以武力相威胁。沙皇既不愿坐视普鲁士的强大，更不能看到德意志的统一，因而警告普王不得轻举妄动。普鲁士在奥、俄两国的夹击下，不得不撤回联盟计划，于1850年11月同奥地利签订《奥尔米茨条约》，恢复维也纳会议后的德意志联盟。这在普鲁士人看来，无疑是一大羞辱。

普鲁士优势地位的进一步凸显

不过，"奥尔米茨之辱"并未击垮普鲁士称霸德意志的决心。相反，随着经济格局与国际形势的转变，普鲁士的优势地位愈加明显。

19世纪50—60年代，普鲁士相继完成了工业革命与农业改革，成为德意志的经济强邦。无论是铁路建设与重工业生产领域，还是平均收入水平，它都遥遥领先于其他邦国。普鲁士在整个德意志国民收入中所占比重到1859年时已接近一半水平。[①]1850年，普鲁士率先颁布《调整农业和农民关系法》，进一步推动农民的人身解放，促使一部分容克贵族转变为农业资本家，加速了资本主义生产关系的形成。

更为重要的是，普鲁士领导下的德意志关税同盟得以巩固与扩展，德意志经济一体化的趋势已经无法阻止。1853年，普鲁士巧妙拒绝了奥地利提出的"中欧关税同盟"计划，并成功延长德意志关税同盟。在普鲁士的主导下，德意志关税同盟不仅产生了巨大的经济效益，而且还极大推动了经济一体化，对中小邦国形成了无法抗拒的诱惑力。到19世纪60年代中叶，曾经持反对立场的邦国也纷纷要求加入德意志联盟。奥地利在经济上已被彻底孤立。

与此同时，俄、奥关系的恶化让普鲁士找到了拉拢俄国的契机。在1853—1856年的克里米亚战争中，俄国向巴尔干半岛扩张的野心遭到了英、法、奥三国的遏制，普鲁士则联合中小邦国保持中立，从而赢得了俄国的感激。

现在的问题是，当客观条件成熟时，普鲁士的领导层究竟是否有能力把统

---

① 邢来顺：《德国工业化经济—社会史》，武汉：湖北人民出版社，2003年，第206页。

一事业进行到底？

俾斯麦的"白色革命"

1862年，围绕军事改革的拨款问题，普鲁士众议院爆发了"宪法危机"，为俾斯麦（Otto von Bismarck，1815—1898）走到统一德意志的舞台中心提供了契机。这位出身于东易北河的容克贵族，早年曾是坚定的保守派，后来慢慢转变为鼓吹由普鲁士统一德意志的现实主义政治家。在被任命为首相后不久，他在众议院公开宣称要用"铁和血"来解决"当代的重大问题"。此后，这位"铁血宰相"多次绕开议会，甚至解散议会，强行贯彻自己的主张。

俾斯麦的坚韧与智慧决定了普鲁士统一德意志的道路一帆风顺。1863年年初，他借波兰起义之机，再次赢得俄国的好感。8月，他力阻普王威廉一世出席法兰克福诸侯大会，击碎了奥地利试图通过联盟改革来重掌领导权的企图。1864年，俾斯麦组建普奥联军，从丹麦手中夺回荷尔斯泰因、石勒苏益格与劳恩堡三地。此举既在德意志人中显示了普鲁士的民族责任心，又为普奥冲突埋下伏笔。此后，俾斯麦通过灵活的外交手腕，相继取得了英、俄、法、意的中立或加盟承诺。1866年6月，他借口奥地利破坏两邦条约，发动普奥战争，大败奥军，从此把奥地利的势力排斥在德意志之外。不过，棋高一招的俾斯麦并未被胜利冲昏头脑。为了防止法国势力的东进，他坚持把普鲁士的势力限定在北德，并对战败的奥地利手下留情，以保留这颗"欧洲棋盘上的棋子"。1867年4月，美茵河以北的24个邦国组成北德联邦，普鲁士居于绝对的领导地位。随后，俾斯麦一方面继续通过外交途径孤立法国，另一方面又接连激怒法王。1870年7月，在西班牙王位继承问题上，法王寻衅滋事，俾斯麦则顺水推舟，修改电文，成功激怒"高卢公牛"，普法战争爆发。1个月后，色当一役让法王成为俾斯麦的阶下囚。普鲁士的辉煌战绩让原本同其保持距离的南德诸邦不寒而栗。11月，巴登、黑森、巴伐利亚与符腾堡相继加入北德联邦。德意志的统一图景已经出现。

1871年1月18日，在普鲁士王国成立170周年纪念日，威廉一世（Wilhelm I，1797—1888）在法国凡尔赛宫镜厅举行了加冕仪式。新成立的统一国家被定名为"德意志帝国"。因它在神圣罗马帝国之后，又被称作"第二帝国"。霍亨索伦家族成为帝国的世袭皇族。

插图 6.4　两幅德意志帝国成立图。两图均为帝国成立仪式的亲历者、画家维尔纳（Anton von Werner, 1843—1915）的作品。上图创作于 1877 年，下图创作于 1885 年。上图中穿白色军服者为俾斯麦（据此，俾斯麦统一德意志之举才被称作"白色革命"），但它并不真实，乃是德意志历史叙述中的一个神话。当时，画家是应威廉一世所请，将其作为送给俾斯麦的祝寿礼物，故有意凸显俾斯麦的形象。下图才更接近历史，威廉一世是该事件的核心人物，而俾斯麦不过是众多贵族之一。

结　语

在世界帝国中迷茫了千年之久后，德意志人终于迎来了自己的民族国家。这是一个来之不易的成果。从民族解放运动到 1848/1849 年革命，再到立国时代，近 60 年的时间，三代人的梦想！然而这个失去奥地利、由普鲁士掌握霸权的德意志帝国并不是德意志历史的终点。追求民主的自由主义者们、追求分权的邦国主义者们、追求公平的社会主义者们都在期待帝国的进一步发展。邻国们则以怀疑的目光注视着这个新晋强国。显然，德意志的第一个民族国家何去何从，还是未知数。

大 事 记

时间	德 国	欧 洲
1815年	德意志联盟成立（6月8日）；耶拿大学出现了德意志第一个大学生社团（6月）；奥、普、俄三国结成"神圣同盟"（9月）	
1817年	瓦特堡焚书（10月）	
1819年	大学生桑德刺杀俄国人科采比后被处死（3月）；23个邦国签订《卡尔斯巴德决议》（8月）	
1821年		希腊独立运动爆发
1830年		法国爆发七月革命；比利时革命，取得永久中立地位
1832年	汉巴哈大会（5月27日）	英国议会改革
1833年	海德堡大学生冲击法兰克福警察哨所	
1834年	普鲁士领导的德意志关税同盟成立（1月1日）	英国颁布《新济贫法》
1835年	德意志第一条铁路贯通	
1836年	正义者同盟在巴黎成立	
1837年	哥廷根七君子事件	
1838年		英国宪章运动兴起
1841年	李斯特出版《政治经济学的国民体系》一书	
1844年	西里西亚纺织工人起义	
1848年	马克思、恩格斯发表《共产党宣言》（2月）；三月革命在德意志各地爆发（2月底3月初）；法兰克福国民议会开幕（5月18日）；普鲁士颁布钦定宪法（12月5日）	法兰西第二共和国成立
1849年	帝国宪法诞生（3月28日）；普王被选举为帝国皇帝（3月29日）；法兰克福国民议会停止活动（6月18日）；	

续表

时　间	德　国	欧　洲
1850 年	普鲁士提出改革德意志联盟计划，最后以失败告终	
1852 年		法国路易·波拿巴宣布成立法兰西第二帝国
1853 年		克里米亚战争爆发
1861 年		意大利王国成立；俄国农奴制改革
1862 年	普鲁士发生宪法危机，俾斯麦出任首相	
1863 年	奥地利试图通过改组德意志联盟而重掌领导权，但因普王拒绝出席而失败；德国工人联合会与德国工人协会联合会相继成立	
1864 年	德丹战争	第一国际在伦敦成立
1866 年	普奥战争	
1867 年	北德联邦成立	奥匈帝国成立
1869 年	德国社会民主工党成立	
1870 年	普法战争	
1871 年	德意志帝国成立（1月18日）	

进一步阅读书目

总体描述本段时期的著作，可参见 Werner Pöls, *Deutsche Sozialgeschichte 1815 bis 1870. Ein historisches Lesebuch*（München：Beck, 1988）、Hangen Schulze, *Der Weg zum Nationalstaat. Die deutsche Nationalbewegung vom 18. Jahrhundert bis zur Reichsgründung*（München：Beck, 1997）与梅尼克的《世界主义与民族国家》（上海：上海三联书店，2007 年）。

关于李斯特及其思想，可参考传记作品法比翁克的《弗里德里希·李斯特》（北京：

商务印书馆，1983年）和李斯特的《政治经济学的国民体系》（北京：商务印书馆，1961年）。

关于德意志第一次工业革命的发展情况，可阅读邢来顺的《德国工业化经济—社会史》（武汉：湖北人民出版社，2003年）。在德语著作中，Knut Borchardt, *Die Industrielle Revolution in Deutschland* (München：Piper，1972) 和 Hans-Werner Hahn, *Die Industrielle Revolution in Deutschland* (München：Piper，2005) 值得一读。

对于1848/1849年革命的研究，国内曾出版过两本叙述性的《1848年德国革命》（北京：商务印书馆，1972、1975年）。德国史学界出版了大量原始资料集，如 Johann Gustav Droysen, *Aktenstücke und Aufzeichnungen zur Geschichte der Frankfurter Nationalversammlung* (Osnabrück：Biblio-Verlag，1969)、Hans Jessen, *Die Deutsche Revolution 1848/1849 in Augenzeugenberichten* (Düsseldorf：Karl Rauch，1968) 等。经典著作如 Veit Valetin, *Geschichte der deutschen Revolution von 1848/1849* (Berlin：Ullstein，1930/1977)、Wolfgang J. Mommsen, *1848-Die ungewollte Revolution* (Frankfurt a. M.：Fischer，2000)。批判性的著作请阅读 David Blackbourn und Geoff Eley, *Mythen deutscher Geschichtsschreibung. Die gescheiterte bürgerliche Revolution von 1848* (Frankfurt a. M.：Ullstein，1980)。在英语世界中，最近值得一读的作品有 Brian E. Vick, *Defining Germany：The 1848 Frankfurt Parliamentarians and National Identity* (Mass.：Harvard University Press，2002)。恩格斯的《革命与反革命》（《马克思恩格斯全集》第8卷）与奥则尔曼的《马克思和恩格斯对1848年革命经验的总结》可帮助我们提高理论认识。

对于俾斯麦及其统一德意志的历史，可参看姜德昌的《俾斯麦统一德国》（北京：商务印书馆，1981年）和相关的传记作品，如恩斯特·恩格尔贝格的《俾斯麦：地道普鲁士人和帝国缔造者》（北京：世界知识出版社，1992年）和艾密尔·路德维希的《俾斯麦》（北京：国际文化出版公司，2003年）。英国学者布鲁斯·巴塞特·珀威尔的《俾斯麦战争中的普鲁士军队：1860—1867》（长春：吉林文史出版社，2019年）已被翻译为中文。在德国，关于俾斯麦的经典传记当属曾多次重版的 Lothar Gall, *Bismarck. Der weiße Revolutionär* (Berlin：Ullstein，2002年第2版)。俾斯麦的回忆录《思考与回忆》（第1—23章）也值得一读（北京：东方出版社，2007年）。

第 七 章

充满张力的民族国家：德意志帝国，1871—1918

在德意志帝国成立后的第 20 年，1890 年的初春，柏林的火车站，人头攒动。皇家仪仗队十分卖力地向坐在车厢里的那位老人致敬。然而对于这一切，这位主人公却视而不见。那些自愿前来送别的人倒是让他有点激动。可是一想到皇帝的虚情假意，他又觉得这是一场"第一等葬礼"！回想起两年来的帝相之争，他感到心底不住地泛着凉意。是皇帝过河拆桥？还是我不识时务？老人不愿再想。金戈铁马的日子一去不复回，也许静谧的瓦森乡间才是人生的最好归宿。没错，这位老人正是掌舵普鲁士近 30 年、被誉为德意志帝国建筑师的俾斯麦。这一天，在战场上所向披靡的铁血宰相居然在继位不过两年、年方 31 岁的年轻皇帝的施压下，黯然引退。这一戏剧性的事件不仅仅是俾斯麦的个人遭遇或帝相之间矛盾的结果，它还充分展示了德意志帝国这个年轻的民族国家在政治结构、社会交往与国际关系等转型过程中所隐藏着的巨大张力。它反映了在帝国的短暂历史上，专制与民主、控制与反抗、进步与落后、繁荣与贫困、稳重与冒进、理性与感性，乃至活力与衰亡等既并立发展，又并非辩证地和谐存在，而是不断地相互纠结，冲击着德意志民族统一体的基石。

俾斯麦的"波拿巴式"统治

毋庸置疑,俾斯麦是"德意志的拿破仑"。在同时代的崇拜者眼中,他像一个会编织神话的英雄。在接过日耳曼尼亚女神的宝剑,用"铁和血"完成德意志的统一大业后,他又尽心竭力地投身于经营帝国的伟大使命。

《帝国宪法》下的政治混合体

1871年4月16日,《帝国宪法》面世。它以1866年北德联邦宪法为蓝本,确立了帝国的基本政治结构。这是一个融分治与统一、传统与现代、专制与民主为一体的政治混合体,体现了俾斯麦既保守又面向现实的政治手腕。

帝国是一个联邦制国家,军事、外交、海关等重要权力收归中央,以保证政治上的统一性。但考虑到德意志邦国的分治传统,尤其是南部天主教邦国(如巴伐利亚)的担忧,俾斯麦应允让其保留邮政、电讯等自治权。

尽管如此,普鲁士在帝国中的霸权地位坚如磐石。帝国的最高元首是"德意志皇帝",由普鲁士国王担任。帝国政府的唯一大臣是帝国首相,由普鲁士首相兼任。由各邦代表组成的联邦议会中,普鲁士占有决定性优势。

帝国国会是德意志民主化的产物,但此时仅是俾斯麦政治蓝图上的陪衬品。它确立了普遍、直接和秘密的选举原则,基本满足了自由派资产阶级的政治要求。然而在实际运作中,它不得不面对皇帝(及其代表帝国首相)和联邦议会的挑战。皇帝有权根据自己的需要解散帝国国会和联邦议会,联邦议会有权否决帝国国会的提案。更为糟糕的是,帝国国会缺乏直接与之对应的帝国政府。一般而言,它只能专注于批准预算这一件事。甚至在1894年前,国会都没有一幢独立大楼,而只能在"一处废弃的瓷器工场内"开会。正因如此,德意志帝国并非西方意义上的君主立宪制。

社会管制与帝国忠诚度的培养

政治上的统一无法掩盖德意志社会实际存在的碎裂化趋势。在建国时代的激情过后不久,传统的邦国心理又沉渣泛起,抵制普鲁士霸权得到邦国主义者的共鸣。近500万少数民族既无法在政治上诉权,又面临着德意志民族主义者

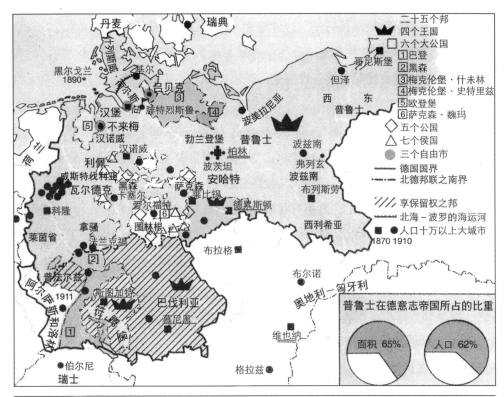

地图 7.1　帝国版图。帝国包括了 4 个王国、6 个大公国、5 个公爵领地、7 个侯爵领地、3 个自由市和 1 个直辖地（阿尔萨斯—洛林）。

强制推行日耳曼化的压力，对帝国的敌视情绪可想而知。宗教冲突持续存在，北方基督新教的政治优势，让南部的天主教徒和遍布全国的犹太教徒忧心忡忡。更为普遍的现象是，工业化带来的社会结构变动，让不同社会阶层自觉归属于壁垒森严的政治派别，如传统容克贵族聚集的德意志保守党，资产阶级化的容克贵族和重工业资本家的代表德意志帝国党，自由资产阶级组建的民族自由党、进步党和德意志人民党，以及社会主义者发起的社会民主主义运动。①

面对这一情况，"帝国的监护人"俾斯麦除了继续拉拢保守派作为执政基础外，主要通过一系列或强硬或让步的措施，分化帝国的反对者，培养臣民们的忠诚度。

---

① 海因里希·普莱梯沙：《1815—1918：复辟与俾斯麦帝国》，第 225—226 页。

自由主义者的臣服与分化是俾斯麦内政的最大成就。他们曾对俾斯麦的"铁血政策"不屑一顾。然而在三次王朝战争胜利后，大多数自由主义者已经陶醉于统一的凯旋进行曲中。历史学家聚贝尔（Heinrich von Sybel，1817—1895）便曾在一封信中对新帝国的建立发出这样的感慨："我们如何能得到上帝眷顾，经历如此盛事？在此之后，我们又该为何而生？"[①] 进步党分裂了，少量清醒者出走他国（特别是美国）。徒有虚名的国会与俾斯麦的经济政策也让他们在政治和经济上尝到了甜头。作为回报，自由主义者极力配合俾斯麦，使其顺利完成了征服其他社会阶层的规划。1873 年后，由于世界范围内的经济萧条波及德国，自由主义者内部发生分裂，形成了轻工业家与重工业家之间的对立，前者坚持自由贸易原则，后者希望国家实行保护关税政策。到 1878/1879 年（即所谓"第二次建国岁月"），这种分裂迹象愈加明显。在俾斯麦的"集结政策"的引导下，东易北河的庄园主与莱茵区的重工业家实现了"黑麦与钢铁"的联合，从而彻底打击了自由主义的政治势力。19 世纪 80 年代后，自由主义阵营几度分化和联合，但其影响力已如明日黄花。[②]

　　与天主教会的斡旋是俾斯麦这位新教首相面临的棘手难题之一。在欧洲民族国家的兴起中，罗马教廷扮演着积极的反对派角色。尤其在 19 世纪 70 年代前后，一股教皇权力至上的思潮在欧洲出现，特别是所谓"教皇永无谬误"论的散播，成为各国教权鼓吹者攻击现代民族政府的武器。在德国，天主教会加强了传教，并实现了政治化，以中央党为其理念的贯彻者，并团结了邦国分治主义者以及波兰和阿尔萨斯独立运动者等帝国反对派。他们不仅要求帝国屈从于罗马教廷，而且还多次攻击俾斯麦的政策，甚至采取了刺杀俾斯麦的手段。对此，俾斯麦发起了声势浩大的"文化斗争"，即以推行世俗化的文化政策为名，压制教权，如撤销普鲁士文化部的天主教处、加强对教会学校的监管、取缔耶稣会、强制实行民事婚姻法等。据统计，当时，189 个修道院被关闭，7000 名神父被禁止活动，12 个教区失去了主教，20 份报纸被禁止出版，136 名报刊编

[①] 彼得·沃森：《德国天才》，第 3 卷，王琼颖、孟钟捷译，北京：商务印书馆，2016 年，第 37 页。
[②] 汉斯－乌尔里希·韦勒：《德意志帝国》，邢来顺译，西宁：青海人民出版社，2009 年，第 50 页。

辑被逮捕。① 这些措施得到了自由派资产阶级的积极支持，也满足了一些新教徒的愿望，但其实际效果不尽如人意。中央党并未因此而消失，相反，它的议席不减反增。1875 年后，随着国际形势的迅速变化与德国经济形势的持续恶化，再加上社会民主主义运动的兴起，俾斯麦不得不转而寻求同中央党的和解。反教会的法令相继被废除，"文化斗争"最终草草收场。

插图 7.1 "文化斗争"中俾斯麦与教皇庇护九世（Pius IX., 1792—1878）对峙（漫画）。此时正值"文化斗争"的高潮，俾斯麦洋洋得意，而庇护九世似乎也无招可施了。

俾斯麦分化自由主义者及向天主教会让步，其目的是腾出手来应对帝国内政的最大敌人：社会民主主义者。帝国成立前，德意志工人运动从自由主义运动中脱离出来，实现了初步组织化。1863 年 5 月，全德工人联合会在拉萨尔（Ferdinand Lassalle，1825—1864）的号召下成立；同年 6 月，在马克思、恩格斯的指导下，威廉·李卜克内西（Wilhelm Liebknecht，1826—1900）与奥古斯特·倍倍尔（Ferdinand August Bebel，1840—1913）组建德国工人协会联合会。1869 年，两个组织的部分代表联合成立德国社会民主工党（埃森纳赫派）。1875 年，统一的德国社会主义工人党（后改名为社会民主党）成立。到 1877 年，该党已有近 4 万名党员、26 个工会联合会、56 种报刊，并在国会中获得了 12 个议席。面对日益强大的社会民主主义运动，俾斯麦采取了所谓"皮鞭与甜面包"的双重措施。1878 年 10 月，他在国会中强行通过《反对社会民主党企图危害治安法》（简称"非常法"或"反社会党人法"），用逮捕、驱逐、流放、查禁等各种方式打压社会民主主义运动。19 世纪 80 年代，俾斯麦又连续公布 3 个社会保险方案，在资本主义国家中率先推行"疾病保险法"（1883 年）、"事故保

---

① 彼得·沃森：《德国天才》，第 3 卷，第 43 页。

插图 7.2 俾斯麦试图把恶魔塞回潘多拉的盒子（漫画）。在俾斯麦眼中，社会民主主义者是帝国的最大敌人。

险法"（1884 年）和"老年人与残疾者保险法"（1889 年）。这些保险均以工人不得参与社会民主主义运动为前提。不过，令俾斯麦失望的是，这些措施只在一时有所成效，从长期来看，社会民主主义运动的参与者和同情者仍在不断增加中。

纵横捭阖的外交策略

在帝国成立之初，作为务实的外交家，俾斯麦确立了一套稳健的外交方针，即所谓的"大陆政策"。在他看来，德国还不具有称霸世界的实力，故而应集中全力巩固自己的中欧强国地位。为此，德国必须防止法国的复兴及其同俄国的联合，以免使德国陷入两线作战的困境。为实现上述目标，德国必须巧妙地利用欧洲列强之间的矛盾，增加德国的砝码。这一套连环式的外交构想后来被称为"五球不落"方针。不过这些想法并未在变幻无常的国际风云中得以完全实现。

"三皇同盟"是大陆政策的第一个成果。为尽快摆脱两线作战的梦魇，俾斯麦首先寻求同俄国的联盟。但是，俄国与德国的另一个天然盟友奥匈帝国却在巴尔干半岛上存在着尖锐矛盾。在俾斯麦的全力斡旋下，德、俄、奥三国皇帝在 1872—1873 年间多次会晤，签订了《三皇协定》，建立"三皇同盟"。

不久后，"战争在望"危机却让俾斯麦清醒地看到孤立法国的目标仍然很遥远。1875 年春，德国借口法国改组军队，大肆宣扬法国威胁论，并抛出"先发制人"的警告。俾斯麦的真正目标并非发动战争，而是想检验"三皇同盟"的有效性。不料奥、俄两国都反对德国的政策，而且还同英国联手，向俾斯麦施

原始文献 7.1

三皇协定（1873年6月6日）（摘录）

为达成协定，俾斯麦竭力寻求三国之间的共性：曾携手组建"神圣同盟"、均为君主专制国家、共同瓜分波兰。在他的努力下，德俄、德奥先达成同盟关系，最后由俄奥达成协定，再由德国加入俄奥协定。

两国（指俄、奥——引者注）皇帝陛下彼此约定，即使他们国家的利益在某些特殊问题上出现了一些分歧，他们要进行磋商，使这些分歧不致压倒他们心中原已具有的更高的考虑。他们决心不让任何人能够在原则方面使他们之间发生分歧，因为他们认为只有这些原则才能保证，而且在必要时强使欧洲的和平获得维持，以抵制来自任何方面的一切扰乱。

遇有第三国的侵略有损欧洲和平的危险时，两国皇帝（指俄、奥——引者注）陛下互相约定他们不需要寻求或缔结新的同盟，他们之间应立即进行商谈，以便议定他们所应采取的共同的行政方针。

……

德国皇帝陛下获悉了奥地利皇帝、匈牙利国王陛下和全俄罗斯皇帝陛下在兴勃隆所拟定和签署的上述协议，并发现其内容与威廉皇帝和亚历山大陛下在圣彼得堡签订的协议中的主导思想相符合，对上述协议中所列各条款在任何方面都表同意。

王绳祖等：《国际关系史资料选编（17世纪中叶—1945）》，北京：法律出版社，1988年，第189—190页。

※ 德国通过《三皇协定》达成了什么目标？

压，迫使他不得不息事宁人，闭门思过。通过这场危机，俾斯麦发现，获得英国支持，彻底打消英、俄、法之间接近的可能性，以及巩固德奥同盟是保证德国外交空间的三个必要因素。

1875—1878年的东方危机恰好为俾斯麦提供了契机。奥斯曼帝国的衰落引发了欧洲列强在巴尔干半岛的角逐，俾斯麦以"诚实的掮客"为名，保持英、俄、奥之间的对立和均势。当三方不惜兵戎相见时，俾斯麦又把各方召集到柏林，达成《柏林协定》，满足英、奥两国的要求，抑制俄国在巴尔干的扩张势力。这一结果让德俄关系骤然紧张，双方媒体口诛笔伐。俾斯麦甚至不顾威廉一世的劝阻，执意加强德奥秘密同盟关系，矛头直指俄国。与此同时，俾斯麦还向伦敦暗送秋波，制造德英接近的假象。1881年6月，内外交困中的俄国最终答应恢复"三皇同盟"。此外，俾斯麦还挑唆意法反目，使意大利倒向德奥同盟。"三皇同盟"的恢复与德奥意三国同盟的建立标志着俾斯麦的欧洲结盟体系已经形成。

为使英国在未来的德法冲突中至少保持中立，俾斯麦一直在海外殖民政策上保持克制态度。整个19世纪70年代，俾斯麦坚决排除海外扩张的可能性。直到80年代初，为了提高政府的民族威望，他才支持德国商人在西南非洲、多哥和喀麦隆建立殖民地，但同时也小心谨慎地利用英、法两国在非洲的矛盾，取得英国的谅解。

铁血宰相下台

尽管俾斯麦的政治手腕老到，但从19世纪80年代后半期起，他在内政外交上面临着越来越多的困境。

在内政上，社会民主主义运动彻底冲破"非常法"的限制，宣告了"甜面包与皮鞭"政策的破产；德国的民族主义运动不断要求废止俾斯麦的谨慎政策，希望夺取更多殖民地；1888年继位的年轻皇帝威廉二世（Wilhlem II, 1859—1941）更愿意加强皇权。

在外交上，"三皇同盟"的脆弱性一直存在。1885—1886年的保加利亚危机再度使德国面临奥俄关系紧张的难题。同时，俄国也拒绝延签《三皇协

插图7.3 领航员下船（漫画）。这幅英国漫画显示出当时各国政府对俾斯麦下台后的德国政治充满担忧。

经典评述

"德意志帝国是一个具有半封建制度的君主国,然而在这里起决定性作用的归根到底还是资产阶级的经济利益。这个帝国由于俾斯麦而犯了严重错误。它的警察的、小气的、令人厌烦的、同一个伟大民族不相称的对内政策使得所有的资产阶级自由主义的国家都蔑视它;它的对外政策引起邻国人民的怀疑,甚至仇视。德国政府由于强行吞并阿尔萨斯—洛林,长期不能同法国取得任何和解,并且对自己没有一点实际好处地把俄国变成了欧洲的仲裁人。"

——恩格斯:《德国的社会主义》,《马克思恩格斯文集》,第四卷,人民出版社,2009年,第431页。

定》。为了稳定俄国,俾斯麦被迫签订《德俄密约》。在俾斯麦看来,这一密约在1879年的《德奥同盟条约》后再度保证了德国不受俄法进攻,因而是一个"再保险条约"。但在实际上,德俄关系并未因此而好转。1889年,俾斯麦试图通过构建一个英德同盟来压制俄法,却被英国拒绝。

在此情况下,俾斯麦的政治活动空间越来越小。1890年年初,他与威廉二世在劳工政策、政党联盟、首相权限等一系列问题上发生巨大冲突。最终,这位德国的"波拿巴"只能卸甲归田,在家乡的庄园度过了人生最后的8个春秋。

威廉二世的"新时期"

1888年被称为帝国史上的"三皇年"。在这一年,威廉一世驾崩。其子弗里德里希三世(Friedrich III,1831—1888)仅仅在位99天。随后一位29岁的年轻人登基为帝,这就是威廉二世。他在位时,因性格古怪、言行大胆,曾获得褒贬不一的评价。"出色的怪物"或许是较为贴切的形容。[1] 与俾斯麦时期相比,

---

[1] 约翰·洛尔:《皇帝和他的宫廷》,杨杰译,北京:北京大学出版社,2004年,第1页。

威廉二世统治下的德意志帝国呈现出更具张力的特征。

急剧变化中的德意志社会

威廉二世执政后,帝国进入"新时期"。这种"新"首先表现在德意志社会持续不断的巨大变化中。

第二次工业革命的发生与持续推进彻底改变了德意志社会的面貌。德国利用电能、内燃机、合成化学等新技术,既促进以钢铁和煤炭为代表的传统工业领域的新发展,更使得电气、化学等新兴工业部门崛起,德国迅速完成了从农业国向工业国的转变,并一举成为资本主义强国。在工业化期间,德国出现了大规模城市化的浪潮。至1910年,德国所拥有的大城市数量相当于欧洲其他国家的总和。

工业化极大冲击了传统的社会结构,改变了原本泾渭分明的等级体制。贵族继续享有政治特权,但在经济、文化和家庭类型方面日益趋于资产阶级化。资产阶级的流动性加大,内部分化严重。大资产阶级醉心于获得贵族头衔,中小资产阶级竭力维护既有利益。在工业化浪潮的带动下,在手工业和商业为主

插图7.4 城市化前后的多特蒙德。

的旧中产阶层外，还出现了以职员为主的新中产阶层。即便在工人运动中，工人归属于意识形态差别极大的各种工会，工会高层与普通会员之间的关系日趋紧张，革命与改良之间的对立日益明显。

利益的多元化带来了社会不同群体的结社浪潮。在经济领域，资方组建了德国工业家中央联合会、工业家同盟、全德手工业者同盟、农场主同盟、商业条约联合会等大小不等、行业各异的利益团体；劳方也成立诉求方向不同的工会组织，其中势力最大的当属社会民主主义运动影响下的自由工会、基督教社会主义运动影响下的基督教工会，与自由主义运动影响下的希尔施—敦克尔工会。在政治领域，带有强烈民族主义和扩张主义色彩的利益组织不断涌现，如德国殖民联合会、泛德意志协会等。这些利益团体大多呈现金字塔型的组织结构，斗争目标明确，并通过各种渠道影响政府决策，从而成为帝国新时期政治变动和经济发展中的重要因素。

对于社会急剧变迁的不同感受催生了形式各异的文化流派。层出不穷的科技发明让一部分人对未来充满信心，他们努力与工业社会的价值观趋同，愿意与帝国的政治生活结合在一起。于是，艺术创作出现了大量歌功颂德的作品，历史研究形成了宣扬普鲁士霸权和帝国扩张的普鲁士学派，社会生活凸显了社会达尔文主义的影响力，反犹主义开始盛行。与之相反，另一部分人对现实社会感到不解和困惑，批判与挑战现存秩序成为他们的主要目标。一位研究者后来指出，1890年是德国文化生活的转折点，"此后十年见证了一种思想与期待的苏醒，一种对于人内在自由的新担忧，一种焦灼于这种自由如何实现的困惑"。[①]文学界相继出现了自然主义、象征主义和批判现实主义的创作浪潮，绘画界涌现出一批试图摆脱理性控制的印象主义和表现主义派画家，社会科学界贡献了呼唤"超人"的非理性主义哲学家尼采（Friedrich Wilhelm Nietzsche, 1844—1900）、着力于探索内心世界的心理分析学创始人弗洛伊德（Sigmund Freud, 1856—1939）和洞察现代社会特征及其问题的社会学家马克斯·韦伯（Max Weber, 1864—1920）。在世纪之交的德国文化舞台上，群英荟萃。然而他们之间的分化与冲突却十分激烈。

---

① 彼得·沃森：《德国天才》，第3卷，第55页。

原始文献 7.2

尼采《查拉图斯特拉如是说》（摘录）

尼采是德意志历史上的著名哲学家。但他在世时，却不能融入学术主流，以致他只能喃喃自语"我的时间尚未来到；有些人要死后才出生"。在他死后，他的思想果然大放异彩，甚至被纳粹党所利用。"查拉图斯特拉"是尼采想象中的"英雄"。尼采借"查拉图斯特拉"之口，推倒一切现存准则，攻击所有的基督教道德，以树立一套新的价值观念。尼采试图用这种超人理念来阐明"上帝已经死了"的道理，以显示人类的价值。这部著作使用了哲学诗的形式，涌动着音乐和力量。

……看，查拉图斯特拉怎样下山去！他如何向大家说话！看！他对他的敌对者——教士们是如何地亲昵！在这儿，每一瞬间，人都是被超越的，"超人"的观念成为最大的真实——任何曾经被人认为伟大的东西，都远在他的下面，不可测量的距离。

……兄弟们啊！难道我很残忍吗？但我说：凡是堕落的，都应该推倒！

今日的一切——堕落了，颓败了，有谁愿意保护它！但我——我还要推倒它。

……有谁必须在善与恶中成为创造者，诚然，他必先成为毁灭者，破坏价值。

由是，至恶亦属于至善，但这是创造的善。

让一切东西破碎吧，还有许多屋子得盖起来。

……你们只是桥梁；但愿更高超的人从你们身上度过去！你们代表了阶梯：因此不该抱怨那些超过你们而达到高处的人吧！

我在这山上不是等待你们最后一次下山去。你们的来临只是一种预兆；预示着现在已经有更高尚的人在途中向我走过来。

转引自陈鼓应：《悲剧哲学家尼采》，北京：三联书店，1994年，第38—52页。

※ 从尼采的语录中可以看出德意志社会当时存在哪些问题？

此外，一场"青年运动"在19世纪末的城市近郊兴起。帝国青年们在森林中徒步行走，穿上统一的制服，跟随他们的"元首"，以"嗨"的方式相互致意。这场运动反映了德国青年一代对快速变化的社会充满着疑惑和不解。几十年后纳粹运动的某些特点，已经在这里隐约可见。

王权机制的恢复与民主化并存

1890年后,德意志帝国这艘处于急剧现代化中的航船的掌舵人换成了年轻的威廉二世。他急于摆脱铁血宰相的阴影,通过树立皇权的威信,来应对纷繁复杂的社会问题。但在实际的政治运作中,持续推进的民主化进程却成为皇权无法摆脱又不得不面对的现实难题。

与俾斯麦的首相独裁不同,威廉二世确立了个人权威,恢复了传统的王权机制,全面掌控着国家的政治生活。他重启专制时代的宫廷文化,用大量的行政拨款来营造皇族的威望,以满足皇帝本人的炫耀心理。他根据自己的喜好来任免首相和高级官员,并在挚友奥伊伦堡伯爵(Philipp zu Eulenburg,1847—1921)的协助下,于宫廷内建立"影子内阁"。他还在各地树立雕像,塑造个人崇拜的氛围,使得"一个有血有肉的皇帝"仿佛成为德意志民族精神的领航人。

不过皇帝的个人野心无法阻挡时代前进的步伐。帝国政治生活仍然在有条

插图7.5 威廉二世像。这幅油画作于1890年,充分显示了威廉二世的性格。他身披古代君主的战袍,两眼凝望前方。在整个19世纪90年代,这一形象受到了德意志社会各界的追捧。作家亨利希·曼(Heinrich Mann,1871—1950)便在《臣仆》一书中,描写了企业主赫特林如追星般争睹皇帝风采的情景。

不紊中显示出民主化的趋势。在国会中，代表进步力量的自由意识党（后与民族自由党合并为进步人民党）、中央党与社会民主党的议席不断增加，议员们的兴趣也不再局限于财政预算，而是转向更为重要的结社权与普选权，并多次在镇压劳工问题上抵制皇帝的法令。利益集团成为新的权力中心，它们与王权机制也形成了奇特的对抗关系。

威廉二世的内政外交

王权机制与民主化趋势之间的矛盾，是帝国后期政治环境日益复杂化的主要原因。它使得威廉二世的内政外交陷入越来越危险的怪圈。

在内政上，皇帝的社会政策总是在进步与保守之间徘徊。1890 年 2 月，威廉二世公布了社会政策改革的方案，史称"二月宣言"。他在俾斯麦的社会保险基础上，把国家干预进一步延伸到劳工保护领域，出台了一系列限制童工劳动时间、规制矿区劳资关系的法令。随后，他又把职员吸纳进社会保险体制，并于 1911 年颁布《帝国保险法》。然而帝国政府的怀柔政策并未解决工人们的真实困境，罢工运动依然此起彼伏。1894 年后，皇帝转而支持"家长制"的观念，接连推出"防止颠覆法案"和"苦役监禁法案"，试图用镇压的手段来消弭劳工运动。但这些举措都没有成功，反而激起社会的巨大波动。

在外交上，皇帝表现出咄咄逼人的姿态，逐步放弃了大陆政策，夺取世界霸权成为新的目标。在帝国的外交政策中，俄国不再是德国应该依赖的对象。1893 年后，德俄关系持续恶化，以致俄法接近，签订了针对德国的军事条约。与此同时，德英结盟的设想随着德国殖民扩张势头的不断高涨而搁浅。争夺海上霸权的建艇计划彻底激化了英德矛盾，推动英国加入俄法同盟。为了"阳光下的地盘"，威廉二世不顾一切地在世界各地扩展德国的势力：19 世纪末，德国侵占中国胶州湾，并预备修建巴格达铁路，实现帝国势力的东扩，此外还借美西战争和英布战争之机，取得萨摩亚群岛中的两个岛屿；20 世纪初，德国两次挑起摩洛哥危机，试图改写非洲的殖民版图；1908 年、1912/1913 年，德国又主动卷入巴尔干危机，支持奥匈帝国扩展势力范围。威廉二世的"世界政策"在一定程度上减少了人们对于内政的关注，扩军备战成为舆论的主要内容。然而世界大战却由此迫在眉睫。

原始文献 7.3

争夺"阳光下的地盘"

浪漫派诗人海涅曾因德意志人不能统一而感慨，说德意志人只能追求"思想的天空"。1897年12月6日，首相比洛（Bernhard Heinrich Martin Karl von Bülow, 1849—1929）在帝国国会阐述德国在东亚的殖民政策时，反其意而说：

各民族在争夺统治大有发展前途的竞争中，从一开始就不应当把德国排斥在外。德国过去曾有那样的时期，把土地让给一个邻国，而自己只剩下纯粹在理论上主宰着的天空。可是这种时期已经一去不复返了。……我们也要为自己要求在阳光下的地盘。

转引自孙炳辉、郑寅达：《德国史纲》，上海：华东师大出版社，1995年，第206页。

※ 请联系德国当时的扩张情况，谈谈它是如何争夺"阳光下的地盘"的？其结果又如何？

第一次世界大战中的政治与社会

1914年6月28日，萨拉热窝的枪声彻底打乱了德意志帝国的发展步伐。战争形势的变化不断改变着帝国政治与社会的力量对比。

"城堡和平"

战争爆发前后，如同其他参战国一样，德国社会陷入狂热的战争热情。在帝国政府的错误引导下，各界民众都把这场战争理解为"德意志民族的伟大保卫战"。一些知识分子甚至宣称大战将最终结束德英之间的文化斗争，让英雄主义的德国立于世界之巅。所谓"1914年思想"甚嚣尘上。

战争热情暂时消弭了德意志社会存在的巨大张力，几乎所有的帝国反对派都成为战争的热烈拥护者。社会民主党国会党团批准了政府的军事预算，自由工会要求成员们停止罢工，犹太人也积极地报名参军。威廉二世颇为心悦地看到

"朕的面前，不再有什么政党……只有德意志人"！这种如同中世纪作战时的团结被官方媒体渲染为"城堡和平"。

为支持这场总体战，帝国政府迅速建起了战时经济体制。政府先后成立战时工业管理委员会和战备物资管理部，统一控制原料征集和分配。1916年，普鲁士建立战争局，由其担负统一指导经济工作的一切职能。国家不仅干预生产，还严格控制着劳动力的流动，1916年通过的《关于为祖国志愿服务法》要求17—60岁的男子都有义务参加到对战时经济具有重要意义的部门生产和服务中。①

战争的持续与社会反战力量的兴起

然而战争的进程让德国人大失所望。两线作战的噩梦并未因"施里芬计划"的实施而消失。协约国的强硬与奥匈帝国的软弱超出了帝国政府的想象。可怕的阵地战消耗着德国青年们的鲜血和生命，混乱的战时经济体制也让每一位爱国者重新思索了自己的选择。

插图7.6 德国妇女在后方生产手榴弹。"一战"期间，由于男性走上战场，女性的就业率大幅提高。但这种变化并不是妇女解放运动的成果。相反，它损害了妇女的身心健康，并且对战争时期的儿童教育产生了极大的负面影响。这些孩子后来被称为"战争的一代"，他们缺少家庭的温暖，容易走上极端。

---

① 汉斯－乌尔里希·韦勒：《德国社会史》，第4卷 (Hans-Ulrich Wehler, *Deutsche Gesellschaftsgeschichte*, Band 4, München: C. H. Beck, 2003)，第41—57页。

战争进入到僵持期后，国内的反战浪潮不断高涨。在国会中，投票反对军事预算的议员逐次增多。各大城市的罢工运动此起彼伏。"打倒战争""打倒政府""我们要面包""和平万岁"的口号响彻全德。1917 年，以胡戈·哈阿兹（Hugo Haase，1863—1919）为首的社会民主党中左翼严厉批判帝国政府的战争政策和社会民主党高层的政治立场，另行组建独立社会民主党。由于在反战立场上的一致性，此前便是坚定反战派的卡尔·李卜克内西（Karl Liebknecht，1871—1919）及其领导的"斯巴达克团"决定加入独立社会民主党。

政治权力的变动与战争结束

战争改变了王权机制，军方势力异军突起。1915 年，在兴登堡（Paul von Hindenburg，1847—1934）和鲁登道夫（Erich Ludendorf，1865—1937）的指挥下，德军在东线取得了坦能堡大捷。不久，两人接掌最高统帅部。1916 年，最高统帅部发布《兴登堡纲领》，随后建立军事管理局，形成军事专制。威廉二世转而成为"影子皇帝"，大权逐渐旁落。

国会中的反对派也对王权体制提出挑战。1917 年，社会民主党、中央党与进步人民党组建"党派联系委员会"，构成国会多数派，共同反对君主专制。他们专注于讨论修宪问题，希望在战后建立君主立宪制。

战争末期，来自美国的外交压力直接推动了德国的宪政改革。在取胜无望的情况下，德国军方试图通过美国总统威尔逊（Woodrow Wilson，1856—1924）寻求和谈道路。后者却要求德国首先变革政治体制。在此压力下，最高指挥部不得不允许国会反对派接掌政权。1918 年 10 月 3 日，来自南德的自由派贵族巴登亲王马克斯（Max von Baden，1867—1929）被任命为帝国首相，国会多数派均派代表参加政府。这在事实上已经改变了 1871 年宪法。帝国宪政改革自此启动。

然而对战争深恶痛绝的德国民众们却已失去了等待改革的耐心。痛恨帝制的情绪正在弥漫。10 月底，一场出乎意料的水兵起义突然爆发。革命的浪潮旋即席卷全国。各邦君主落荒而逃，威廉二世也不得不在 11 月 9 日中午退位。德意志帝国覆亡。两天后，德国代表团签订停战协议，第一次世界大战结束。

结　语

　　迎来民族统一的德意志，仍然无法摆脱帝国迷梦的孽缘。当铁血宰相把德意志扶上战马时，他便预料到烈马必将奔腾。当年轻皇帝披上中世纪的战袍时，他也一定看到了古代日耳曼人策马欧洲的雄风。然而这个变幻多端的时代已经无法团结所有德意志人的心灵。无处不在的紧张感割裂了社会，也束缚了德意志战船的前行能力。在纷繁复杂的世界中，这个地处欧洲中心的民族国家不得不吞下自己酿成的苦酒。

大 事 记

时　间	德　国	欧　洲
1871 年	德意志帝国成立（1月18日）；《帝国宪法》颁布（4月16日）	法国巴黎公社革命爆发（3月18日）
1871—1875 年	"文化斗争"	
1873 年	"三皇同盟"建立	
1874 年		俄国民粹派发起"到民间去"的运动
1875 年	"战争在望"危机；德国社会主义工人党成立	
1875—1878 年	东方危机	
1876 年		第一国际解散
1878 年	柏林会议（6—7月）	
1878 年	《非常法》在国会通过（10月）	
1879 年	德奥秘密同盟条约（10月）	
1881 年	"三皇同盟"恢复（6月）	
1882 年	德奥意三国同盟条约（5月）	
1883 年	"疾病保险法"通过；马克思去世	

续表

时　　间	德　　国	欧　　洲
1884年	"事故保险法"通过	英国第三次议会改革；费边社成立
1887年	《德俄密约》（即"再保险条约"）（6月）	
1888年	威廉一世去世；威廉二世登基（7月）	
1889年	鲁尔工人大罢工（5—6月）；"老年人与残疾者保险法"通过；	第二国际成立
1890年	威廉二世公布社会政策改革方案，史称"二月宣言"（2月）；俾斯麦离职（3月）	
1893年		俄法签订军事条约（12月）
1894年	制定"防止颠覆法案"（12月）	法国出现德雷福斯案件
1895年	恩格斯去世	
1897年	制定被称为"小反社会党人法"的结社法补充条例（1月）；制定"苦役监禁法案"（12月）；首相比洛在帝国国会宣称德国应争取"阳光下的地盘"（12月）	
1898年	海军部长蒂尔皮茨制定海军法案，英德矛盾尖锐化	俄国社会民主工党第一次代表大会召开
1900年		列宁创办《火星报》
1905年	第一次摩洛哥危机	俄国爆发1905年革命
1906年		英国工党成立
1908—1909年	波斯尼亚危机	
1908年	第二次摩洛哥危机	
1914年		萨拉热窝事件（6月28日）
1914—1918年		第一次世界大战

续表

时 间	德 国	欧 洲
1916 年	统治权从威廉二世转交最高统帅部	
1917 年	独立社会民主党成立；德俄签订《布列斯特条约》	俄国爆发二月革命；十月革命胜利
1918 年	巴登亲王组阁，帝国国会反对派参加（10月）；1918/1919年革命爆发（10月底11月初）；威廉二世退位（11月9日）；德国签署停战协议，第一次世界大战结束（11月11日）	

进一步阅读书目

关于德意志帝国的总体描述，存在不同的观点，汉斯－乌尔里希·韦勒的《德意志帝国》（西宁：青海人民出版社，2009年）代表了批判性立场；而 David Blackbourn & Geoff Eley，*Mythen deutscher Geschichtsschreibung, Die gescheiterte bürgerliche Revolution von 1848*（Frankfurt a. M, Berlin, Wien:Ullstein Materialien, 1980）持反对意见；在英语学界，Richard J. Evan, *Society and Politics in Wilhelmine Germany*（London：Croom Helm, 1978）和 Jack R. Dukes & Joachim Remak, *Another Germany：A Reconsideration of the Imperial Era*（London：West Press, 1988）从多个角度对帝国研究提出了反思。中国学者邢来顺、宋彩红的论文《乡土认同与德意志帝国时期政治社会矛盾的舒解》（载《历史教学》2021年第10期）提供了一个新视角。对于帝国时期的变化，一些文学作品可以帮助我们获得更好的理解，如托马斯·曼的《布登勃洛克一家》（南京：译林出版社，1997年）。

关于俾斯麦的内政外交，除了个人传记外，不妨看看 Lothar Machtan, *Bismarcks Sozialstaat. Beiträge zur Geschichte der Sozialpolitik und zur sozialpolitischen Geschichtsschreibung*（Frankfurt a.M.；Campus Verlag. 1994）、朱瀛泉的《近东危机与柏林会议》（南京：南京大学出版社，1995年）和 Hans-Ulrich Wehler, *Bismarck und der Imperialismus*（München: DTV, 1976）。

关于威廉二世及其时代，约翰·洛尔的《皇帝和他的宫廷：威廉二世与德意志帝国》（北京：北京大学出版社，2004年）是一部经典的心理学研究著作，值得一读。此外，Hans Dollinger, *Das Kaiserreich. Seine Geschichte in Texten, BIldern und Dokumenten* (München: Verlag R. Löwit, 1966) 提供了比较直观的印象。

关于第一次世界大战的著作较多，其中关于"一战"中德国社会变化的经典著作应属 Jürgen Kocka, *Klassengesellschaft im Krieg. Deutsche Sozialgeschichte 1914-1918* (Frankfurt a. M.: Fischer, 1988)。此外，文学作品如雷马克的《西线无战事》（南京：译林出版社，2007年）也不妨一读。邓白桦的《试论德国"1914年思想"》（载《同济大学学报（社会科学版），2010年8月》）为我们详细分析了战争爆发初期的德意志社会思想史。

第 八 章

昙花一现的民主：魏玛共和国，1918—1933

20世纪20年代的最后一年，柏林始终处于无以名状的亢奋之中。在救济署门口，大量的失业者相互簇拥，焦急、无助、失望、愤怒的情绪交杂在一起，弥漫在肃杀的空气中。在主要街道上，成群的年轻人穿着各色制服，举着形状不一的旗子，唱着内容各异的行进曲，彼此间常常会拳脚相向，偶尔也会相互合作，痛打"警察猪"。或许在某一个普通人的家中，政治的话题也会引发不小的口舌之争。① 在一向揶揄德国的法国人看来，这不过是德国人"群居本能"的再现。② 在一贯自傲的德国民族主义者眼中，这正是德国人"集体主义"的体现。只有少数政治观察家才意识到，共和国的危机迫在眉睫！急剧衰落的经济指标与日益明显的政治对立，不断吞噬着幼嫩的民主肌体。利维坦的阴影已经出现。为什么这一切来得如此之快？为什么德国历史上的第一个民主体制如同昙花一现？

要理解这一切，我们还得回到历史的现场，沿着共和国的步伐，检讨魏玛民主的得失。

---

① 一个很有意思的例证，可参见君特·格拉斯：《我的世纪》，蔡鸿君译，上海：上海译文出版社，2000年，第84—86页。
② 里昂耐尔·理查尔：《魏玛共和国时期的德国（1919—1933）》，李末译，济南：山东画报出版社，第89页。

一场不成功的社会革命

魏玛共和国首先起源于一场不成功的社会革命，史称 1918/1919 年革命（亦称"十一月革命"）。这场革命大致可分为三个阶段。

突如其来的革命浪潮

"一战"末期，德意志帝国已经出现了各种变化的迹象，但没有人策划用一场革命来推翻帝国。革命完全是突如其来的。1918 年 10 月 28 日，威廉港的水兵拒绝出海作战，结果被当作叛国者，遭到逮捕并被押往基尔港受审。11 月 4 日，因同情战友们的遭遇，且担忧自己的前途，基尔港的水兵决定先发制人，宣布起义，占领军械库，并夺取市政权力。在接下去的一周中，自行解散的水兵们与各大城市中的反战力量相结合，引发了席卷全国的革命浪潮。在各地，由士兵、农民和市民组成的斗争组织，虽然名称不一，但均以接掌当地政府为目标。

11 月 9 日，革命的浪潮到达首都柏林。数以千计的德国人涌向街头，并聚集在国会大厦前的广场上。巴登亲王一边电告威廉二世，逼迫后者签署退位宣言，一边把政权移交给国会第一大党、社会民主党的主席艾伯特（Friedrich Ebert, 1871—1925）。12 时，威廉二世退位，逃往荷兰，帝国覆亡。社会民主党与独立社会民主党经过谈判，联合组成临时内阁。革命的第一阶段结束。

革命目标的分化与斗争

皇帝退位后，德国该向何处去？这是当时摆在所有德国人面前的问题。围绕这一问题，革命转向第二阶段，即确立国家体制。在该时期，资产阶级和保守党派忙于重组，又慑于革命风暴，故而处于蛰伏状态。掌控革命方向的是左翼政党与革命大众。然而他们的革命目标却是分裂的，出现了议会民主制、代表会制和无产阶级专政三种方向。

社会民主党支持议会民主制。其高层艾伯特等人深受伯恩斯坦（Eduard Bernstein, 1850—1932）等党内理论家的影响，笃信"议会社会主义"思想。战争末期，他们原本设想建立君主立宪制，但在革命的压力下，才退而求其次，坚守议会民主制的道路。这一立场还受到了资产阶级与保守党派的支持。

革命大众要求推行代表会制。在革命第一阶段出现的各种斗争组织被逐步统一为"代表会"（Rat）。代表会制即直接民主制。该思想的支持者多为参与直接斗争的革命者、左翼政党的基层代表和一部分自由主义者。他们希望废除官僚制，实现社会的彻底解放。

斯巴达克团呼吁建立无产阶级专政。卡尔·李卜克内西和罗莎·卢森堡（Rosa Luxemburg，1870—1919）等左翼领袖们希望向俄国十月革命学习，既反对议会民主制，又强调革命政党的领导权，从而推动革命的转型，建立社会主义国家。

在1918/1919年革

插图8.1　社会民主党高层谢德曼（Philipp Scheidemann, 1865—1939）宣布成立共和国。1918年11月9日下午，聚集在国会大厦前的人越来越多。为防止左翼革命者趁机引导社会主义革命，14点，谢德曼抢先在国会大厦的阳台上宣布"伟大的德意志共和国万岁！"对此，艾伯特十分不满。在后者看来，德国的国家体制应由未来的制宪会议来决定。16点，卡尔·李卜克内西在柏林皇宫的阳台上宣布"自由社会主义共和国"成立。左翼政党之间的目标差异暴露无遗。

命的第二阶段，上述三个目标始终纠缠在一起，它们之间的胜负关系成为决定革命方向的主要因素。

起初，后两种目标的支持者聚集在独立社会民主党内，共同制衡社会民主党高层的行动。随着时间的推移，三种目标之间的微妙平衡终于被打破。议会民主制得到了越来越多人的支持。相反，后两种目标的支持者之间却产生了分歧：革命大众要求尽快实现代表会制；斯巴达克团却认为应加强革命政党的建

原始文献 8.1

社会民主党与独立社会民主党的通信
（1918年11月9日）

威廉二世退位后，政权落入左翼政党手中。为扩大执政基础，社会民主党邀请独立社会民主党联合组阁。11月9日，卡尔·李卜克内西起草了独立社会民主党关于入阁的6点要求。当晚，社会民主党针对这些要求，做出了回答。这份通信充分体现了两个政党之间关于革命目标的异同。其中存在的差别一直主导着革命的后续发展。

1. 德国应该是一个社会主义共和国。

回答：这个要求是我们政策的目标。在这个共和国中，人民要通过合法的集会来决定事务。

2. 在这个共和国中，统一的行政权、立法权与司法权都一并掌握在劳动人民与士兵所选举出来的信任者手中。

回答：如果这个要求意味着一个阶层的一部分人进行专制，那么支持它的就不是人民多数，我们必须对此表示拒绝，因为它违背了我们的民主原则。

3. 所有的资产阶级成员都须退出政府。

回答：我们必须拒绝这个要求，因为它明显侵犯了人民互相接近的权利。

4. 独立社会民主党的参与只能作为一种临时安排，其目的是为了形成一个有能力的政府而达成停战协议。

回答：我们坚持建立一个合作的、社会主义方向的政府，它至少能维持到国民会议选举成功。

5. 主管部长应该被视作内阁核心。

回答：这一点我们完全赞成。

6. 两个政党领袖在内阁中将有相同权力。

回答：我们认为所有内阁成员都有平等权，并进行合法表决来决定事务。

《前进报》1918年11月10日。

※ 两个左翼政党之间有哪些异同点？

设，彻底放弃对于社会民主党高层的信任，呼吁用一场新革命来达到无产阶级专政的目标。于是，同时拥有两派力量的独立社会民主党不得不退出临时政府。随后，斯巴达克团从独立社会民主党中分离出来，另行成立共产党。

1918/1919年之交，革命的政治方向渐渐明晰。代表会制的支持者缺乏实际行动力，逐步淡出人们的视野；共产党试图用暴力的方式（即1月柏林起义）扭转革命的进程，却被临时政府与国防军的联合力量所剿杀，两位杰出的革命领袖卡尔·李卜克内西与罗莎·卢森堡被害。由此，1919年1月19日，国会大选如期举行。

从政治革命向经济革命的转向

1919年1月柏林起义后，革命的政治使命已经结束。在一些地方，此后还出现过短暂的"代表会共和国"，但都以失败告终。革命从此转向经济领域。

在政治革命中，经济革命的目标已经出现，但同样充满矛盾色彩。1918年11月15日，自由工会主席列金（Carl Legien，1861—1920）与资本家代表斯廷内斯（Hugo Stinnes，1870—1924）签订《斯廷内斯—列金协议》，工会取得与资本家共同决断企业事务的"共决权"。然而代表会浪潮中出现的大量"企业代表会"却希望进一步获取针对企业的"完全控制权"。前者是议会民主制思想在企业经营中的体现，后者正是代表会制的翻版。两者之间的差距十分明显。

政治革命结束后，"共决权"与"完全控制权"之间的斗争成为经济革命中反复出现的主题。柏林、鲁尔区和中德地区的工人们均以"完全控制权"作为他们的革命目标。新政府、工会高层、资本家利益团体和军方相互合作，迫使革命者接受"共决权"。双方力量悬殊，"完全控制权"最终销声匿迹。"共决权"思想则被纳入《魏玛宪法》，成为魏玛民主的表现之一。

1918/1919年革命的问题及其意义

1918/1919年革命是继1848/1849年革命后的第二场德国革命，是一场集政治革命与经济革命为一体的社会革命。它同样是突如其来的，同样陷入革命目标的分歧中，也同样受到反动势力与其他国家的阻碍。不过，造成这场革命失败的最直接因素是社会民主党领导人的失策。对于议会民主制的迷恋与机械

经典评述

"现在,其他国家的革命发展进程使我们重新想起我们不久以前经历过的事情。以前人们认为,在资本主义比较发达、阶级矛盾的发展相应地比较充分的西欧,革命的道路会与我们有些不同,政权将会一下子由资产阶级手中转到无产阶级手中。然而,现在德国发生的事情说明正好相反。德国的资产阶级联合起来,反抗抬起头来的无产阶级群众,他们从西欧资产阶级比较丰富的经验中汲取力量,有步骤地和无产阶级进行斗争。而德国的革命群众还没有足够的经验,他们只有在斗争过程中才会获得这种经验。"

——《在彼得格勒苏维埃会议上关于人民委员会对外对内政策的报告》,《列宁全集》,第36卷,人民出版社1985年,第1页。

理解,让他们丧失了推动德国社会民主转型的契机。事实上,代表会制或是无产阶级专政,或者两者之间还存在其他过渡形式,是一个可供德国社会继续讨论的问题。但社会民主党高层为了坚持议会民主制,不惜同旧势力妥协,动用武力,扼杀民众的民主化要求,却是一种得不偿失的选择。革命之后,议会民主制虽然建立起来,但反对议会民主制的思想不仅存在于左翼革命者中,而且还流行于大量留任的旧军官、旧官僚、旧知识分子群体中。在这一意义上,1918/1919年革命没有成功地为共和国的发展奠定稳定基础。

当然,革命并非一无是处。从君主制转向议会民主制,可谓是德国历史的一大进步。在革命中,工人政党执掌政权,工会得到认同,工人群体自此崛起,改变了德国的政治格局。更为重要的是,众多革命理念即便不能被立即实现,也将成为重要的历史记忆,展示在德国未来的发展中。

度过艰难的初生岁月

从1919年到1923年,共和国度过了最初的五年。这是构建新制度与面对国内外挑战的时期,充满着艰险与混乱。但民主航船仍然驶过了重重暗礁。

《魏玛宪法》的颁布

制定一部民主宪法曾是1848/1849年革命的主要梦想，如今也是共和国第一届国民议会的核心议题。1919年2月，由于柏林局势未稳，国民议会迁往文化重镇魏玛。5个月后，宪法定稿，并在国民议会通过，8月14日公布生效。因宪法颁布地在魏玛，故人们称之为《魏玛宪法》，称新国家为"魏玛共和国"。

《魏玛宪法》共181条，分为三个部分，确立了五大原则。"共和原则"废除帝制，采用象征1848年传统的黑—红—金三色旗为国旗。"联邦原则"加强中央权力，规定联邦立法高于地方立法，同时设立由各州代表组成的参议院，取消普鲁士特权。"民主原则"确定国会为最高立法机构，由年满20岁的男女公民根据比例代表制的方式选举产生，政府由国会多数派组成，并向国会负责。在国会之外，公民直接选举产生总统，由其制衡党派斗争。"权利原则"保证所有德国

原始文献 8.2

《魏玛宪法》关于总统权力的规定

在《魏玛宪法》中，最遭人诟病的是关于总统权力的规定。事实上，宪法起草者的原意是避免国会斗争导致混乱，希望总统担当维持正义的角色。但在实践中，这些规定几乎让总统获得了等同于皇帝的权力。如果总统遵守民主原则（如艾伯特），则万事大吉；如果总统是一位保守思想浓厚的专制主义者（如兴登堡），则必将酿成恶果。

第41条　联邦大总统，由全体德意志人民选举之……

第46条　联邦大总统，于法律上无特别之规定时，得任免联邦文武官吏，并得命其他官署行使此项任免权。

第47条　联邦大总统掌握联邦一切国防军之最高命令权。

第48条　联邦大总统，对于联邦中某一邦，如不尽其依照联邦宪法或联邦法律所规定之义务时，得用兵力强制之。

联邦大总统于德意志联邦内之公共安宁及秩序，视为有被扰乱或危害时，为恢复公共安宁及秩序起见，得取必要之处置，必要时更得使用兵力，以求达此目的……

戴学正等编：《中外宪法选编》(下)，北京：华夏出版社，1994年，第191—192页。

※ 请根据魏玛历史发展的实际情况，评述上述条款。

人在法律面前一律平等和自由，取消特权，并应允赋予全民公决权。"福利原则"保证继续推进社会保险政策，并在政治民主之外，构建经济民主。

《魏玛宪法》的五大原则是德国历史，乃至世界宪法史上的一大进步。它不仅实现了1848/1849年革命前的"统一与自由"的目标，而且还创造性地构思了二元权力中心（国会/总统）和二元权利保障（政治民主/经济民主）。这使得《魏玛宪法》成为当时资本主义世界中最先进的一部宪法。

然而这部宪法也充满着理想与现实的矛盾冲突。它既废除了帝制，又继续自称为"Reich"（即"帝国"）；它既高举黑—红—金三色旗，又允许商船使用象征德意志帝国的黑—白—红三色旗；它既强调中央权力，又仍然允许各州保留教育和税收方面的自主权。二元权力中心和二元权利保障更是未来冲突的根源。前者过于信赖总统的个人品格，后者过于看好德国经济的复兴。从这一意义而言，《魏玛宪法》超越了时代，却生不逢时。

可怕的魔咒：《凡尔赛和约》

与革命和制宪等国内变动一样，巴黎和会也是决定德国未来的关键因素。自停战以来，德国各界便一厢情愿地希望在美国总统威尔逊的调停下达成宽大和约。然而令人失望的是，巴黎和会既超出了威尔逊的掌控能力，也完全排斥了德国的参与权。与会国甚至不允许德方修改和约草案。消息传到德国，群情激愤，第一届内阁集体辞职。然而在军方表示无法作战后，国民议会最终决定接受和约。1919年6月28日，德国代表在《凡尔赛和约》上签字。

《凡尔赛和约》沉重打击了德国。它让德国失去了全部殖民地和海外属地，13%的领土被割让，而且无法同奥地利合并。由此，德国丧失了10%的人口、15%的耕地面积、75%的铁矿藏，生产能力大大缩减。它允许协约国对莱茵河以西领土实行军事占领，强令德国废除普遍义务兵役制，削减陆海军，停止发展空军。它把全部战争责任都归于德国及其盟国，要求赔偿战胜国的一切损失。

对于新生的魏玛政权而言，《凡尔赛和约》更是一个可怕的魔咒。它把共和国的诞生与德国受辱联系起来，从而侵蚀着民主体制的合法基石。因此，毫不奇怪的是，"匕首神话"与"十一月罪人"的言论竟会如此盛行，以致第一任总统、社会民主党主席艾伯特也不得不多次面对法庭的质询。

地图 8.1 《凡尔赛和约》签订后的德国。

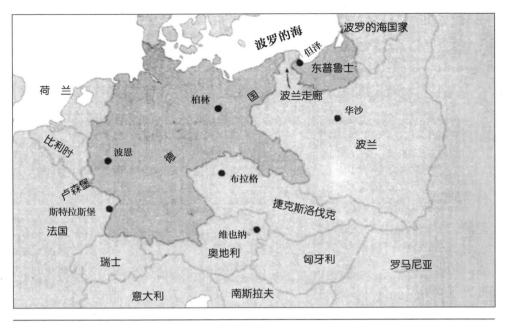

插图 8.2 德意志人民党的宣传画:《针对德意志军队的背后一刀》(1924 年)。1919 年起,一批旧军官宣扬德国战败是左翼政党发动罢工和革命所致,艾伯特等人是"十一月罪人",犯有"叛国罪"。1924 年年底,在右翼政党的压力下,艾伯特被迫出庭受审,为自己辩护,以致身心受到严重伤害,在任内病逝。

风波迭起

1920 年起,魏玛共和国不得不再次面对来自于国内的各种反对力量,迎来了革命之后的第二波危机浪潮。

仇视民主的极端君主主义者首先发起了进攻。1920 年 3 月,东普鲁士行政长官卡普(Wolfgang Kapp,1858—1922)联手国防军军官吕特维茨(Walther von Lüttwitz,1859—1942)和鲁登道夫等人,以反对解散海军旅为名,占领柏林。叛军宣布废除《魏玛宪法》,解散国民议会,成立新政府。在危急关头,工人阶级成为魏玛共和国的支持者。左翼政党与各大工会联合发出总罢工的号召,红色武装在各地成立,并接连击败叛军。一周后,卡普暴动结束,叛军落荒而逃。卡普暴动的兴衰既显示了旧军官团存在的危险性,又表明工人阶级可以成为保卫共和国的主要力量。然而魏玛政府却没有抓住进一步推动民主化的契机,反而让国防军的势力得到扩张,成为"国中之国"。工会的改革要求则被驳回,以致大量的失望工人变为共和国的反对派。

一年后,德共在萨克森和图林根等地区领导反政府起义。在 1918/1919 年革命中被压制的极左翼力量联合起来,在中德地区的议会选举中影响力大增。3 月,魏玛政府以加强控制为名,出兵中德地区。德共号召总罢工,并组建红军,进行了长达两周的武力抗争。"三月斗争"既反映了德共内部极左思潮的影响力,也说明共和国与工人阶级之间的矛盾仍然存在激化的可能。

1923 年鲁尔危机

在勉强应对左右两翼的进攻后,魏玛共和国又必须面临由战胜国引发的第三次危机浪潮。

赔款问题是这次危机的主导因素。由于存在巨大争议,巴黎和会并未达成具体的赔款金额。稍后成立的赔款委员会虽然最终确立了赔款总额和支付方式,但均超出了德国的能力之外,更何况德国从骨子里从未认可自己的赔款义务。因此,索赔方与德国之间的矛盾自然不可避免。1923 年 1 月,法、比两国以德国不履行赔款为借口,出兵占领了鲁尔区。魏玛政府随后宣布"消极抵抗"政策,即用补贴的方式鼓励鲁尔区民众拒绝为占领军服务。"鲁尔危机"爆发。

鲁尔危机延续了数月之久。占领军不仅没有达到目标,反而为此支付了更

第八章 昙花一现的民主：魏玛共和国，1918—1933

插图8.3 面值1万亿马克的德国纸币。鲁尔危机爆发前，德国政府已经使用通货膨胀的手段，应对巨大的财政赤字。此时，为鼓励"消极抵抗"，魏玛政府只能继续大量印发钞票，结果引起恶性通货膨胀，货币迅速贬值，从战前的4.2马克：1美元跌至1923年1月的42亿马克：1美元。马克成为毫无价值的废纸。

为昂贵的代价，法国国内动荡，英法关系紧张。但德国才是鲁尔危机的最大受害者。"消极抵抗"政策使德国工业生产急剧下降，失业率激增，货币严重贬值，经济完全崩溃。据统计，美元与马克之比从1月的1:7525降到5月的1:31700。不仅如此，国内反共和国的势力再次兴起。莱茵分离主义者号召莱茵区独立，德共发起汉堡起义，当时名不见经传的纳粹党在慕尼黑实施"啤酒馆暴动"，宣布"民族革命"。这些进攻虽以失败告终，但都在不同程度上动摇了共和国的根基。

在这种内外困境中，魏玛共和国的三位政治家联手拯救了民主体制。总统艾伯特动用宪法第48条，颁布多项紧急令，稳定了国内政局。10月上台的新总理施特雷泽曼（Gustav Stresemann，1878—1929）果断停止了"消极抵抗"政策，重新启动赔款谈判，结束鲁尔危机，稳定了德国与战胜国的关系。中央银行行长沙赫特（Hjalmar Schacht，1877—1970）以全国地产为抵押，发行地产马克，稳定了德国货币和经济。

相对稳定的"黄金般二十年代"

鲁尔危机的解决，标志着魏玛共和国进入相对稳定时期，史称"黄金般二十年代"。在该时期，德国的内外环境都得到了极大改善，文化出现了繁荣现象。不过，这些繁荣背后仍然存在着大量令人担忧的因素。

左右逢源的德国外交

稳定的国际关系是共和国发展的必要前提。正是在施特雷泽曼担任外交部长期间（1924—1929），德国出现了左右逢源的局面。他的基本设想是，利用各国矛盾，推行平衡外交，恢复德国的大国地位。

在此期间，美国取代法国，成为解决德国赔款问题的主导国。1924年，由美国人领衔的专家委员会制定了新的赔款方案《道威斯计划》。该计划虽未确定赔款总额和最后期限，但设定了5年内的赔款额度，并允诺由美英出资贷款，而且剥夺了法国的制裁权。1929年，同样在美国人的掌控下，新的专家委员会制定了《杨格计划》，最终确定了德国的赔款总额（1139亿马克）和偿付年限（59年），恢复了德国财政自主权。

与此同时，德法关系出现好转。德法宿怨是影响两国发展与欧洲稳定的关键因素。施特雷泽曼充分理解本国的现状和法国的担忧，以放弃对阿尔萨斯—洛林的领土要求为代价，于1925年年初提出同与莱茵地区有利害关系的国家缔结"莱茵公约"的建议。10月，在"莱茵公约"的基础上，英、法、德、意、比、波、捷签订《洛加诺公约》，满足了法国对于欧洲集体安全体系的要求。次年9月，施特雷泽曼与法国

插图8.4 化身天使的拯救者施特雷泽曼（漫画）。施特雷泽曼是德意志人民党主席。早年他一再鼓吹民族沙文主义思想，敌视民主共和。但在1923年后，他却成为坚定的共和主义者，以现实主义的外交理念，成功恢复了德国的大国地位。

外长白里安（Aristide Briand，1862—1932）达成"图瓦里协议"，试图全面解决两国之间的所有问题。该协议虽未能实施，但大大增强了两国的和解气氛。

再次，德苏关系正常化。"一战"结束前后，由于1918年3月的《布列斯特—立托夫斯克和约》与意识形态的对立，德国与苏俄之间的关系十分紧张。然而两国作为凡尔赛体系的压制对象，又存在合作的基础。1922年4月，两国签订《拉巴洛条约》，正式确立了合作关系。施特雷泽曼就任外长后，充分利用其他西方国家与苏联之间的矛盾，游走于东西之间。在洛加诺会议期间，德苏两国签订了一项经济条约。次年4月，两国又达成了中立协定。双方还进行了一系列秘密军事合作，如德国军官在苏联受训，共同开展化学战和坦克战研究。[1]

最后，德国积极参与非战公约的谈判。1928年8月，15个国家在巴黎签署《白里安—凯洛格条约》，又称"非战公约"，决定"结束战争作为国家政策工具"的传统做法。施特雷泽曼是该公约的积极参与者，他充分利用谈判契机，迫使法国制定从莱茵区撤军的时间表。

20年代的施特雷泽曼外交是一个奇迹。它基本恢复了德国的强国地位。1926年9月，德国正式参加国际联盟，并担任常任理事国。

左右摇摆的德国内政

与德国外交舞台上的巨大成就不同，20年代的德国内政虽然走上了民主轨道，却显示出左右摇摆的不稳定性。

与1924年前相比，该时期的内阁相对稳定，平均执政寿命从188天延长到313天。[2] 但由于社会利益的碎裂化，强大的执政党无法形成，以致联合内阁是魏玛政治的常态。在1924—1929年间，共和国共出现7届内阁，联合形式从左右联盟（社会民主党—人民党），到中右联盟（中央党—民主党—人民党—民族人民党），再到右翼联盟（民主党—人民党—民族人民党）。作为共和国的民主基础，"魏玛大联盟"内阁——即中左联盟（社会民主党—中央党—民主党）——

---

[1] 陈晖：《1933—1941年的苏德关系》，南京：南京大学出版社，2005年，第20—21页。
[2] 哈根·舒尔策：《魏玛，德国，1917—1933》(Hagen Schulze, *Weimar, Deutschland, 1917-1933*, Berlin: Siedler, 1998)，第470页，根据附录计算得出。

却再也没有出现过。

1925年2月，共和国的第一任总统艾伯特去世。总统选举成为当年政治舞台上的重头戏。最终，右翼政党的候选人、原陆军元帅兴登堡当选。兴登堡的上台，标志着德国军国主义势力和保守力量的进一步抬头。

经济复兴与社会关系的变化

1924年起，德国经济逐步走上了复兴之路。美英贷款解决了资金奇缺的难题，以标准化与流水线作业为基础的合理化运动极大提高了生产效率，劳资仲裁制度和《失业保险法》（1927年）的相继推出在一定程度上完善了福利国家的保障体制。到1927年，德国的经济发展指数已接近战前水平。不过，这一轮经济复兴仍然存在隐患。对贷款的过多倚赖使德国的经济发展尚未走上正常道路，而不断出台的福利法规增加了财政压力。

该时期，德国社会的紧张感再度显现。其一，劳资矛盾凸显。资方以经济复兴为由，要求恢复传统的家长制作风；劳方则以劳动权为依据，坚持维护革命成果。劳资合作局面逐步消失，取而代之的是双方围绕8小时工作制、工资水平与共决权等方面的持续斗争。其二，中产阶层继续沉沦，或在恶性通货膨胀中破产，或在垄断的浪潮中受到挤压，仇视现代化进程的心理十分流行。其三，不同福利受益者之间的关系微妙。社会保险金领取者、战争受害者、失业者等构成了相互艳羡或诋毁的对立群体，批判魏玛政府的不公正反而成为他们的共性。其四，代际矛盾逐渐显露。"战争的一代"是充满反叛精神的年轻人，他们力图成为"新人"。"新人"们的目标只是想象，而且充满争议，但其共性是排斥父辈们的传统道德。[①]

[①] 芭芭拉·克策尔等：《探求新人：导言》（Barbara Könczöl, usw., "Auf der Such nach dem Neuen Menschen. Eine Einleitung"），载亚历山大·格斯特纳等编：《新人：在两次世界大战期间的乌托邦、蓝图与改革概念》（Alexander Gerstner esw., *Der Neue Mensch. Utopien, Leitbilder und Reformkonzepte zwischen den Weltkriegen*. Frankfurt a. M.: Peter Lang, 2006），第VII—XIV页。

璀璨而分裂的魏玛文化

在"黄金般二十年代"中,"魏玛文化"是不可不提的巨大成就,各种"主义"迭出。不过,"魏玛文化"并非是一种特有的共和国文化形式,而只是共和国时期所出现的一连串文化现象的总和。从其实质而言,"魏玛文化"是一种多元文化。它既反映了民主共和国对各种文化创作的容忍度,也体现了当时德意志社会面对剧烈社会变迁时的各种感受。

"魏玛文化"大致可分为三个阵营。一部分人肯定现代化进程,致力于引进美国大众文化。先锋派艺术家们试图用大众文化冲击精英文化,用美国文化取代传统的德国文化。美国舞蹈、好莱坞电影、爵士乐、橄榄球,乃至美国的现代生活方式都在德国引起轰动和追捧。在这种氛围中,达达主义更为激烈地推动传统文化的终结,"包豪斯"建筑艺术成为美国化的代表。

插图8.5 包豪斯建筑。包豪斯是位于魏玛的一所建筑艺术学院,20世纪20年代成为欧洲最有威望、也最具争议的建筑和设计中心。"包豪斯"(Bauhaus)一词,是为了回应"建筑工棚"(Bauhütten),即中世纪建造大教堂的工人的临时居所。它要求打破纯粹艺术与实用艺术的对立,发展综合艺术。包豪斯的建筑讲求功能性,简单朴素,没有多余的装饰,力图从美学上达到社会的平等。这种创作风格后来受到右翼政治势力的排挤,迁出魏玛。纳粹上台后,包豪斯成员流亡美国,对美国建筑艺术的发展产生了重要影响。

另一部分人看到了现代化进程中的各种矛盾和巨大危险。存在主义哲学家雅斯贝尔斯（Karl Jaspers，1883—1869）与海德格尔（Martin Heidegger，1889—1976）致力于揭露"现代人"存在的焦虑感与存在价值；表现主义文学家托马斯·曼（Thomas Mann，1875—1955）与赫尔曼·黑塞（Hermann Hesse，1877—1962）用小说描述了时代变迁中的文化冲突与心灵困境；作曲家阿诺尔德·勋伯格（Arnold Schönberg，1874—1951）创造了"十二音体系"，用非调性音乐表现社会的无序与灾难；在绘画领域，新写实主义流派着重关注现代人之间的隔阂与孤独。

第三种人试图用一场"保守革命"来改变美国化的进程。他们用"美国主义"一词痛斥现代化带来的各种问题，并由此推导出德意志文化与西方文明进行斗争的必要性。在奥斯瓦尔德·斯宾格勒（Oswald Spengler，1880—1936）的《西方的没落》中，嘲弄西方文明的衰落和预示德意志文化的未来领导权是相辅相成的。范登布鲁克（Arthur Moeller van den Bruck，1876—1925）用浪漫主义的笔调，呼唤"第三帝国"的来临。法学家卡尔·施密特（Carl Schmitt，1888—1985）不遗余力地攻击自由主义，宣扬斗争的必要性。

魏玛文化蕴藏着巨大的创造力，它让共和国成为多元文化的试验场。但它也拥有可怕的爆破力，让各种矛盾对立的政治观演化为一场场文化斗争，成为"现代性病态"的真实写照。

共和国的解体

民主内阁的终结

1928 年 6 月，社会民主党的米勒（Hermann Müller，1868—1932）组阁，联合人民党和民党组成了共和国历史上执政时间最长的一届内阁（636 天）。然而十分不幸的是，这届内阁很快陷入经济困境，又遇上世界经济大危机爆发，以致成为共和国的最后一届民主内阁。

美国的短期贷款曾是德国经济复苏的主要动力，此时便成为德国经济迅速恶化的主要原因。危机期间，由于美国贷款削减，还款压力激增，德国大量工业停产，出口锐减，并爆发货币信用危机。德国工业生产下降了 40.6%，在资本主义世界中仅次于美国。工人失业率节节攀升，到1931年年初已近500万人。

在大危机风暴的席卷下，德国社会敌视政府的情绪骤然激化。刚刚签订的《杨格计划》本意是降低协约国的无休止压榨，此时却被右翼政党批判为卖国行为，一场声势浩大的"反杨格计划运动"兴起。米勒内阁的造舰计划符合《凡尔赛和约》的规定，此刻又被左翼政党指责为不顾民生。两项方案最后涉险过关，但米勒内阁的声望已然受损。

1930年3月，为解决财政赤字问题，米勒内阁陷入巨大分歧。代表资方的右翼部长要求减少社会支出，代表劳方的左翼部长坚持增加失业保险金。由于无法达成统一，米勒被迫辞职。米勒内阁是最后一届国会多数派组成的政府，它的终结实际上敲响了共和国的丧钟。

纳粹党势力的崛起

在共和国政坛处于巨大转折时，德国社会出现了"褐色旋风"。这就是纳粹党。

纳粹党的前身是德意志工人党，1919年1月成立。当时，它只是众多具有浓厚民族主义倾向、试图建立一个无阶级社会的工人政治组织之一。9月，在希特勒（Adolf Hitler，1889—1945）加入该党后，它发生了巨大转变。

希特勒出生于德奥边境的奥属小城勃劳瑙。父亲是低级公务员，母亲是家庭主妇。他只上过小学，未受过正规教育。他受一位历史教师的影响，在青少年时期便形成了根深蒂固的德意志民族沙文主义的偏见。成年后，他曾幻想成为一名艺术家或建筑师，但未能如愿。在维也纳和慕尼黑街头流浪时，他经常阅读宣扬种族主义理论的杂志，进一步形成了自己的世界观。"一战"开始后，他加入德国军队。因英勇作战，希特勒先后获得了一枚二级铁十字奖章和一枚通常只授给军官的一级铁十字奖章。战争结束后，他决定从政，并很快找到了德意志工人党作为载体。

希特勒对德意志工人党进行了一系列制度化改造。1920年2月，党名改为"民族社会主义德意志工人党"，简称"纳粹党"。由希特勒亲自起草的党纲——《二十五条纲领》同时公布，表达了德意志民族沙文主义和小资产阶级要求社会改革的双重内容。不久，党旗、党报出现。1921年夏，希特勒确立"领袖原则"，建立起党内独裁。在此期间，他把部分退伍军人和志愿兵团成员组织起来，组建

插图 8.6 冲锋队的宣传画。冲锋队员手上拿的是纳粹党旗。该图案曾出现在德国的一种明信片上,意为"雅利安人的太阳照红了德意志大地"。但希特勒在《我的奋斗》中却这样解释:"黑色代表为战争失败而悲伤,红色象征我们这个运动的社会思想,白色象征民族主义思想,卐象征争取雅利安人胜利的斗争使命"。此外,黑—白—红三色是德意志帝国国旗的颜色,表示纳粹党是帝国事业的继承者,它反对以黑—红—金三色为国旗的魏玛共和国。

"冲锋队"。因冲锋队员身着褐色制服,故而又得名"褐衫队"。到 1923 年 11 月,纳粹党员已从 55 人增至 5.5 万人,吸引了中下层民众的参与。

啤酒馆暴动的失败是纳粹党发展的转折点。此前,希特勒一直筹划用暴力推翻魏玛共和国。但暴动没有成功,希特勒身陷囹圄。在服刑期间,他一方面撰写《我的奋斗》,宣扬纳粹党的政治主张,另一方面决定改变策略,走合法斗争的道路。出狱后,希特勒迅速把这些想法付诸实践。他打压了党内左翼力量,强化"领袖原则",扩建地方组织,并增设了一系列分支组织和附属协会,如党卫队、希特勒青年团、民族社会主义教师协会等,用以网罗各阶层人士。纳粹党逐步演变为"全民党",党员人数逐年上升。

德国经济陷入恐慌后,纳粹党施展了浑身解数,进行蛊惑人心的宣传。它利用群众要求改变现状的迫切心情,使用各种宣传手段,攻击民主政体,颂扬独裁体制的优越性,对各阶层民众许诺,并用民族复仇主义口号煽动群众。纳粹党的崛起打乱了共和国政坛的基本格局。面对来自极端民族主义党派的挑战,传统的左右两翼政党都陷入决策困境中。民主的口号显得苍白无力,回到过去的诉求又无法赢得共鸣。在此影响下,纳粹党的影响力激增。

原始文献 8.3

纳粹党的宣传理念

纳粹党极其重视宣传。它使用了先进而多元的宣传手段，如广播、唱片、大型集会、飞行演讲等。宣传的内容极具针对性和煽动性。哲学博士戈培尔（Joseph Goebbels，1897—1945）是纳粹宣传的负责人。1931年，他在纳粹党的新杂志《意志与道路》发刊时，详细讲述了纳粹党的宣传理念。

纳粹理论的任务是构建一种可以使自己投身于日常政治斗争的方案。从纳粹运动兴起之初，我们便为此而努力。它的基础已经建立在《二十五条纲领》中。这25点是纳粹党所有实践的基础。

纳粹运动来自于政治实践。它不是出自书桌，而是真实的生活。这便将它同当代其他德国政治组织区分开来。

一个好的理论正是世界上最具实践性的东西。对于纳粹党而言，曾经如是，未来也将如此。在长时期中，假如没有系统理论的支持，实践工作是无法开展的；反之，系统理论也只有从实践中找到它的方法和目标。

……我们的目的是向实践者展示一些方法，以便他们可以逐渐获得赢取民众心灵的权力。

……我们希望应用纳粹党现存和发展的理论与方案，来决定什么是政治领域中需要实现的东西。一种无法获得权力的政治方案是无用的，因为它不能应用于实践生活。没有权力，任何政治平台都不会具有历史特征。与其他艺术不同，政治艺术远离枯燥的书桌理论。它们来自于日常生活，而且也是为了日常生活而存在。

世界上有许多获得权力的方式。可以通过野蛮暴力的非法途径获得权力；也可以通过选举赢得多数支持来合法获取权力。有革命、暴动、起义。但是假如政治团体希望长时期保持权力的话，每一种方式都要求政治团体获得广大民众的同情。然而民众的同情不能来自于政治团体自身；它们必须被征服。

获得这种支持的方式就是宣传。宣传的使命不是去发现一种理论，或者去制定一种计划，而是把理论与计划翻译为民众的语言，让它们被广大民众所理解。宣传的目标是让理论家所发现的东西被广大民众知晓。

理论家们发起一种政治运动。宣传家们紧随其后。理论家们赋予一种运动以知识基础；宣传家们把这场运动的方案嵌入民众的心灵中，并且传播它。

很难判断究竟谁在夺权中更为重要。宣传家没有理论家不行，理论家没有宣传家也无法存在。没有正确的宣传方式，人们就不能把政治知识传授给民众。即便是最杰出的政治理论，假如不能置换为民众可以理解的方式，它也是没有任何影响力的。

纳粹党的伟大贡献就是创造了可以综合这两种政治艺术的方式。

纳粹理论的基础是坚实的。自然，

> 它需要训导和充分发展，但世界观的任务不是去解释政治生活中的现象，而是去解释它们何以发生。一种世界观不能统治生活的所有方面，而是解释这些方面之间的关系。解释公众生活细节中的关系，让广大民众获得满意感，这才是我们政治宣传的任务。
>
> 　　没有其他政治运动像纳粹党这样理解宣传艺术。从一开始，它便投身于宣传中。将之同其他政党区分开来的特征是纳粹党有能力看到民众的心灵，讲述路人的语言。它使用了所有现代技术方式。小册子、传单、海报、大规模示威游行、报纸、展览、电影和广播——所有一切都是我们的宣传工具。它们究竟是有利于还是有害于民众的需求，则依赖于我们如何运用它们。
>
> 　　……纳粹党的宣传家是民众的教师。纳粹宣传是教育民众的艺术。今天，我们是反对派。我们今天所利用的宣传将在我们夺权后成为在实践中组织起来、并得到广泛运动的民族教育……
>
> 转引自《德国宣传档案》(*German Propaganda Archive*)，载 http://www.calvin.edu/academic/cas/gpa/wille.htm，2010 年 1 月 26 日。
>
> ※ 从戈培尔的言论中，我们可以看出纳粹宣传的哪些理念？你如何评价它？

三届总统内阁与共和国谢幕

在经济大萧条与纳粹党的崛起中，共和国开始了最后的挣扎。

最后三届内阁被称为"总统内阁"，即总统根据《魏玛宪法》第48条令，以"非常状态"为名，凌驾于国会之上，直接任命总理。"总统内阁"无须国会多数派的支持，凭借"紧急令"维持统治。在1930—1932年间，紧急令的数量多达115条，专制主义的氛围日益浓厚。

中央党人布吕宁（Heinrich Brüning，1885—1970）首先受命组阁。布吕宁并非一位独裁者。他多次寻求社会民主党的支持，并禁止激进武装团体的活动。但布吕宁缺乏政治家的远见，在其任上，至少做错了四件事：第一，面对经济萧条的局面，采取了错误的紧缩政策，即缩减社会开支、降低公务员工资和增加税收，以致经济未能恢复，民怨愈加沸腾；第二，为改变国会与内阁的对立，提前解散国会，重新大选，以致纳粹党找到了合法宣传的契机，并一跃成为国会第二大党；第三，为劝说战胜国取消赔款，一味坚持紧缩政策，以致一再丧失民心，让更多人聚集到反共和国的立场上；第四，尽管布吕宁曾在第三次总统大选中，为兴登堡的连任鞍前马后，但他在农业政策上不慎得罪东易北河的大庄园主，以致出身该地区的总统心生芥蒂。内外政策均告失败，又失去了总统的信任，布吕宁于 1932 年 5 月底辞职便是顺理成章之事。

6 月 1 日，无党派政治家巴本（Franz von Papen，1879—1969）继任总理。巴本政府被称为"男爵内阁"，入阁者均为保守的贵族，总理本人更是一位笃信独裁者，并自认为是一个 "深思熟虑的君主主义者"。在经济上，他先延续紧缩政策，大量削减社会福利，而后又采取"引爆政策"，削减税收，刺激企业发展。在政治上，他推出了所谓"新国家"的方案，明确表示"形式民主的体制已经掉价了"。他两次解散国会，并以维护秩序为名，解散普鲁士的社会民主党政府，

插图 8.7　兴登堡（左）任命希特勒（右）为总理。当晚，纳粹党的游行队伍在勃兰登堡门下凯旋行进时，魏玛民主的幕布已经落下。一个可怕的幽灵即将飘荡在德意志和欧洲的上空。

自任总督，制造了"巴本政变"。这些措施都遭到了普通民众与左翼政党的坚决抵制。不过，巴本的最大问题是轻视了纳粹党的力量。此前，希特勒已通过许诺，获得了重工业家集团的支持。在 1932 年 7 月的国会选举中，纳粹党又赢得 37.4% 的选票，成为国会第一大党。即便 11 月大选让纳粹党的得票率下降，但它仍然维持住第一大党的地位。既然纳粹党把持的国会拒绝同巴本合作，兴登堡又不愿任命希特勒为总理，故而只能由一直躲在幕后的国防军将军施莱歇尔（Kurt von Schleicher，1882—1934）走上前台。

施莱歇尔试图改变前两届政府树敌太多的政策，以扩大执政基础。他确定了"创造就业"纲领，并取消削减工资和救济金的规定。在政治领域，他主动联系纳粹党的左翼领袖与自由工会高层，力图构建以工会为轴心的横向阵线。这些举措尚未见效，却已引发了重工业集团与大庄园主的强烈不满。后者指责施莱歇尔的政策具有"布尔什维克的危险"。不甘下台的巴本也暗自行动起来，

多次和希特勒会晤，并联合其他右翼政治家，形成巨大的倒阁力量。在政府危机一再出现后，年迈的总统终于听信巴本的保证，于1933年1月30日组建希特勒为总理、巴本为副总理的新内阁，以期达到稳定政坛与控制纳粹党的双重目标。

结　语

在德意志的千年历史上，短暂的魏玛犹如流星般，划过天空，留下了长长的惊叹与沉思。民主的花朵第一次绽放，色彩浓艳，让人眼花缭乱。然而缺乏民主浇灌的心灵不懂得欣赏，沉重的战争包袱又使得共和国的脚步徘徊而沉重。民主在一次次的争辩中褪去了圣衣，共和在一次次的对抗中走下了神坛。最终，魏玛精神成为历史深处的记忆，等待德意志人痛定思痛后的重新抉择。

大事记

时间	德国	欧洲
1918年	基尔水兵起义，揭开1918/1919年革命的序幕（11月4日）；威廉二世退位，德意志帝国终结（11月9日）；临时政府成立（11月9日）；德国共产党成立（12月30日）	
1919年	柏林起义（1月15日）；国民议会第一次选举（1月19日）；国民议会在魏玛召开（2月）；《凡尔赛和约》签字（6月28日）；《魏玛宪法》通过（8月11日）；	巴黎和会（1—6月）；共产国际成立（3月）；匈牙利出现苏维埃共和国（3—8月）
1920年	卡普暴动（3月）	国际联盟成立（1月）
1921年	中德地区起义（3月）	苏俄实行"新经济政策"（3月）

续表

时间	德国	欧洲
1922 年	德苏签订《拉巴洛条约》（4月）	热那亚会议（4—5月）；意大利墨索里尼夺取政权（10月）；苏联建立（12月）
1923 年	法、比联军占领鲁尔区，鲁尔危机爆发（1月）；汉堡工人起义（10月）；啤酒馆暴动（11月）	
1924 年	德国政府接受《道威斯计划》（8月）	列宁去世（1月21日）
1925 年	兴登堡当选为总统（4月）	
1925 年	洛加诺会议召开（10月）	
1926 年	德国加入国际联盟（9月）	
1927 年	通过"失业保险法"（7月）	
1928 年		苏联开始第一个五年计划；《白里安—凯洛格非战公约》在巴黎签订（8月）
1929 年		世界经济大危机爆发（10月）；苏联掀起农业全盘集体化高潮（11月）
1930 年	德国政府接受《杨格计划》（1月）；最后一届民主内阁倒台（3月）；纳粹党成为国会第二大党（9月）	
1931 年		西班牙爆发资产阶级民主革命，成立共和国（4月）
1932 年	兴登堡再次当选为总统（4月）；纳粹党成为国会第一大党（7月）	
1933 年	希特勒就任总理	

进一步阅读书目

关于魏玛的整体研究情况，可参见 Eberhard Kolb, *Die Weimarer Republik* (München: Oldenbourg, 1998)。在德语学界，比较经典的整体研究著作有埃里希·艾克的《魏玛共和国史》(北京：商务印书馆，1994年)、Arthur Rosenberg, *Entstehung der Weimarer Republik* (Frankfurt a. M.: Europäische Verlagsanstalt, 1961) 和 *Geschichte der Weimarer Republik* (Frankfurt a. M.: Europäische Verlagsanstalt, 1961)、Karl Dietrich Bracher, *Die Auflösung der Weimarer Republik. Eine Studie zum Problem des Machtverfalls in der Demokratie* (Villingen: Schwarzwald, Ring-Verlag, 1971)、H.Möller, *Weimar. Die unvollendete Demokratie* (München: DTV, 1985)、Hans Mommsen, *Die verspielte Freiheit. Der Weg der Republik von Weimar in den Untergang 1918-1933* (Berlin: Propyläen, 1990)、Detlev Peukert, *Die Weimarer Republik. Krisenjahre der klassischen Moderne* (Frankfurt a. M.:Suhrkampf, 1987)、Heinrich August Winkler, *Weimar 1918-1933. Die Geschichte der ersten deutschen Demokratie* (München: Beck, 1998) 和 Hagen Schulze, *Weimar. Deutschland 1917-1933* (Berlin: Siedler, 1998) 等。在为数不多的译著中，也可参看法国历史学家里昂耐尔·理查尔的《魏玛共和国时期的德国（1919—1933）》(济南：山东画报出版社，2005年)、苏联历史学家奥尔洛娃的早期作品《1923年的德国》(北京：高等教育出版社，1959年) 和《1924—1929年的德国》(北京：人民教育出版社，1960年)，及埃里克·韦茨《魏玛德国：希望与悲剧》(北京：北京大学出版社，2020年)。中国学者李工真所著《德国现代史专题十三讲——从魏玛共和国到第三帝国》(长沙：湖南教育出版社，2010年) 是史论结合的优秀作品，值得一读。

关于1918/1919年革命史，可参见 Walter Tormin, *Zwischen Rätedikatur und Sozialer Demokratie. Die Geschichte der Rätebewegung in der Deutschen Revolution 1918/19* (Düsseldorf: Droster Verlag, 1954)、Eberhard Kolb, *Die Arbeiterräte in der deutschen Innenpolitik 1918-1919* (Frankfurt a. M.: Ullstein, 1978) 和三位革命史专家 Gerald D. Feldmann、Reinhard Rürup 与 Eberhard Kolb 合写的论文 "Die Massenbewegung der Arbeiterschaft in Deutschland am Ende des Ersten Weltkriegs (1917-1920)" (in: *Politische Vierteljahreschrift*, J.13, 1972, pp.84-105)。

关于魏玛时期的政治、经济和文化发展，近来中国学界出现了少量成果，如陈从阳的《美国因素与魏玛共和国的兴衰》(北京：中国社会科学出版社，2007年) 与王宏波的《第一次世界大战后美国对德国的政策》(北京：社会科学文献出版社，2008年) 分析了"美国化"在魏玛时期的表现与影响；孟钟捷的《德国1920年〈企业代表会法〉发生史》(北京：社会科学文献出版社，2007年) 探讨了经济民主化在共和国中的历程。孟钟捷和王琼颖的《魏玛德国的社会政策研究》（北京：中国社会科学出版社，2021年）探讨了住房政策、劳工政策等七项社会政策的来龙去脉。曹卫东主编的《德国青年运动》和《危机时刻：德国保守主义革命》（上海：上海人民出版社，2013—2014年）展现了保守派的多面性；王莹的《从知识精英到纳粹分子——德国魏玛时期的大学生研究》（武汉：武汉大学出版社，2014年）为我们展现了魏玛大学生群体的心理变化。在英语学界，Gerald D. Feldman是这一方面卓有成就的学者，他出版了一系列著作，有助于厘清魏玛社会的矛盾与变迁，特别重要的有：*Industrie und Gewekschaften, 1918-1924: Die überforderte Zentralarbeitsgemeinschaft* (Stuttgart: Deutsche Verlags-Anstalt, 1985)；*Vom Weltkrieg zur Weltwirtschaftskrise. Studien zur deutschen Wirtschafts- und Sozialgeschichte 1914-1932* (Göttingen: Vandenhoeck & Ruprecht, 1984) 等。一些论文集对魏玛失败的原因做出了深刻反思，如 Ian Kershaw, *Why did German Democracy Fail?* (New York: St. Martin's Press, 1990) 等。在文化研究中，彼得·盖伊的《魏玛文化：一则短暂而璀璨的文化传奇》（合肥：安徽教育出版社，2005年）也值得一看。在德语学界，相关成果更不胜枚举，如海因茨·赫内的《德国通向希特勒独裁之路》（北京：商务印书馆，1987年）。一些重要的论文集吸纳了十分精彩的文章，如 Hans Mommsen, usw., *Industrielles System und politische Entwicklung in der Weimarer Republik* (Düsseldorf: Droster Verlag, 1974) 和 Werner Abelshauser, *Die Weimarer Republik als Wohlfahrtsstaat: Zum Verhältnis von Wirtschafts- und Sozialpolitik in der Industriegesellschaft* (Stuttgart: Franz Steiner Verlag, 1987) 等。

关于魏玛时期的纳粹党活动，可参见郑寅达在《法西斯运动和法西斯专政》（北京：中国青年出版社，1999年）中撰写的德国部分和克劳斯·费舍尔的《纳粹德国：一部新的历史》上册（南京：江苏人民出版社，2005年）。

第 九 章

民族共同体的幻象，纳粹帝国，1933—1945

20世纪30年代中期，一种问候语正在德国人中间流行。对于初来乍到的外国游客而言，"嗨，希特勒！"的问候似乎有点让人惊异。然而对于普通的德国大众来说，这种问候却已是习以为常的举动。在学术界，它赫然被列入《图解杜登德语大词典》中"问候方式"的第一位。[①] 在日常生活中，遗忘它的人会受到周围"觉悟者"的指责，拒绝它的人或许还会被警察投入集中营。在潜移默化中，新的问候语成为一种誓言，等同于宣布自己已经归属于一个神圣的共同体：德意志民族共同体！不仅如此，这个共同体还不言自明地同一位具有坚强意志、并做出"伟大贡献"的元首紧密联系在一起。在经历过文艺复兴和启蒙运动之后，在这个诞生过歌德与康德的国度中，这一切究竟是真实的，还是虚幻的？"民族共同体"的神话又是如何构建起来的？为此，我们不得不从这一段最黑暗、最令人不解的德意志历史中寻求答案。

---

① 提尔曼·阿勒特：《德意志问候——关于一个灾难性姿势的历史》，孟翰译，南京：江苏人民出版社，2008年，第7页。

"一体化"与纳粹政治体制的形成

希特勒内阁成立时,德国的政治格局尚未完全操控在希特勒一人手中。总统兴登堡仍以怀疑的目光紧盯这位二等兵。内阁中的极右翼政治家们试图把总理变为手中玩偶。纳粹党虽为国会第一大党,但仅占 1/3 议席,不得不受到其他政党的制约。地方政治势力不受中央操控,反对力量仍然会卷土重来。即便在纳粹党内部,左翼势力也不可小觑。为了尽快摆脱受制局面,希特勒接连采取了一系列行动,推动德国政治体制的根本转型。历史上,这种变化被称为"一体化"。

一党制的确立

确立纳粹党在德国政治舞台上的唯一性是希特勒的首要目标。为此,他首先取消左翼政党的合法性。2月底,他借口国会纵火案,怂恿兴登堡签署《保护人民和国家》紧急令,废除《魏玛宪法》赋予公民的基本权利,大肆搜捕左翼政治家。

其次,他增强政府权力,让国会形同虚设。3月,在国会重新大选后,他悍然取消共产党的议席,并骗取中央党的信任,在国会中强行通过《消除人民与国家痛苦法》(即"授权法"),政府获得立法权。自此,魏玛民主的政治成就彻

插图 9.1 英国漫画:"德国往哪里去?" 希特勒上台时,国内外舆论界都充满好奇心,竞相猜测德国的政治走向。但他们都未料到,希特勒是如此意志坚定、行动迅捷,竟然在短短数年间,便彻底扭转了德国乃至世界的发展方向。

底消亡。纳粹时期，国会仅举行过三次"选举"，实则为希特勒政府的橡皮图章。到 1942 年 4 月 26 日，国会举行了最后一次会议，甚至发布"希特勒不受任何法律约束"的声明。

原始文献 9.1

对于"授权法"的评价

"授权法"无异于国会的自杀行为，但它又在《魏玛宪法》所允许的合法范围内。1923 年鲁尔危机时，国会也曾通过类似法令，授权施特雷泽曼政府迅速解决内政与外交危机。但时过境迁，希特勒政府获得该权后，左右两翼的政治家都十分敏锐地捕捉到政变的气息。

右翼法学家卡尔·施密特评论：这部所谓"授权法"是由 1933 年 3 月 5 日大选产生的国会所认可的，是人民意志。这次选举是真实的、合法的，是一次全民公决、普选。它认同纳粹党的元首阿道夫·希特勒为德意志民族的政治领袖。3 月 12 日的城镇条款也被这种人民意志所肯定。由此，国会与联邦议会成为人民意志的全权执行机构。不过，对于至今习惯于实证主义思维的法学家而言，紧迫的任务是在这部法令中找到当下国家的法律基础。……事实上，这部"授权法"就是新德国的临时宪法。

……这场德意志革命是合法的，换言之，在形式上符合原来的宪法。它来自于纪律与德意志人的秩序意识……

社会民主党议员的国会发言：社会民主党在经历了最近一段时间的迫害后，自然不会被期望赞同眼前的"授权法"。……批判是有益的，也是必要的。自从德意志国会建立以来，还没有人有权使用这种方式，通过民众的合法代表，来掌控公共事务……一旦连媒体都失去了自由行动的权利，那么这种政府全权将会导致更大困境。

……纳粹党的先生们称他们的运动为一场民族革命，而不是民族社会主义革命。至今为止，其革命与社会主义之间的联系只是为了消灭社会民主主义运动……

魏玛宪法不是一部社会主义宪法。但是我们坚决支持它所宣布的权利国家、平等权利、社会权利等基本原则……

《德国历史，1933—1945，内政外交文件集》(*Deutsche Geschichte 1933-1945: Dokumente, zur Innen- und Außenpolitik*)，沃尔夫冈·米夏尔卡（Wolfgang Michalka）编，Frankfurt a. Main: Fischer, 2002 年，第 24—27 页。

※ 左右两翼政治家的评论具有哪些异同点？

最后，他施展浑身解数，解散其他所有党派。3月，共产党被取缔。6月底，他以社会民主党反对政府毁约扩军为名，指责后者"叛国"。7月初，社会民主党在所有机构中的代表资格均被废除。与此同时，所有的资产阶级政党被迫自行解散。

1933年7月14日，希特勒颁布《禁止组织新政党法》，宣布纳粹党为德国的唯一政党，确立一党制。

中央集权化

对于笃信集权主义的希特勒而言，魏玛政府的失权现象不能重现。为此，他着手于两项改革：改变中央与地方关系和改造利益团体。

在希特勒的筹划下，中央很快取得了对于地方的绝对控制权。在普鲁士，副总理巴本兼任州长，戈林（Hermann Göring, 1893—1946）直接控制内务部和警察部门。国会大选结束后，希特勒政府颁布《各州与国家一体化法》，规定除普鲁士外，各州议会必须按照大选的得票比例重新组织。这在实际上保证了纳粹党在地方政权中的绝对地位。各州政府相继被柏林派出的国家特派员接管。权力更迭的过程貌似平静，却充满着暴力。年老体弱的总统兴登堡被蒙在鼓中。不久，希特勒又颁布了《各州与国家一体化的第二个法令》，任命国家特派员为各州行政长官，有权解散州议会，任免州政府和颁布法令。如此一来，各州的民主体制即被废除。1934年1月30日，《国家重建法》颁布。该法正式宣布把各州的最高统治权收归中央，州政府隶属于中央政府，州政府首脑受内政部长管辖。由各州代表组成的参议院随后解散。在德意志历史上，中央政府如此集权，实属罕见。

所有具有竞争性的利益团体相继被消灭。工会是首当其冲的目标。1933年1月30日后，冲锋队和警察武装一再威胁工会成员，但在3—4月企业代表会选举中，工会仍然取得不可思议的胜利。在左右权衡后，希特勒于5月2日取消工会，取而代之的是一个融劳资双方为一体的德意志劳动阵线（DAF），并使之为国家的需要而服务。其他群众团体相继被并入纳粹党的附属组织中。

第九章　民族共同体的幻象，纳粹帝国，1933—1945　181

插图9.2　1933年5月2日冲锋队进驻工会联盟大楼，没收工会财产。希特勒上台前后，纳粹党对于工会的立场一直处于摇摆之中。党内左翼希望接掌工会，希特勒却担忧工会的进攻姿态会损害他与垄断资本集团之间的合作。感受到威胁的各大工会纷纷向纳粹政权表示政治中立，但在着力于推进一体化的氛围中节节败退。工会被取缔后，希特勒否定了建立纳粹工会的想法，而是根据民族共同体的理念，把劳资双方扭结在一起，共同建立以维护生产和谐为目标的德意志劳动阵线。

党国一体

　　纳粹党与国家权力都是希特勒塑造民族共同体的工具，两者必须相辅相成，才能为他所用。因而党国一体是希特勒改造方案中的重要环节。但是与其他行动不同，党国一体牵涉面更广，耗费时间更长。一般认为，直到1938年，希特勒才实现了党国一体的目标。[1]

　　这一过程大致可分为四步：第一步实现党国官僚一体化，让纳粹党的高级官员分别担任各级政府首脑，借助《恢复职员官吏法》和《文职人员法》提高公务员中的纳粹党员比重。第二步实现党国利益一体化，在"长刀之夜"清洗罗姆

---

[1] 陈祥超、郑寅达、孙仁宗：《法西斯运动与法西斯专政》，北京：中国青年出版社，1999年，第260页。

(Ernst Röhm，1887—1934) 的冲锋队，镇压党内左翼力量，消除国防军与垄断资本集团的顾虑。第三步推行元首制，在 1934 年 8 月 2 日兴登堡去世后，希特勒颁布《德国国家元首法》，将总统与总理的职位合二为一，自任国家元首，拥有武装力量最高统帅权。第四步整肃传统力量盘踞的外交界与国防军，这是到 1938 年才完成的任务。在这一年里，坚定的纳粹分子里宾特洛甫 (Joachim von Ribbentrop，1893—1946) 取代职业外交家牛赖特 (Constantin von Neurath，1873—1956)，国防军高层中的保守派、国防部长勃罗姆贝格 (Werner von Blomberg，1878—1946) 与总参谋长弗立契 (Werner von Fritsch，1880—1939) 相继下台，由希特勒亲自领导的武装部队最高统帅部取代国防部，凯特尔 (Wilhelm Keitel，1882—1946) 负责处理日常事务。

集权主义的种族国家

实现"一体化"的纳粹德国是一个集权主义的种族国家。它用集权主义的统治方式把"民族共同体"理念制度化，重新塑造了德国的政治文化。

民族共同体理念是纳粹政治文化的核心。"共同体"理念最早产生于 19 世纪，用以批判现代化浪潮对社会关系所产生的各种冲击。一些学者希望用"共同体"重塑德国社会。[1] 在此基础上，希特勒提出了"民族共同体"。他强调血统与种族的斗争才是世界历史发展的主线，鼓吹雅利安—北欧日耳曼人是文明的创造者和维护者，呼吁德意志民族同舟共济，以期在激烈的生存斗争中求强求生。

元首独裁与多头治理并存是纳粹政治文化的特征之二。希特勒从来就是一个推崇人治和强权的政治家。他宁愿用个性而非官僚方式实施统治。但是，在现代国家和现代政党中，官僚制又是不可避免的统治方式。随着党国一体化的推进，多头治理的现象层出不穷，由此引发的激烈斗争从未消失。于是，希特勒以"无可匹敌的内行手法"[2]，成为所有政治斗争中的仲裁者，巧妙地把各种狂热分子聚集到他的周围。

---

[1] 弗朗茨·扬卡：《褐色社会：一个民族的规制化历史》(Franz Janka, *Die Braune Gesellschaft. Ein Volk wird formatiert*, Stuttgart: Quell, 1997)，第 129—130 页。

[2] 克劳斯·费舍尔：《纳粹德国，一部新的历史》，萧韶工作室译，南京：江苏人民出版社，2005 年，第 378 页。

高度依赖镇压工具是纳粹政治文化的特征之三。纳粹德国的镇压工具主要指党卫队、盖世太保和集中营。它们承担不同职责，但彼此配合，又相互争权。党卫队原是希特勒的私人卫队，"长刀之夜"后成为国家的辅助警察，由希特勒直接指挥。党卫队的机构庞杂，其中党卫军保安处主要负责监控民众的思想意识。盖世太保（Gestapo）系德文"秘密国家警察"（Geheime Staatspolizei）缩写的译音，有权不经司法程序，直接监控、逮捕乃至镇压反纳粹者。1939年9月，党卫队保安处与盖世太保秘密合并，组成德国中央保安局。集中营最初以"预防犯罪"的名义建立，此后迅速扩大，成为纳粹政权关押、虐待和屠杀政敌、战俘和其他种族人群的场所。

"褐色社会"的经济与生活

纳粹政权建立后，利用国家权力，全面改造德国的经济和生活，制造了一个与其他国家截然不同的"褐色社会"。

经济干预

在经济领域，纳粹政权分三步确立了国家干预经济的常态机制。

第一步强化国家职能，减少失业人数，恢复经济发展。希特勒上台时，德国经济仍然处于大萧条中，失业人数高达600万。为此，纳粹政权推行了两项"莱因哈特纲领"，用强制手段减少失业人数。国家筹措50亿马克资金，兴办公共工程，修筑高速公路，改良农田土壤，用于刺激需求，增加就业岗位。此外，纳粹政权还使用了大量非经济手段，如提倡用人力替代机器、鼓励失业者到农场"助耕"、限制妇女就业、迫使青年参加义务劳动或军役、排斥犹太人等。到1936年，德国工业生产指数超过危机前的水平，并实现了名义上的"充分就业"。[①]

---

① 卡尔·哈达赫：《二十世纪德国经济史》，扬绪译，北京：商务印书馆，1984年，第62页。

插图 9.3　1936 年奥运会。希特勒上台初期，对举办奥运会持批判态度，表示不支持"犹太人支配的丑恶集会"。然而事隔数日，希特勒的态度却突然转变，同意出任大会总裁。究其原因，有两点可以肯定：第一，借机宣扬纳粹体制；第二，通过建造大型体育馆，应对经济萧条问题。此后，纳粹政府共投资 2500 万美元，兴建 9 个运动场，提供了数百万人的就业岗位。女导演莱尼·里芬斯塔尔（Leni Riefenstahl, 1902—2003）据此拍摄的纪录片《奥林匹亚》获得了威尼斯电影节的金奖。希特勒的两个目标都实现了。或许唯一让希特勒失望的是，美国黑人杰西·欧文斯（Jesse Owens, 1913—1980）的杰出表现掩盖了雅利安人的优越性，打破了纳粹政权一再鼓吹的种族主义理论。

　　第二步组建经济控制体制。1933 年 7 月，纳粹政权成立"德国经济总会"，作为全国经济决策机构，负责指导国家经济政策和制定经济法令。该机构由垄断资本家和纳粹分子共同主管，控制 7 个全国性经济团体、23 个经济协会、100 个工商协会和 70 个手工业协会。不久，纳粹政权又颁布法令，要求所有的资方利益团体转变为国家机构，设立部门和地区两套系统的经济调节机构，用以控制全国企业。两类调节机构均由经济部下设的"全德经济院"管辖，通过原料分配、订货和劳动力分配来干预企业生产。纳粹政权还通过强制卡特尔化来改组全国经济，大量中小企业被迫加入卡特尔，以致垄断组织最终控制着全国 70% 的工业。在农业领域，纳粹政权成立"德国粮食总会"，负责控制农业生产和分配，规定工资和价格。

第三步建立总体战争经济体制。1936年前，纳粹政权在恢复经济的同时，已经着手推动军事经济的发展。国家银行行长沙赫特设计了一种延期兑现的汇票"梅福券"，以缓解军费开支的负担。国家投入军事工业的资金占投资总额的比重逐年上升，甚至超过了50%。相反，消费工业的增速不断下降。德国经济严重畸形发展。1936年4月，希特勒指定戈林接手经济工作，准备用四年时间做好战争准备。随后，纳粹政权推出"四年计划"，成立"赫尔曼·戈林国家工厂"，全面监督和控制进出口贸易，以便实现经济的自给自足。

社会重铸

纳粹政权按照"民族共同体"的理念，加强社会控制，缓和社会矛盾，排斥"无生存价值的生命"，以达到重组社会的目标。

纳粹政权用尽各种手段，以团体意识取代个体价值观，使得整个德国社会都陷入非理性的狂热与无所不在的控制网络中。通过无数次的大型集会、行军方阵、公共纪念日，甚至日常生活的问候语，纳粹用各种独创性的仪式使具有差异性的个体不自觉中融入集体。不仅如此，每一个个体都被划分到具体的纳粹社团或附属组织中，如纳粹青年团、纳粹女青年团、民族社会主义医生联合会、民族社会主义律师协会等，以接受一种集体身份。普通的德国人被纳粹化了，民族共同体成为人们共同追求的目标。为此，青年们义无反顾地成为纳粹战士，妇女们心甘情愿地围绕着"厨房、孩子与教会"（Kitchen, Kinder, Kirche）而成为"英雄母亲"，即便教士们也接受颠覆性力量的扭曲，致力于传播"雅利安至上论"的福音。

阶级矛盾被视为犹太人马克思的"阴谋"，社会平等被斥为蛊惑人心的方式。纳粹政权竭力否认劳资之间的不平等关系，要求国民克服阶级仇恨和等级观念。它取消工人参与企业管理的权利，在企业中确立"企业主—追随者"模式。同时，它又通过经济总会和"劳动托事"等机构，控制企业的利润率，冻结工资和物价。新成立的德意志劳动阵线致力于调解劳资纠纷，用经济资助、改善劳动条件、稳定工资和组织娱乐活动等方式，欺骗和控制工人阶级。

优胜劣汰是民族共同体思想的指导原则。雅利安人受到优待，凡结婚者能获得国家的无息贷款，第四个以后的孩子将由国家承担养育之责。与此同时，大量的"无生存价值的生命"则被无情地淘汰。这些人包括非雅利安人（主要指犹太人和吉普赛人）、遗传病患者、同性恋者、反纳粹分子等。纳粹政权一方面用所谓优生学的理论，对遗传病患者实施强迫性绝育手术，另一方面用遗传学大肆诋毁和迫害犹太人。在二战爆发前，纳粹政权的主要目标是驱逐犹太人。上台伊始，纳粹政权鼓动民众抵制犹太人商店，并进而通过立法禁止犹太人担任公务员、充任医生或律师，取消犹太儿童享受义务教育的权利，迫使犹太教育家与科学家辞职流亡。1935年9月，纳粹政权通过《纽伦堡法》和《德意志血统和德意志荣誉保护法》，公然剥夺犹太人的公民权，取消犹太人的德国国籍，禁

插图9.4　德意志劳动阵线的宣传画。上面写着"我们从来都是同志！"这幅宣传画的远景是两位一战士兵，前景是劳动者（右）与资本家（左），中间用"一如往昔"的字样和纳粹标志来衔接，隐喻了战争期间的战友情谊通过纳粹运动演化为现时代同舟共济的友情。

止德意志人与犹太人通婚。此后，不少犹太人被迫移居国外。1938年11月，纳粹政权借口犹太青年刺杀德国驻巴黎公使未遂事件，制造"碎玻璃之夜"（纳粹舆论机器将之美化为"水晶之夜"），大肆抢劫犹太人的财产、破坏犹太教堂、逮捕与孤立犹太人，并责令他们赔偿10亿马克。在此情况下，大约有一半犹太人选择逃亡之路。当然，值得一提的是，也有一些雅利安人坚持与犹太伴侣不离不弃，一些富有正义感的雅利安人也拯救了不少犹太人。

文化统制

纳粹政权一向鼓吹德意志文化的优越性，但纳粹德国却是德意志文化历史

上最为贫瘠的时期。它用专制的方式，推销反现代性的文化理念，扼杀创造性，残酷迫害大批优秀的德意志艺术家。

强化意识形态的控制是纳粹政权改造德意志文化的首要举动。1933年3月，宣传部长戈培尔宣称文化与政治从此成为同义词。9月，以戈培尔为首的"德国文化总会"成立。这是一个半官方的文化控制机构，下辖文学、音乐、电影、戏剧、广播、美术和新闻7个协会，负责监控文化创造活动。除此之外，纳粹党的全国宣传指导处和新闻办公室，以及由极端种族主义理论家罗森贝格（Alfred Rosenberg，1893—1946）领导的纳粹党世界观学习教育监察局和德意志文化战斗联盟，也参与监控行动。

为保证德意志文化的纯正性，纳粹政权竭力排斥所谓"非德意志"的文化产品与艺术家。1933年5月，在许多大学的神圣殿堂中，九类"非德意志"的书籍被斥责为"犹太人的著作"或"宣扬文化布尔什维主义"而遭焚毁。魏玛时期兴盛的现代派艺术一律被蔑称为"蜕化艺术"而遭禁止。即便在科学界，爱因斯坦的物理学也被冠以"犹太物理学"之名而被清除。大量的优秀知识分子纷纷离开德国。

相反，以极端种族主义和扩张思想为核心的程式化宣传成为纳粹政权的文化理念。在科学界，优生学、种族学、遗传学、军事科学得到迅速发展，一些价值中立的科学居然同"德意志"紧密结合，

插图9.5 焚烧"非德意志"的书籍。1933年5月10日，仅柏林大约就有2万册图书被焚毁。在德国历史上，焚书一度是德意志民族意识的体现，如马丁·路德焚烧教皇的破门令，参加汉巴哈大会的大学生们焚烧阻碍德意志统一、象征分裂与专制的书籍等。但这一次，焚书行动更多带着仇视民主和自由、宣扬极端民族主义的目的。

以致出现了古怪的"德意志物理学""德意志化学"等学科。在人文学界，德意志历史与犹太人问题被重点关注，血统与乡土成为文学创作中的重要主题。在艺术界，民族题材广受追捧，高大雄伟、具有英雄气概的雕塑随处可见，权力和力量成为纳粹艺术的核心表现。在教育界，学生们接受了一系列纳粹主义政治观教育，体育课程得到强化，以便培养新一代的纳粹军人。

通往战争之路

纳粹政权热衷于战争。纳粹主义宣扬社会达尔文主义，鼓动夺取生存空间，以维持所谓优等种族的优良特性。从1933年1月起，希特勒政府一步步地实现他在《我的奋斗》中提出的"铸造神剑，寻找盟友"的目标，再次让欧洲乃至世界笼罩在战争的阴影之下。

毁约扩军

在希特勒的外交策略中，《凡尔赛和约》必须被突破，以实现德国重新崛起的梦想。在1933—1936年间，纳粹政权分三步完成毁约扩军的计划。

首先，退出裁军会议和国际联盟，摆脱国际束缚。魏玛末期，和平主义思潮曾促成世界强国做出放弃战争的承诺，并筹划裁军步骤。1933年，希特勒上台后，以追求军备平等为由，相继于10月14日和19日退出裁军会议和国际联盟。这是希特勒毁约扩军的第一步冒险行动。随后，希特勒一方面主动向波兰抛出橄榄枝，签订《德波互不侵犯条约》，以暂时减轻东部压力；另一方面千方百计破坏法国的集体安全计划，避免德国外交陷入孤立状态。

其次，实行普遍义务兵役制，公开撕毁《凡尔赛和约》的军事条款。1935年1月，萨尔区举行公民投票，结果以绝对优势回归德国。希特勒大受鼓舞，决定迈出毁约扩军的第二步冒险行动。3月10日，德国宣布重建空军。3月16日，德国借口法国修改兵役法，把国防军的志愿兵役制改为义务兵役制，和平时期德国陆军人数从10万增至50万。针对英、法、意三国构建的"斯特莱莎"阵线，希特勒主动向英国示好，签订《英德海军协定》，以承认英国海上霸权为代价，换取英国对德国破坏《凡尔赛和约》行动的默许。

最后，进军莱茵非军事区，恢复领土主权，解除后顾之忧。1936年3月7日，希特勒指示德军3万人出其不意地开进莱茵区。法国正陷于内政混乱中，行动迟缓，畏惧不前。英国再次采取了姑息态度。这次让希特勒"一生中神经最紧张"的行动最终以德国的胜利而告终。《凡尔赛和约》已被彻底摧毁，德国对外扩张的步伐无法中止。

结盟意日

为摆脱外交孤立状态，纳粹政权一方面不断破坏法国的结盟方案，另一方面加紧拉拢其他法西斯国家，以组建法西斯同盟。

"柏林—罗马"轴心首先形成。意大利的墨索里尼（Benito Mussolini, 1883—1945）政权是最早的法西斯国家，希特勒曾以墨索里尼的学生自称。然而德意关系却十分微妙。墨索里尼十分警惕德国对奥地利的扩张野心，甚至在1934年不惜陈兵奥意边界，以阻止希特勒对奥地利政变的支持。在希特勒毁约扩军的过程中，墨索里尼的反应颇为强烈，意大利成为法国构建对德包围圈的主要国家。但是当德国成为意大利侵略埃塞俄比亚的唯一支持者，两国又在西班牙战争中携手时，关系出现了戏剧性的扭转。1936年10月，两国签订《德意议定书》，彼此承认对方的扩张结果。

德、日交往也是现实主义政治发展的结果。德国希望联手日本，以牵制英国在亚洲的力量，日本希望德国放弃对蒋介石政府的支持，以便扩大侵华战争。但两国又害怕引起英、美等国的敌视，故而以反共为名，于1936年11月签订《德日反共产国际协定》。一年后，意大利正式加入反共协定，从而形成"柏林—罗马—东京轴心"。

不过意、日两国还未做好把自己绑在德国战车上的准备。它们都不愿意公开得罪英、美等西方国家，因而三国军事同盟关系并没有马上建立起来。

步步紧逼

在完成毁约扩军和寻找盟友后，纳粹政权的扩张步伐加快。1937年11月5日，希特勒召集高级军官，正式宣布扩张战略，因其由军事副官霍斯巴赫（Friedrich Hoßbach, 1894—1980）记录，史称"霍斯巴赫备忘录"。希特勒的

原始文献 9.2

霍斯巴赫备忘录（节录）

1937年11月5日，希特勒召集国防部长、外交部长以及武装部队高层等4人召开小型内阁会议，会议内容由他的副官霍斯巴赫整理为备忘录。当时，希特勒还抱有试探高层忠诚度的目标。会后，由于国防部长与外交部长均表反对，希特勒借机更换两人。二战结束后，在纽伦堡审判中，霍斯巴赫备忘录被视作纳粹德国策划扩张战略的主要证据。也有一些历史学家表示反对，认为希特勒随后的举动都同西方国家的绥靖政策有关，并没有完全按照该备忘录的想法行事。

德国政策的目标在于获得安全，维护种族团体并扩展之。因此，这是一个空间问题。……德国问题只能用物理手段来解决，这样做不是没有风险的。……如果有人接受以下的说明是以冒险的武力作为基础，那么还应该回答时间和方式的问题。在这个问题上，涉及三种情况：

第一种情况：1943—1945年间。从我们的观点来说，在这个时期之后只能向更坏的方向转化，这是我们能预料的。我们的陆、海、空三军的装备，以及军官的组成，都差不多完备了。我们军队的装备和武器是现代化的；时间进一步拖长就有使之逐渐过时的危险……假如元首还活着，他的不可动摇的决心，就是最迟在1943—1945年间解决德国空间问题。在1943—1945年间之前采取行动的必要性，将出现于第二种情况和第三种情况。

第二种情况：如果法国内部的斗争，发展成为法国军队仝神贯注于国内危机，从而使法国军队不能用来对德国作战的话，那么，我们反对捷克人的行动之时刻就到来了。

第三种情况：如果法国同其他国家发生战争而陷入极度混乱，从而使它不能"进行"反对德国的话。我们一旦卷入战争，为改善我们的政治和军事地位，首要的目标是必须同时消灭捷克斯洛伐克和奥地利，以消除我们侧翼的任何可能之威胁，准备反对西部国家。

《世界史资料丛刊·1919—1939年的德国》，张炳杰、黄宜等译，北京：商务印书馆，1997年，第129—131页。

※ 根据历史，说明霍斯巴赫备忘录中的想法有哪些成为现实，有哪些没有实现，并说明理由。

想法是"先大陆，后海洋"的三步走方针：首先建立一个囊括中欧的"大德意志"，主要包括捷克斯洛伐克、奥地利和波兰的但泽走廊；其次打败法国，消灭苏联，成为欧陆霸主；最后向海洋发展，战胜英、美，称霸全球。

从霍斯巴赫备忘录制定到二战爆发前,纳粹政权主要完成了第一步扩张战略。由于英、法等国实施绥靖政策,轻信希特勒的许诺,以致一个"大德意志国"轻而易举地出现在中欧。1938年3月14日,在德国的武力威胁下,奥地利加入德国,成为德国的一个省。9月30日,在英、法、意三国的联署下,捷克斯洛伐克的苏台德地区被割让给德国,被苏联史书称作"慕尼黑阴谋"。次年3月,德国侵占捷克斯洛伐克残余地区。4月3日,希特勒下令制定进攻波兰的"白色行动计划",在但泽地区不断制造事端,挑起冲突。

与此同时,德国还主动出击,破坏英、法两国构建反法西斯同盟的努力。德国侵占捷克斯洛伐克,并进而威胁波兰后,英、法两国的态度转为强硬,寻求同苏联结盟。德国一方面继续挥动橄榄枝,迷惑和平主义者,另一方面接连同意大利签订《钢铁盟约》(5月22日),与苏联签订《苏德互不侵犯条约》(8月23日),扫除了两线作战的危险。9月1日,德军突袭波兰,世界大战的火焰不可避免地燃烧起来。

第三帝国的兴亡

1939年秋,战争的车轮终于转动起来,第二次世界大战爆发。纳粹政权营造的"民族共同体"瞬间变成了急剧扩张的第三帝国。在希特勒的心目中,恢复历史上的神圣罗马帝国之疆界,甚至复兴罗马帝国的伟业,正是第三帝国的奋斗目标。

插图9.6 闪电战。二战初期德军实施了"闪电战"(Blitzkrieg)。"闪电战"指利用巨大的兵力和技术兵器的优势,对敌国发动不宣而战的突然袭击,使其未及动员即被击败。最近的研究表明,纳粹德国并没有制定过明晰的闪电战略,而多半是在宣传意义上使用该词。

插图 9.7 1939 年 9 月 1 日，希特勒在国会宣布战争开启。

权力的扩张

战争初期，元首的军队制造了一个又一个的神话。德军以眼花缭乱的闪电战，仅用 27 天，迅速攻陷华沙。为保住铁矿石运输线，1940 年 4—6 月，德军北上，占领挪威和丹麦。与此同时，德军出其不意地穿越阿登山区，逼降荷兰与比利时，占领巴黎。

不过，德国人的得意并未持续很久。英、法联军在敦刻尔克成功撤退了 34 万有生力量。丘吉尔（Sir Winston Leonard Spencer Churchill，1874—1965）领导下的英国政府采取了对德强硬态度，拒绝接受德国的和谈建议。恼羞成怒的希特勒颁布"海狮作战计划"，打算用军事手段逼迫英国投降。因缺乏必要舰只，希特勒不得不采纳戈林的方案，先行实施"不列颠空战"。无奈这场二战期间历时最长、规模最大的空战既未让德国掌握英吉利海峡的制空权，也没有摧毁英国的工业，"海狮作战计划"不了了之。

希特勒侵苏计划蓄谋已久。1940 年 12 月，希特勒发布代号为"巴巴罗莎计划"的指令，准备用闪击战的方式征服苏联。1941 年 6 月 22 日，在占领巴尔干地区后，德军分三路大规模进攻苏联。4 个月后，德军距离莫斯科不到 100 公里。但此后，德军遇到了顽强抵抗，莫斯科战役打破了德军"不可战胜"的神话，第三帝国的权力扩张遭到抑制。

欧洲新秩序

在第三帝国的扩张过程中，一种所谓的"欧洲新秩序"逐渐形成。这是纳粹政权控制下、以德意志人为主宰的种族主义集权体制。

在第三帝国的新版图中，希特勒并未建立统一的政府体制。除德国本土外，其他地区可分为五类：合并区、民政长官管辖区、附属区、占领区和作战区。合并区由德国直接管辖，以德国的新行政区的形式并入德国，其民众以德意志人居多。民政长官管辖区接受希特勒的直接领导，但海关、邮电和铁路管理方面尚未完全并入德国，地名、姓氏、语言等方面需要进一步"德意志化"。附属区是有待"德意志化"的地区，其政府有一定的自治权。占领区独立于德国，但在军事和经济方面受德国控制。作战区指意大利投降后被德国接管的地区，以阻止盟军进入。

在新领土上，占领军的罪行罄竹难书，大致可分为两种：对当地的经济与文化掠夺；对非德意志人的严重侵犯。德军在占领区掠夺了数百万辆各式交通工具、15亿美元以上的黄金外汇、数千万吨铁矿石，甚至还以维持占领为由，向被占领国家搜刮600多亿马克的占领费。每到一地，德军从不忘搜罗各种艺术珍品。1940年，希特勒以保护文物为名，成立"罗森贝格特别工作处"，专门负责征收文物，以供纳粹头目与德国各博物馆收藏。到1944年7月，该机构征收的各类文物共21903件，仅法国文物的价值高达10亿美元。

对非德意志人的严重侵犯表现为五个方面：奴役劳动；虐待战俘；拷打和处决人质；残酷的人体试验和有组织的暴行。[①] 其中，有组织的暴行最令世人震惊，它集中体现在"最后解决犹太人问题"上。在向东部扩张的过程中，纳粹政权先后把各国犹太人赶入隔离区和集中营。1941年7月，纳粹高层提出了"最后解决犹太人问题"的设想。次年1月，柏林近郊召开"万湖会议"，制订了具体方案，由西向东彻底"清理"欧洲，将全部犹太人送往东方占领区，组成劳动大队从事繁重劳动，直到精疲力竭，被送往毒气室"最后解决"。据统计，在"最后解决"计划的实施过程中，被害的犹太人总数多达600万，仅奥斯维辛一地就有100多万人被杀。

---

① 克劳斯·费舍尔：《纳粹德国，一部新的历史》，第644页。

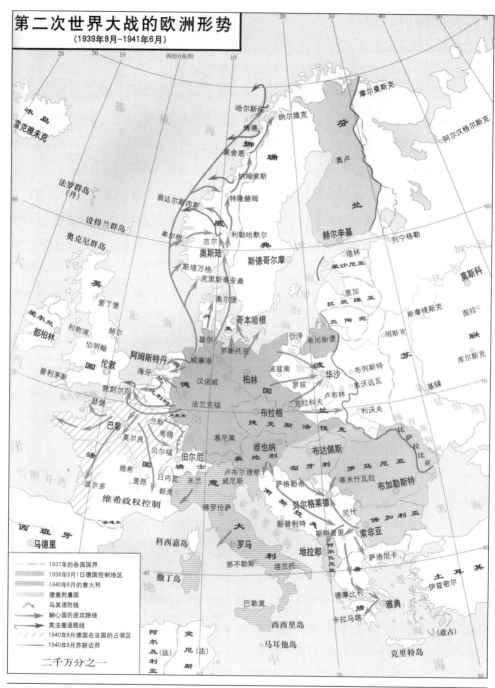

地图 9.1 第二次世界大战中的欧洲形势。

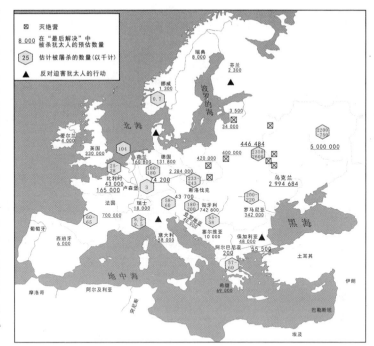

地图9.2 德国扩张与集中营建设。纳粹统治期间，共建立了上千座各种类型的集中营，如劳动营、妇女营等。奥斯威辛属于灭绝营，位于波兰境内。1940年起，德国在该地区建立了3个主要营地和39个小型营地，共运来130万欧洲各地的"无生存价值者"，其中110万人最后死于这里。今天，"奥斯威辛"成为"犹太大屠杀"的代名词，该地也成为第二次世界大战的主要纪念地。但是我们必须指出，这里的牺牲者不仅包括犹太人，还有吉普赛人与各国抵抗运动者等。

原始文献9.3

关于"最后解决犹太人问题"的万湖会议记录（摘录）

在苏德战争爆发前，希特勒向党卫军头目希姆莱（Heinrich Himmler，1900—1945）下达了"最后解决"犹太人的命令。7月31日，戈林指示国家保安局局长海德里希（Reinhard Tristan Eugen Heydrich，1904—1942）具体筹划解决方案。1942年1月20日，相关部门的主要领导人在万湖具体讨论屠杀细节问题。战后，该会议被视作纳粹德国有意屠杀犹太人的主要证据。由于找不到希特勒直接下令的证据，一些右翼历史学家曾试图为希特勒翻案，以致引发争论。但正如希姆莱自己所言，他"从来没有做过元首不知道的事情"，而且各部门通力合作完成的工作也不可能绕开希特勒的耳目，所以希特勒及其纳粹政权必须为此承担责任。

2. 安全警察局局长……海德里希一开始通报了帝国元帅（指戈林——引者注）希望他为最后解决欧洲犹太人问题做好准备的命令，并指出本次讨论邀请正是为了让一些根本问题得到清楚解决。帝国元帅希望他转交一份关于最后解决欧洲犹太人问题的组织、事务与物资方面的计划。这便要求所有直接参与

> 解决该问题的中央机构进行合作,来商讨行事方式……
>
> 3. 根据元首此前的密令,可被视作另一种解决可能性的移居转变为将犹太人向东部驱逐。但是,这种行动只能仅仅被看作是无奈之举,而且应将之作为某种实践经验,以便在未来最后解决犹太人问题上体现重要意义。在合适的领导下,最后解决犹太人应通过相应方式转向东部,让犹太人成为劳动替代者。在大型集中营中,应区分男女,让有劳动能力的犹太人从事道路修建工作,其中毫无疑问应通过自然方式来减少其中的大部分人。最终也许还存活的那部分人,他们毫无疑问还会成为最具有反抗能力者,必须得到相应的处理,因为这些人属于自然挑选者,将成为新犹太人崛起的自然细胞。
>
> 《德国历史,1933—1945,文件集》,沃尔夫冈·米夏尔卡编,第269—270页。
>
> ※ 从这份记录中,我们可以看出纳粹政权提出了"最后解决犹太人问题"的哪些步骤?

走向衰亡

纳粹政权建立在不断扩张的基础之上,军事上的胜利激发起民众的狂热激情,从而进一步巩固了集权统治。然而世界上没有常胜将军。在反法西斯同盟建立后,第三帝国的败亡便是指日可待的结果。

1942年后,德军遭受了一连串败绩。斯大林格勒会战严重削弱了德军的力量,迫使它在主要进攻方向上转入战略防御。阿拉曼战役遏制了德、意军队在北非的进攻势头。不久,墨索里尼政权垮台,意大利倒戈。尽管在希特勒的帮助下,墨索里尼东山再起,在意大利北部建立傀儡政权,但它并没有实际作用。1944年初,苏军集中兵力,连续实施了10次高速度、大规模的战略进攻,不仅解放了几乎全部国土,而且还进入巴尔干地区。6月,美、英两国在法国北部实施诺曼底登陆,迅速解放法国、比利时,直逼德国边界。

此时,德国国内的反抗活动活跃起来。由于纳粹政权的高压统治与欺骗手段,在很长一段时间里,德国各阶层的反纳粹运动并不积极。左翼政党的活动也没有得到民众的广泛支持。随着德军败绩增加,反纳粹独裁的情绪逐渐在社会各阶层弥漫开来。共产党员领导下的"泽夫科夫—贝斯特兰—雅克勃地下抵抗组织"是当时国内最大的反纳粹抵抗组织。西里西亚的"克莱骚集团"吸纳了各种政治派别的人士参加。"白玫瑰小组"由朔尔兄妹(Hans Scholl, 1918—1943; Sophie Scholl, 1921—1943)领导,是大学生中影响较大的反纳粹组织。

第九章 民族共同体的幻象，纳粹帝国，1933—1945

插图9.8 "7·20事件"前的施陶芬贝格（左一）和希特勒。"7·20事件"时称"女武神计划"。德军不断战败的消息让一批贵族出身的军官和政治家决定冒险推翻希特勒的统治，建立新政权。1944年7月20日，施陶芬贝格提着装有定时炸弹的手提箱进入位于东普鲁士的元首司令部"狼巢"。手提箱引起了巨大爆炸，3人死亡，但希特勒却幸免于难。密谋者无法及时调动军事力量，以致政变被粉碎，施陶芬贝格当场被处决，两位陆军元帅贝克（Ludwig August Theodor Becker, 1880—1944）与隆美尔（Erwin Johannes Eugen Rommel, 1891—1944）自尽，牵涉其中的保守精英们遭到了希特勒的血腥报复。

后备部队司令部参谋长施陶芬贝格（Claus Schenk von Stauffenberg, 1907—1944）等人联手制订刺杀希特勒计划，即著名的"7·20"事件。这些反抗组织的动机不一，但都以推翻纳粹政权为目标，最后都为此做出了巨大牺牲。

1945年4月底，第三帝国的末日终于来临。美、苏联军攻入柏林，希特勒于4月30日在总理府地下室饮弹自尽。5月8日，德国宣布无条件投降，并正式在投降书上签字。第二次世界大战结束，第三帝国成为历史。

结　语

号称千年帝国的纳粹政权在炮火中烟消云散。这是德意志历史上寿命最短的一个帝国，却造成了比此前两个帝国更为惨痛的恶果。德意志人在民族共同体的幻想中自我陶醉、自我膨胀，最终自我崩溃。理性让位于狂热，民主让位于独裁，公民让位于臣民。帝国的迷梦重新掩盖了民族精神的真谛。纳粹政权用一种现代化的方式展示了前现代的思维惯性与人类内心的丑恶。当尘埃落定后，德意志人不得不再次吞下民族分裂的苦果。

大 事 记

时间	德国	欧洲
1933年	希特勒被任命为总理（1月30日）；国会大厦纵火案（2月27日）；国会重新大选（3月5日）；强行通过"授权法"（3月20日）；工会被取缔（5月2日）；焚书（5月10—11日）；颁布"第一项莱因哈特纲领"（6月）；德国经济总会成立（7月）；颁布《禁止组织新政党法》（7月14日）；颁布"第二项莱因哈特纲领"（9月）；颁布《德国农庄继承法》（9月）；德国退出裁军会议（10月14日）；德国退出国际联盟（10月19日）	苏联开始实行第二个五年计划
1934年	德国恢复义务兵役制（3月16日）；清洗冲锋队（6月30日）；希特勒把总理与总统职位合二为一（8月2日）	苏联肃反运动开始
1935年		意大利侵略埃塞俄比亚（10月）
1936年	德国进驻莱茵非军事区（3月7日）；纳粹党代会通过"四年计划"（9月）；德、意签订"轴心"协定（10月）；德、日签订《反共产国际协定》（11月）	西班牙内战爆发（7月）；苏联新宪法通过并实施（12月）；
1937年	意大利加入《反共产国际协定》（11月）；希特勒召集高层会议，出台霍斯巴赫备忘录（11月5日）	
1938年	吞并奥地利（3月12日）；召开慕尼黑会议，吞并苏台德地区（9月30日）	苏联实行第三个五年计划；
1939年	吞并捷克斯洛伐克（3月16日）；签订《德意友好同盟条约》，即《钢铁盟约》（5月22日）；签订《苏德互不侵犯条约》（8月23日）；入侵波兰，第二次世界大战爆发（9月1日）；攻陷华沙（9月27日）	英、法、苏三国莫斯科谈判（4—8月）
1940年	占领丹麦（4月9日）；占领挪威（6月10日）；逼降法国（6月22日）；空袭英国（8月）	戴高乐组织自由法国运动（6月）

续表

时　间	德　国	欧　洲
1941 年	进攻苏联（6 月 22 日）	世界反法西斯联盟形成
1943 年	兵败斯大林格勒（2 月）；兵败北非阿勒曼（2 月）；	意大利投降（9 月）
1944	刺杀希特勒（7 月 20 日）	
1945 年	希特勒自杀（4 月 30 日）；德国投降，第三帝国结束（5 月 8 日）	联合国成立（6 月）

进一步阅读书目

关于纳粹德国的整体研究汗牛充栋，中国学术界的成果有：朱庭光主编的《法西斯主义与第二次世界大战》（北京：华夏出版社，1988 年）、《法西斯新论》（重庆：重庆出版社，1991 年）和《法西斯体制研究》（上海：上海人民出版社，1995 年）的德国部分、吴友法的《希特勒夺权备战之路》（北京：解放军出版社，1987 年）和《德国法西斯的兴起：第二次世界大战起源研究》（武汉：湖北教育出版社，2002 年），以及郑寅达在《法西斯运动和法西斯专政》（北京：中国青年出版社，1999 年）和《法西斯：尚未逝去的梦魇》（上海：上海辞书出版社，2006 年）中撰写的德国部分，及专著《第三帝国史》（南京：江苏人民出版社，2020 年）。在译著中，建议有选择地比较阅读德国学者克劳斯·费舍尔的《纳粹德国：一部新的历史》（南京：江苏人民出版社，2005 年）、法国学者克洛德·达维德的《希特勒与纳粹主义》（北京：商务印书馆，1997 年）和英国学者迪克·吉尔里的《希特勒和纳粹主义》（上海：上海译文出版社，2003 年）。美国记者威廉·夏伊勒的《第三帝国的兴亡》（北京：世界知识出版社，2005 年）虽然是文学作品，但也不妨一看。在未被译成中文的著作中，较为经典的整体研究著作应属 Karl Dietrich Bracher, *Die Deutsch Diktatur. Entstehung, Struktur, Folgen des Nationalsozialismus* (Köln： Kiepenheuer & Witsch, 1993)。若对德国的纳粹史研究感兴趣，可参见 Klaus Hilderbrand, *Das Dritte Reich* (München：Oldenbourg, 1995) 和 Torben Fischer, Matthias N. Lorenz, *Lexikon der Vergangenheitsbewältigung in Deutschland. Debatten– und Diskursgeschichte des Nationalsozialismus nach 1945* (Bielefeld：transcript Verlag, 2007)。

希特勒的个人传记已被大量译成中文，值得一读的是布洛克的《大独裁者希特勒：

暴政研究》（北京：北京出版社，1986年）、约翰·托兰的《从乞丐到元首：希特勒一生》（北京：北京日报出版社，1989年）、塞巴斯蒂安·哈夫讷的《解读希特勒》（北京：中国青年出版社，2005年）、亨·埃伯利和马·乌尔编《希特勒档案》（北京：金城出版社，2005年）。

关于纳粹政权的机构或制度研究，中文译著也有不少，如鲁伯特·巴特勒的《图说盖世太保史》（沈阳：辽宁教育出版社，1998年）和《盖世太保——希特勒的秘密警察史（1933—1945）》（长沙：湖南人民出版社，2010年）、吉多·克诺普的《党卫军档案：二战史中最可耻的章节》、古德龙·施瓦茨的《纳粹集中营》（北京：军事科学院，1992年）、古一多·克洛卜的《希特勒的追随者》（海口：海南出版社，1999年）、邓白桦的《纳粹德国"企业共同体"劳资关系模式研究》（上海：同济大学出版社，2012年）。

关于纳粹时期社会的各种变化，也有不少著作可资参考。整体描述的作品有巴特尔的《法西斯专政时期的德国：1933—1945》（北京：中国社会科学出版社，1979年），Richard Grungerger, *A Social history of the Third Reich* (Harmondsworth: Pengiun, 1977) 与 David Schoenbaum, *Hitler's Social Revolution, Class and Status in Nazi Germany, 1933-1939* (New York: W.W.Norton, 1980) 等。威尔海姆·赖希的名著《法西斯主义群众心理学》（重庆：重庆出版社，1990年）、英克·布罗德森等编《他们为什么效忠希特勒》（北京：中央编译出版社，2007年）、提尔曼·阿勒特的《德意志问候——关于一个灾难性姿势的历史》（南京：江苏人民出版社，2008年）、魏德曼的《焚书之书》（上海：华东师范大学出版社，2011年）均从日常生活史的角度探索了德意志社会被法西斯化的过程。若关注工人命运，可参看 Timothy W. Mason, *Social Policy in the Third Reich. The Working Class and the National Commnunity* (Oxford: Berg, 1993)。若关注家庭变化，可参看 Lisa Pine, *Nazi Family Policy, 1933-1945* (Oxford: Berg, 1999)。若关注文化变动，可参看赵鑫珊的《希特勒与艺术：德国艺术史上最可耻的一章》（天津：百花文艺出版社，1996年）、刘国柱的《希特勒与知识分子》（北京：时事出版社，2000年）和里奇的《纳粹德国文学史》（上海：文汇出版社，2006年）。若关注犹太人的生活变化，可参看罗衡林的《通向死亡之路：纳粹统治时期德意志犹太人的生存状况》（北京：人民出版社，2006年）。李工真的《文化的流亡：纳粹时代欧洲知识难民研究》（北京：人民出版社，2010年）为我们提供了另一幅画面。

关于纳粹德国的对外扩张，国内外学术界均有丰富研究，建议参看格哈特·温伯格的《希特勒德国的对外政策》（北京：商务印书馆，1992、1997年）与李巨廉的《希特勒的战争谋略：乖戾的军事天才》（上海：上海人民出版社，1995年）。具有挑战性的观点可参见泰勒的《第二次世界大战的起源》（上海：华东师范大学出版社，1991年）。

关于第二次世界大战，可参见李德·哈特的《第二次世界大战史》（上海：上海人民出版社，2002年）、张继平的《第二次世界大战史》（兰州：甘肃人民出版社，1984年）、李巨廉和潘人杰的《第二次世界大战：专题述评》（上海：华东师范大学出版社，1990年）。

第 十 章

凤凰涅槃：德意志民族国家的重生、分裂与重新统一，1945—1990

　　20世纪70年代中期，不少外国游客在访问柏林后，都对这座古老的城市留下了深刻印象。第二次世界大战后的废墟早已消逝，无论东西城区，都不可思议地焕发着青春的活力。在"这边的"柏林，选侯大街上霓虹闪耀，维滕堡广场的商厦里商品琳琅满目，金碧辉煌的剧院中生动活泼的文艺作品轮番上演，一切如同巴洛克时代那样生机盎然。在"那边的"柏林，卡尔—马克思大街两旁矗立着价廉物美的餐馆、影院、剧场，德意志体育宫散发着巨大的吸引力，东部的玛尔查区刚刚启动规模浩大的住宅区建设工程，据说将迎来数万名工人定居。德意志人似乎走出了二战的阴霾，迎来了民族的重生。然而，敏感的游客也会发现，这幅繁荣景象的背后却是令人惋惜的民族分裂格局。在勃兰登堡门这个柏林市中心的标志性地点前，横亘着一堵厚重而丑陋的墙。这堵墙向南北延伸，成为"这边的"柏林与"那边的"柏林之间的分界线。语言相通，却跳动着两颗陌生的心灵！这道战争的伤痕伴随着德意志民族蹒跚度过了四十五年光阴。①

---

① 戈登·A. 克雷格：《德国人》，上海：上海译文出版社，1991年，第387—389页；克里斯托弗·克勒斯曼与格奥尔格·瓦格纳：《分裂的国家：德国的生活，1945—1990，社会史档案集》(Christoph Kleßmann und Georg Wagner, *Das gespaltene Land: Leben in Deutschland 1945-1990. Texte und Dokumente zur Sozialgeschichte*, München: Beck, 2008)，第508—509页。

人为刀俎，我为鱼肉

第三帝国只给德意志人带来了片刻的荣光，却旋即让他们坠入了万丈深渊。1945年的德意志似乎又回到了300年前签订《威斯特伐利亚和约》的时代，抑或是130年前的维也纳会议，人为刀俎，我为鱼肉，任人宰割。民族的自尊心再次受挫，德意志的历史似乎回到了"零点"。

插图10.1 二战中被摧毁的柏林。有统计说，如果每天从柏林开出10列50节车厢的火车来运输瓦砾，需要16年才能运完，整个柏林已经成为一座"死亡之城"。除柏林外，历史名城德累斯顿也受损严重。1945年2月13—15日，德累斯顿遭到了盟军的空袭，成为一片废墟，死亡人数在1.8万—2.5万之间。这是纳粹德国发动侵略战争的结果。但是，近来一些极右翼分子鼓吹把德累斯顿遭轰炸纪念日（2月13日）定为国难日，指责盟军空袭为屠杀行为。这种颠倒是非的典型论遭到了德国民众的谴责，也不被德国政府所认可。

战后初期的德国社会

二战结束时，整个德国满目疮痍。几乎所有的大城市都被盟军轰炸过，柏林、科隆、德累斯顿和法兰克福几近全毁。全国交通陷入瘫痪，2000多座铁路桥废弃，火车的车厢和车头数量仅有战前的一半。工业生产几乎完全停止，全国工业生产总值不到战前的1/3。德国人的生活面临极大困境，住房紧缺，食品供应不足，物价飞涨，死亡率上升。不仅如此，德国社会的道德观严重沦丧，盗窃和抢劫的案件频发，一些德国姑娘千方百计地勾搭盟军士兵以换取生活必需品。更为严重的是，大规模移民浪潮增加了德国的各项负担，其中包括被东欧各国驱逐回乡的1500万德意志人、被解放的800万外国人和攻入德国的 800 万盟军士兵。

面对失败的结局，德国的知识分子开始了自我反省的历程，这便是战后初期的反思浪潮。存在主义哲学家雅斯贝尔斯把"德国人的罪责"问题上升到"德国人灵魂存亡"的高度。他把罪责分为刑事、政治、道德和抽象四种，其中刑事罪由法庭来惩处，政治罪需要承担由战胜国确定的赔偿义务，道德罪需要通过个人良心的忏悔带来重生，抽象罪唯有上帝具有审理能力。他认为，所有德国人都犯有道德罪和抽象罪，必须通过个人的良心反省，经历一个"净化过程"，才能发现"真理"。[1] 德国历史成为反思的主要对象。"浩劫""悲剧""宿命"和"恶魔"一类的词汇构成了当时流行的历史叙述模式。"从德国历史中出来，进入欧洲历史"被接纳为历史学界的新目标。[2] 不过，值得关注的是，在这种反思浪潮中，德意志民族的优越感并未消失。大部分知识分子都力图把德国的罪责消解到西方文化衰落的普遍趋势中，即便雅斯贝尔斯也寄希望于德意志民族国家的消亡成为人类文化复兴的起点。[3]

在这种情况下，毫不奇怪的是，德国人并未放弃他们设想国家前途的责任。共产党人乌布里希（Walter Ulbricht，1893—1973）与东占区社会民主党的领袖格罗特渥（Otto Grotewohl，1894—1964）主张同苏联结盟，推进"社会主义改造"。在西占区，资深政治家、前科隆市长阿登纳（Konrad Adenauer，1876—1967）与社会民主党领袖舒马赫（Kurt Schumacher，1895—1952）坚决要求与西方紧密结合，彻底改造德国政治机体中的普鲁士专制传统，共同对抗苏联的扩张。与前两种立场不同，东占区基督教民主联盟主席凯泽尔（Jakob Kaiser，1888—1961）和西占区历史学家诺阿克（Ulrich Noack，1899—1975）提出同德国地理位置相适应的"不结盟"主张，用"基督教社会主义"作为社会

---

[1] 托尔本·费歇尔与马蒂亚斯·N.劳伦茨：《德国的"克服历史"辞典：1945年后纳粹主义的争论与讨论史》(Torben Fischer & Matthias N. Lorenz, *Lexikon der 'Vergangenheitsbewältigung' in Deutschland. Debatten- und Diskursgeschichte des Nationalsozialismus nach 1945*, Bielefeld: transcript Verlag, 2007)，第44—45页。

[2] 温弗雷德·舒尔策：《1945年后的德国历史学》(Winfred Schulze, *Deutsche Geschichtswissenschaft nach 1945*, München: Oldenbourg, 1989)，第159—161页。

[3] 扬-维尔纳·米勒：《另一个国度：德国知识分子、两德统一及民族认同》，马俊等译，北京：新星出版社，2008年，第46—47页。

主义和资本主义之间的第三条道路，使德国成为东西方之间的桥梁。① 三种设想都以德国统一为目标，但在当时的政治环境下，均无实现可能。

原始文献 10.1

对于纳粹历史的解读和争论

战后初期，解读纳粹历史成为德国学界的焦点。引发人们思考的是：为什么这片曾经向世界奉献过歌德和康德的土地上，竟然出现了希特勒？在共同的反思中，蕴藏着巨大的张力。以史学泰斗弗里德里希·梅尼克（Friedrich Meinecke, 1862—1954）与格哈德·里特（Gerhard Ritter, 1888—1967）为一派，他们力图从欧洲历史的角度证明纳粹夺权是整个西方文化发展的恶果。以曾经流亡美国的历史学家汉斯·罗森贝格（Hans Rosenberg, 1904—1988）等人为另一派，他们更倾向于检讨德国文化和历史中的问题。

直接把我们带进这一深渊的希特勒的国家社会主义（应译为民族社会主义——引者注），并不是一种单独出自德国的发展势力的现象，而且也还有着某些邻国的极权体制一定的类比和先例，不管它向我们呈现为德国人的本性的一种多么堕落的现象。

梅尼克著：《德国的浩劫》，何兆武译，北京：三联书店，2002 年，第 1 页。

由于他们的贵族寡头政治传统与强大的既得利益，……（无法）把神秘的上层政府中的官僚控制者转变为公务员——这是自由表达组成该国之"人民"的代表。在德国……这种转型失败导致了"凄凉"和"悲剧性"的结果。

《独特道路的血统：汉斯·罗森贝格对于普鲁士旧制度历史的研究》（"Descent of the Sonderweg: Hans Rosenberg's History of Old-Regime Prussia"），威廉·W. 哈根（William W. Hagen）著，载《中欧历史》（*Central European History*）1991 年第 1 期，第 31—32 页。

※ 寻找相关材料，谈谈你对梅尼克与汉斯·罗森贝格两人观点的认识。

---

① 邓白桦：《1945—1949 年冷战初期德国政治家的政治立场》，载《历史教学问题》2009 年第 4 期。

四大国分区占领与"四 D 计划"

二战后期，如何处置德国已成为困扰盟国的难题，而且也是历次重要会议的主要话题。美、苏、英三国都认为，德意志民族天性好战，热衷扩张，是近代以来世界和平的主要威胁。为消除"德国问题"，分割德国、削减军事工业和索赔是一种必然选择。不过由于三国的历史记忆不同，各派政治家的经历和目标各异，随着战争形势的变化，三国内部以及彼此之间的分歧和争论逐渐增多。雅尔塔会议达成了关于德国无条件投降的条款和处置战败德国的总原则，决定成立分割委员会和赔偿委员会，具体筹划分割和赔款方案，美、苏、英、法四国分区占领德国和柏林，共同设立中央管制委员会，以接管德国的中央权力。1945 年 6 月 5 日，盟国签署了《鉴于德国失败和接管最高政府权力的声明》以及关于管制办法、占领区、与联合国其他成员国的关系等三项补充规定，正式确定了划分区域。随后举行的波茨坦会议虽然淡化了分割德国的原则，主

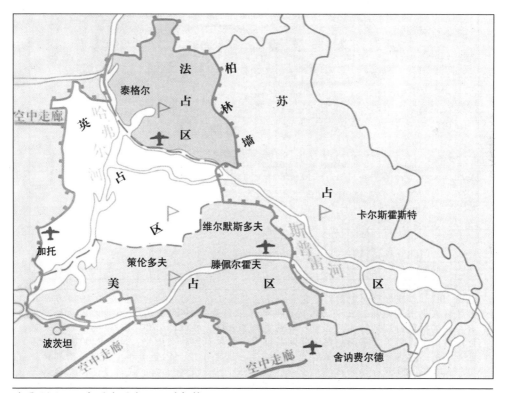

地图 10.1　四大国分区占领下的柏林。

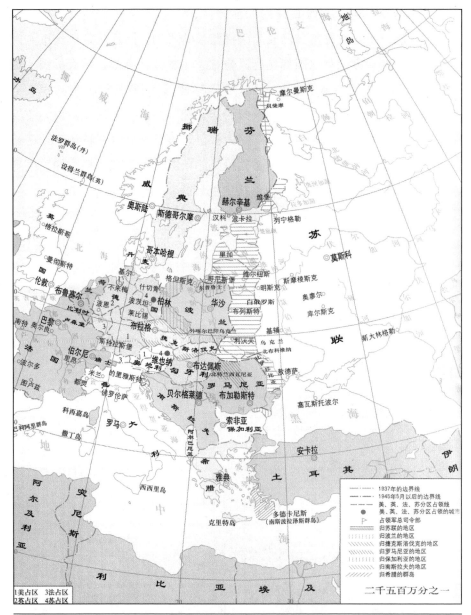

地图 10.2 二战后欧洲地图的变化和分区占领图。东西占区的分界线是由 1944 年 9 月占领区议定书确定的，三个西占区之间的界限则是到 1945 年 7 月 26 日才最后划定。美占区辖巴伐利亚、黑森、巴登—符腾堡与不来梅，人口近 1700 万；英占区包括北莱茵—威斯特伐利亚、下萨克森、什列斯维希—霍尔施坦和汉堡，人口约 2200 万；法占区是从英、美占区中划分出来，包括莱茵兰—普法尔茨、巴登南部、符腾堡南部和萨尔，人口约 600 万；苏占区辖萨克森、图林根、梅克伦堡—福尔波梅恩、萨克森—安哈尔特和勃兰登堡，人口为 1700 多万。东普鲁士为苏联和波兰瓜分。根据协议，位于苏占区的柏林也被一分为四。

张维护德国统一,但同时又允许盟军在各自占领区建立不同制度,加强地方自治,不设立中央政府,以致分裂格局在占领之初便已定型。

波茨坦会议确定了"四 D 计划",即非军事化(Demilitarisierung)、非纳粹化(Denazifizierung)、非工业化(Demontage)和民主化(Democratization),以期彻底改造德国社会。但在具体实施中,该计划的重点和内容有所变化。

由于德国战败和无条件投降,德国的军事力量已被彻底摧毁,"非军事化"转变为"非军国主义化"。盟军在各地摧毁军国主义纪念碑、销毁颂扬帝国主义的书籍、严禁各种类型的军事组织,改变了德国军队的传统特殊地位。作为"军国主义摇篮"的普鲁士被拆分。

"非纳粹化"的目标是根除纳粹主义存在的社会根源,通过对纳粹追随者的甄别和审判来教育德国民众。最初,盟军取缔纳粹法律和各种附属组织,逮捕数以万计的积极参加纳粹党的公务员、雇员和资本家。1945 年 11 月 20 日到 1946 年 10 月 1 日,盟军组建的纽伦堡国际军事法庭公审纳粹战犯,判处 12 名纳粹党领导人绞刑。1946 年 3 月起,盟军一方面成立解脱局,吸纳德国人参与到非纳粹化运动中,另一方面把非纳粹化的重点转到对普通大众的甄别中,要求所有成年人填写调查表,按照主犯、罪犯、从犯、追随者和无罪者的不同类别,分别予以处罚。在这一阶段,东、西占区的分裂日趋明显,东占区继续执行严厉措施,以"肃清法西斯残余",西占区却逐步转向扶持政策。1947 年 7 月,美国参谋长联席会议颁布 JCS1779 号指令,宣布将尽快结束非纳粹化运动,以便让德国成为欧洲冷战的前沿。[1]

"非工业化"最初是美国对德强硬派财长摩根索(Hans J. Morgenthau,1904—1980)的设想,体现在美国参谋长联席会议颁布的 JCS1067 号指令中,并最终被波茨坦会议所接受。但事实上,"经济民主化"才是盟军改造德国经济结构的核心。这主要表现在三方面:第一,拆除或摧毁具有军事潜力的工业

---

[1] 克莱门斯·福尔恩哈尔茨:《非纳粹化:盟军统治下的政治清洗》(Clemens Vollnhals, "Entnazifizierung. Politische Säuberung unter alliierter Herrschaft"),载汉斯—埃里希·福尔克曼:《第三帝国的终结·二战的终结:反思性回顾》(in: Hans-Erich Volkmann, *Ende des Dritten Reiches-Ende des Zweiten Weltkriegs. Eine Perspektivesche Rückschau*. München: Piper, 1995),第 369—392 页。

插图 10.2　纽伦堡审判。纽伦堡国际军事法庭只审讯主要战犯，控告他们犯有战争罪、反对和平罪和反对人道罪。因当时没有国际法，故该审判的合法性曾遭质疑，但其结果确实伸张了正义。据当时调查，约 80% 的德国人认为审判是公正的。战犯按数字排列分别为：①邓尼茨（Karl Dönitz, 1891—1980）、②戈林、③赫斯（Rudolf Heß, 1894—1987）、④里宾特洛甫、⑤凯特尔、⑥约德尔（Alfred Jodl, 1890—1946）、⑦罗森贝格、⑧施佩尔（Albert Speer, 1905—1981）、⑨施特莱歇尔（Julius Streicher, 1885—1946）。

设施，消除德国发动战争的物质手段。在这一方面，苏、法两国更为积极，以期获得更多的战争赔偿。第二，非集中化，消灭垄断组织，分散德国的经济力量。在东部，45% 的私营企业转变为国营企业。在西部，化学工业巨头法本公司、鲁尔区的六大钢铁公司和三大银行均被拆分，各占领区也推行了一定程度的土改政策。第三，管理机构的民主化，尤其在煤钢企业中推行共决制，增强工会在政治与经济机构中的发言权。

"民主化"主要体现在政治领域中，即全面改造德国的政治体制。然而由于东西方对民主的不同理解，东西占区的民主化进程各有特点。在西部，盟军扶植地方自治政府与西方模式的民主政党和工会。在东部，苏军支持在德国共产党领导下的反法西斯联盟政府和统一工会，以建立一个社会主义民主国家。在这一时期，魏玛时代的左翼政党（如社会民主党和共产党）重新活跃起来；中、右翼政党实现重组，如原中央党成员和资产阶级结合建立基督教民主联盟，自由派资产阶级组建自由民主党；另一些具有明显职业特色和地区特色的政党也纷纷成立，如民主农民党、巴伐利亚的基督教社会联盟等。此外，各地还通过形式多样的方式实施"再教育"，向德国民众宣扬民主的价值观。

总而言之，"四D计划"在一定程度上摧毁了旧的权势集团，扶持了新生力量登上政治舞台。它改变了德国社会根深蒂固的服从和专制意识，促成了德国人努力反省历史的决心，并把德国重新融入国际社会，从而对其重生施加了巨大影响。不过，在计划的实施过程中，占领者与德国人之间的文化隔阂与心理落差、占领者之间的冲突与矛盾、德国人的未来预期与现实困境之间都形成了巨大的张力，以致并未完全实现改造目标，改造结果也颇受争议。

德国的分裂

战后初期，德国的命运完全掌握在盟军的手中，尤以美、苏两国为主。然而，这对战时盟友很快分道扬镳，针锋相对，拉开了冷战的铁幕。在美、苏两国的战略地图上，德国都扮演着极其重要的角色。双方不再坚持分割德国，转而希望统一的德国成为本阵营的排头兵。但是双方在德国的统一程序和方式上均存在巨大分歧。美国主张"经济统一"优先，坚持"地方分权"的原则。苏联主张"政治统一"优先，坚持首先建立统一的中央政府。在此情况下，德国无法避免被分裂的结局。

西占区的一系列举动不断激化东西方之间的矛盾。1947年1月，美、英占区合并，成立双占区。5月，双占区建立包括经济委员会在内的一整套行政管理机构，筹划立法。8月，双占区公布"修正的工业限制计划"，恢复与扶持德国的工业发展。1948年2月，美、英、法、荷、比、卢等六国外长在伦敦举行会议，史称"伦敦六国外长会议"。会议决定，法占区加入双占区，共同成立三占区；并要求占领当局尽快召开州总理会议，授权后者筹备制宪会议。4月，三占区接受马歇尔计划。在西方咄咄逼人的进攻面前，苏联多次表示强烈不满，甚至于1948年3月退出盟国管制委员会，对柏林实施交通管制。

双方矛盾最终演化为第一次柏林危机。1948年6月，三占区单方面宣布实行币制改革，用"B"记马克代替当时流通的帝国马克。作为回应，苏占区同样推行币制改革，发行"D"记马克，并以柏林位于苏占区为由，把"D"记马克作为整个柏林的通用货币。币制改革引发了柏林市内不同政治派别之间的斗争，也成为东西占领军相互封锁的借口。苏联封锁了西柏林与西占区之间的水陆交通，西占区中断了运往东部的原材料。为保证西柏林的地位，美国空军利用"空中走廊"向西柏林空运食品。柏林成为当时世界政治舞台的聚焦点。这就是"第一次柏林危机"。为解决危机，双方展开了一系列外交谈判，最终于1949年5月5日达成谅解，解除柏林的交通管制，继续通过谈判的方式讨论柏林的货币问题。

在柏林危机前后，东西占区各自行事，德国的分裂已无法避免。1948年7月1日，西占区的11个州长在法兰克福开会，占领军政府授权他们筹备立宪会议。9月，西部各州选举产生的65名代表组成议会委员会，起草宪法。1949年4月，美、英、法三国达成《占领法规》，做好了移交行政权力的准备。5月，

插图10.3　第一次柏林危机中的"空中走廊"。据统计，在柏林被封锁的近一年时间内，西方共出动277728架次飞机，空运物资211万吨。

议会委员会通过了《基本法》。在苏占区，1948年3月，苏占区召开了德国人民代表大会，选出了由400人组成的德国人民议院，作为常设代表机构。10月，该委员会通过了《德意志民主共和国宪法》。11月，苏联占领军扩大了经济委员会的代表性，为未来的中央机构做好准备。在西占区通过《基本法》后，苏占区人民代表大会也批准了宪法。显而易见，在此局面下，四国外长会议不可能达成任何协议。

至此，在德意志的土地上出现了两个国家：1949年9月20日，德意志联邦共和国成立，定都波恩；10月7日，德意志民主共和国成立，定都柏林。德意志民族走上了两条完全不同的发展道路。

德意志联邦共和国

德意志联邦共和国（以下简称"联邦德国"）是一个具有德意志特色的现代资本主义国家。它吸取了英美等国的成功经验和自身的历史教训，重新成为一个"正常国家"，并引人注目地走出了一条崛起之路。

西方政治民主的移植与再造

在政治领域，德意志联邦共和国的《基本法》是集西方经验、历史教训与创新再造为一体的重大成果。通往《基本法》的道路漫长而曲折，但它最终为战后四十年的政治稳定局面奠定了坚实基础，确立了民主、法治、联邦和福利国家（Sozialstaat，又译"社会国家"）四大原则。

联邦德国的政治框架以西方国家为模板。它按照三权分立的原则分配权力：联邦代表大会是最高立法机构，由联邦议院和联邦参议院组成，前者代表选民利益，后者代表地区利益，共同选举总统；联邦政府是最高行政机构，由联邦议院中的多数党或联盟组建，对联邦议院负责；联邦宪法法院是最高司法机构，独立行使职权，负责监督和解释《基本法》的实施，裁决地区之间的矛盾，判定政党的合法性。联邦德国坚持联邦制，各州保留议会和宪法，并在教育、环保等事务上拥有立法权。

联邦德国吸取了魏玛共和国的教训，在一些领域中做出了若干重大调整和

插图 10.4　联邦德国第一届政府。前排左三为第一任总理阿登纳，前排左二为后来的总理艾哈德（Ludwig Erhard，1897—1977）。阿登纳在魏玛时期曾担任科隆市长，从政经验丰富。纳粹时期受到迫害。二战结束后，重新进入政坛，是一位强势总理。

创新。第一，总统是国家元首，但只具有象征作用，不拥有实权，以避免总统权力被滥用。第二，取消全民公决，坚持代议制，实行多数选举制与比例选举制相结合的混合选举制，只有获得全国总票数 5% 或在直接选举中获得 3 个直接议席的政党，才有资格进入联邦议院参与比例分配议席，以避免重现魏玛时期小党林立的混乱局面。五六十年代，新纳粹政党和共产党由此被排斥在联邦议会之外。第三，联邦议院必须遵守"建设性不信任投票"，即在罢免总理的同时必须选出新总理，以避免政局动荡。第四，实施"总理原则"，即在联邦政府中，总理拥有特别权力，其中包括人事决定权、方针制定权和单独负责权。"总理原则"造就了数位强势总理，如阿登纳、勃兰特（Willy Brandt，1913—1992）和科尔（Helmut Kohl，1930—2017）。

在联邦德国，政党政治体制逐步稳定和成熟。近代以来，由于德国社会的利益碎裂化，政党政治始终处于动荡之中。魏玛时期，政党的不断分化组合严重影响了中央政府的执政能力。1949年后，情况发生了转变。在联邦议院选举制的限制下，小党被陆续淘汰或合并，最后只剩下社会民主党、基民盟/基社盟和自由党等三个政党。与此同时，各政党内部的阶级基础也随之变化，它们开始标榜自己为"全民党"，以吸引更多选民，如社会民主党在1959年党代会上通过了《哥德斯堡纲领》，放弃了马克思主义的阶级斗争学说。20世纪70年代末，代表激进和平主义潮流、宣扬环保理念的绿党兴起，成为联邦议会中的第四个政党。在战后12届联合内阁中，这四个政党合纵连横，既有合作，也有斗争，但都以维护政治秩序为己任。

"社会市场经济"理论与福利国家建设

联邦德国建成了一种具有德意志特色的资本主义经济模式，史称"社会市场经济体制"。其理论主要来源于德国的新自由主义学派（又称"弗赖堡学派"）。受该理论的影响，政治家艾哈德全力推进社会市场经济体制的建立，走出了一条介于自由资本主义与社会主义计划经济体制之间的中间道路。联邦德国的历届政府一方面反对垄断，禁止大企业滥用经济力量，另一方面继续编制和实行灵活的中长期计划，对重点企业实行保护、扶持，或直接实施国有化。

《基本法》所应允的"福利国家"原则得到了充分发挥。50年代，《联邦供给法》和《平均负担法》的出台有利于医治战争创伤，缓和贫富对立。社会保险制度的重建与改革，扩大了受益面，提高了待遇，减轻了民众的后顾之忧。尤为引人注目的是，在国家的协调下，劳资利益团体之间形成了极具特色的"社会伙伴关系"，工人在企业管理中获得了一定程度的共决权，劳资双方遵守"和平义务"，应允用谈判的方式解决争端。

在社会市场经济体制下，经济增长与社会稳定成为联邦德国的两大特色。1951年后，联邦德国出现了连续16年的经济增长，被誉为"经济奇迹"。第三产业发展迅速，消费社会诞生。与此同时，联邦德国爆发的罢工次数以及牵涉人数却远远低于其他欧洲国家。

当然，福利国家的不断扩建对国家财政形成了不小负担。20世纪80年代初，国家支出占社会总产值的比重已上升到48%，联邦德国日益陷入低经济增长下的高社会福利—高国家负债—高劳动成本—低投资—低增长—高失业的恶性循环中。① 科尔上台后，改革呼声虽然不断，但社会福利的扩展仍未停止。

原始文献 10.2

社会市场经济理论

弗赖堡学派经济学家瓦尔特·欧肯（Walter Eucken, 1891—1950）与阿尔弗雷德·米勒－阿尔马克（Alfred Müller-Armack, 1901—1978）等人认为必须吸取纳粹统制经济的教训，主张把经济自由、社会公正与社会安全融为一体，既保障经济发展的自由度，又维护竞争秩序，保证社会和谐。

阿尔弗雷德·米勒－阿尔马克：那些需要认真严肃地修正的观点之一是这样一种假设：在现今形势下中央统制式经济是唯一通向更美好未来的途径。……世界经济需要的是通过市场经济的方式让德国加入到国际经济大循环中去。……把拥护市场经济与被动的放任自流等同起来将是一种根本性错误。我们需要的是一个整体秩序，在其中对思想和个人自由的保障与社会保障相结合。——《经济秩序的社会观》（1947年）

路德维希·艾哈德：个人与整体之间永远存在的矛盾决不能通过否定或故意否认某一方来解决。因此，关键问题永远都是个人应该以何种形式在不失去自我的同时加入到社会的更高级组织形式中去。……恰恰可以从这个角度在真正意义上对今天的经济组织原则进行讨论。——《经济改革的纲领》（1948年）

瓦尔特·欧肯：竞争秩序不只对经济起作用，通过各种秩序之间的互动作用，它也对其他秩序，如社会秩序和法权秩序有强有力的影响。……竞争秩序的经济政策通过制造相应的条件来抑制康采恩的形成……竞争秩序的构筑原则整体性如此之高，以至于孤立运用单个原则会丝毫不起作用。——《建立竞争秩序的政策》（1952年）

何梦笔著：《德国秩序政策理论与实践文集》，庞健、冯兴元译，上海：上海世纪出版集团，2000年，第1、13、16、46、124页。

※ 试比较上述学者的观点与亚当·斯密理论及凯恩斯主义之间的异同点。

---

① 连玉如：《二战以后德国"社会国家"发展问题探索》，载《德国研究》2009年第3期。

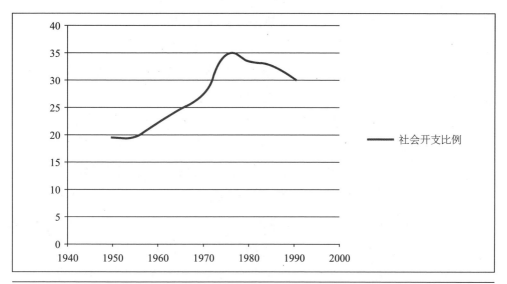

插图 10.5　联邦德国社会开支比例增长情况，1950—1990 年（百分比）。出自：曼弗雷德·G. 施密特：《德国的社会政策：历史发展与国际比较》(Manfred G. Schmidt, *Sozialpolitik in Deutschland. Historische Entwicklung und Internationaler Vergleich*)，奥普拉登，1998 年，第 154 页。

冷战舞台上的外交周旋

在外交领域，联邦德国是欧洲冷战舞台上的耀眼之星。它充分利用自己作为冷战前沿国家的角色，不仅恢复了"正常国家"的身份，而且还成为欧洲独立外交与一体化的积极推动者。

依靠美国，成为"正常国家"，这是联邦德国外交的重大成就。在第一任总理阿登纳的坚持下，联邦德国确定了"向西方一边倒"的外交原则。为此，阿登纳政府不惜付出承认萨尔区国际化地位的代价，于 1949 年 10 月加入旨在实施马歇尔计划的欧洲经济合作组织。11 月 22 日，联邦德国政府又同美、英、法三国占领军最高军事长官签署《彼得斯贝格协议书》。该协议中止对部分德国企业的分拆、放松对德国工业的限制，并赋予联邦德国同外国发展领事关系和参加国际组织的权力。随着冷战的持续进行，联邦德国的战略地位进一步凸显。1950 年 9 月，美国正式提出重新武装联邦德国并使之加入西方防务的问题。占领军于次年 3 月修改《占领法规》，移交日常事务管理权与外交权。5 月，联邦德国成为欧洲委员会的正式成员国。阿登纳政府抓住发展契机，主动参与谈判，陆续取得占领国的一些让步。1952 年 5 月，美、英、法三国与联邦德国签订《波恩条约》，结束占领制度，联邦德国在内外政策上重获主权，但三国仍保留一些权利和义务。

与法国和解，促成西欧一体化，这是联邦德国外交政策的一贯重心所在。法德宿怨是近代欧洲不断陷入战火的重要根源。二战后，法国的对德政策一直影响着联邦德国的发展与西欧的稳定。因此，阿登纳政府深刻认识到与法国和解的必要性，多次主动向法国抛出橄榄枝。在冷战格局下，法国也终于转变敌视德国的立场。1950年5月，法国外长舒曼（Robert Schuman，1886—1963）发表声明，倡议用煤钢联营的方式与德国建立伙伴关系。阿登纳政府立即接受这一史称"舒曼计划"的方案，并于次年4月同法、意、荷、比、卢共同签署《欧洲煤钢联营条约》，成立欧洲煤钢共同体。该条约标志着德法关系开始解冻，同时也是西欧经济一体化的起步。不过，法国人仍然对联邦德国重新武装一事存在恐慌心理，否决了旨在建立"欧洲军"的《欧洲防务集团条约》。在英美两国的努力下，1954年10月，欧美九个国家签订《巴黎协定》，批准联邦德国加入北约，有权重建正规军。次年5月5日，该协定正式生效，从此联邦德国恢复了完全主权，德国融入西欧的趋势也不可更改。1957年3月，煤钢联营的6个国家签署《罗马条约》，成立欧洲经济共同体与欧洲原子能共同体。1967年，三个共同体合并为欧洲共同体。在欧共体中，联邦德国是经济力量最强的成员。它积极主张扩大欧共体，大力加强同英国以及其他西欧国家的经济联系。到1986年，欧共体的成员国已有12个，形成了人员、商品、资本和劳务自由流动的欧洲统一市场。

在对待民主德国及东欧国家问题上，联邦德国外交则经历了从僵硬向灵活的转变过程。基于同美国结盟的外交原则，阿登纳政府始终坚持对苏联和东欧国家的遏制政策，不承认战后的欧洲边界，不承认民主德国是一个主权独立的国家。1955年9月，迫于形势压力，联邦德国与苏联建交。但在12月，副外长哈尔斯坦（Walter Hallstein，1901—1982）受权宣布，联邦德国拒绝同任何与民主德国建交的国家（苏联除外）建立或保持外交关系。为此，联邦德国的外交活动空间变得十分狭窄，逐渐走入了死胡同，特别在中东地区与阿拉伯国家交恶。20世纪60年代后，随着冷战格局的变动，哈尔斯坦主义开始松动。社会民主党领袖勃兰特提出并坚决推行"新东方政策"。该政策主张对民主德国实行不具有国际法意义上的承认，与东欧各国签订放弃使用武力的协定并承认现有

插图 10.6　签订《罗马条约》。

边界，在全德削减美苏军事人员和装备，建立欧洲安全体系。1970 年起，勃兰特先后同苏联、波兰和捷克斯洛伐克签订条约，促成苏、美、英、法签订《四国柏林协定》，特别是 1972 年两德之间签订了《基础条约》，缓和了联邦德国与民主德国以及东欧国家之间的紧张关系，为两德关系正常化铺平了道路。勃兰特因此获得 1971 年诺贝尔和平奖。1979 年年底，当冷战格局随着苏联入侵阿富汗而再次紧张起来时，联邦德国奉行立足西方和发展东方关系的"双轨政策"，尤其重视同民主德国之间的合作关系，用以维系"民族共同感"。联邦德国总理科尔与民主德国领袖昂纳克（Erich Honecker，1912—1994）两次会晤，表示愿意继续按照《基础条约》发展双边关系，维护德意志土地上的和平局面。

最后，值得一提的是，联邦德国也十分重视与第三世界国家之间的外交关系。它通过"外交援助"的形式，重塑了联邦德国的世界形象。到 1966 年为止，联邦德国还向以色列支付了 34.5 亿马克的赔款，以弥补二战期间犹太人的生命和财产损失。

插图 10.7 1970 年联邦德国总理勃兰特在华沙犹太人纪念碑前下跪,其意图是改善联邦德国与东欧国家的关系。勃兰特是反纳粹运动的战士,但他代表德国民众向受害者谢罪的行动,表现了联邦德国社会的反省态度。勃兰特当年获得诺贝尔和平奖。当然,政府的历史态度并不能完全覆盖整个社会的历史认知。勃兰特此举当时并没有获得绝大多数德国人的认同。

现代社会的重建与冲突

在一片废墟中,联邦德国惊人般地以最短时间重建了一个现代社会。历史积累、后发优势与成熟的科教制度使它到 20 世纪 70 年代成为资本主义世界中仅次于美、日的第三大国。战争结束时,工业生产停止,但工业设备与人力资源却没有受到根本性的破坏。大量在战火中保留下来的生产机器与逃亡到联邦德国的技术难民,成为经济复兴的两大要素。[①] 美国援助与第三次科技革命让联邦德国幸运地搭上了发展快车,数万项引进专利让工业部门较快实现了生产合理化与现代化。重点关注科研、普及义务教育和坚持职业教育是联邦德国科教制度的核心。它们为国民经济的持续发展输送了一批高素质、不同层次的劳动力。

联邦德国的社会结构逐步呈现两头尖、中间宽的"洋葱型"。上层的经济领导

---

① 韦·阿贝尔斯豪泽:《德意志联邦共和国经济史,1945—1980》,张连根等译,北京:商务印书馆,1988 年,第 11—15 页。

者与下层普通工人和社会边缘团体的比例不断缩小,其他社会层次相互接近。这种现象被社会学家称为"拉平的中产阶级社会",有利于社会稳定。[①]但事实并非如此。联邦德国社会的贫富差距并未消失,随着经济形势的变化和代际更迭,社会的紧张感也在缓慢积累中,尤其在80年代,失业率急剧上升,民众的不满情绪极大。

1968年,联邦德国爆发了规模浩大的学生运动,从此揭开了长达10年之久的社会冲突的序幕。这场风暴源于美国的国际性抗议运动,但也受到了法兰克福学派与德国历史的深刻影响,同时也是社会矛盾的反映。它主张反对权威、反省历史、解放自我与民族统一。1968年后,一部分激进学生组建红色军团,试图用绑架与暗杀的方式改变社会,但未被大众认同。随着经济形势的好转与一系列改革措施的出台,这股反对社会的浪潮逐步平息。

联邦德国的文化生活既繁荣又充满争议。建国初期,批判现实主义构成了文学创作的最大特色。一批文学青年组成了"四七社",后来荣获诺贝尔文学奖的海因里希·伯尔(Heinrich Böll,1917—1985)与君特·格拉斯(Günter Grass,1927—2016)都曾是其中一员。他们是阿登纳时代的批评者,宣扬文学的不顺从主义。20世纪60年代起,一方面,美国文化被大量引介,通俗歌曲和流行音乐被大众追捧;另一方面,文学逐步政治化,新左派知识分子对文化工业的批判直接转换为一批青年作家的创作原则,后者创建了"六一社",着重于用文学艺术的手段分析工人世界及其社会问题。70年代末,一股后现代主义浪潮席卷整个联邦德国文化领域,一批冠以"新"的称号的艺术风格陆续出现,如"新野兽""新德意志艺术""新几何"和"新概念主义"等。文学创作回归内心世界,关注天人关系,着力表达人们在自然灾难面前的恐惧与困惑的心理。

德意志民主共和国

德意志民主共和国(以下简称"民主德国")是一个苏联模式的社会主义国家。

[①] 丁智勇:《关于联邦德国"阶层社会"理论的综述》,载《德国研究》1996年第2期。

它吸取了苏联社会主义建设的经验和教训，根据本国历史和现状，进行了社会改造和经济转型。在社会主义阵营中，它是除苏联之外经济最发达的国家。

苏联政治模式的复制与改革

民主德国是在苏占区的基础上发展而来的，苏联的政治模式成为它的主要模仿对象。但鉴于本国的政治现状与社会主义阵营中的改革趋势，民主德国的政治体制具有自己的特色，并曾经历过一定的改革。

民主德国最初并未照搬苏联模式，而是实行一党为主的多党制政治。1946年4月，苏占区的共产党和社会民主党合并为统一社会党（SED），两党领袖共同担任新党主席。建国初期，在统一社会党的领导下，基督教民主联盟、自由民主党、国家民主党、民主农民党等非工人阶级政党与四个主要群众组织（自由德国工会联合会、自由德国青年联盟、德国民主妇女联合会和德国文化联盟）按比例组建最高权力机关——人民议院。人民议院和代表地方利益的州联议院共同选举产生总统。人民议院中占席位最多的议会党团（即统一社会党）提名、并经选举产生总理，由其组建政府。人民议院还有权选举和罢免最高法院院长和总检察长。统一社会党还联合其他政党与社会团体组建"民主德国全国阵线"，负责选举产生人民议院和各级代表大会的候选名单，协助和配合各级机关的活动，促进社会主义建设。

插图10.8　宣传画：向苏联学习胜利。宣传画上写着"滚出去，战争挑动者！""与华盛顿签约带来的是不幸与死亡；与苏联的友谊带来的是和平与面包！"

随着冷战形势的日益严峻，统一社会党逐步加强了集中领导。1952年7月，人民议院把5个州划分为直属中央领导的14个专区,连同首都柏林共15个行政区域,建立了中央—专区—县—乡四级垂直型行政体制。在苏联的支持和扶植下,统一社会党在各级行政机构中占有绝对的支配地位。1960年,当第一任总统皮克(Wilhelm Pieck,1876—1960)去世后,民主德国的政治体制进行了变革。人民议院取消总统制,建立国务委员会,国务委员会主席成为国家元首。国务委员会的正副主席和各部负责人共同组成最高行政机构——部长会议。部长会议受统一社会党领导,具体执行国家的方针和政策。

乌布利希与昂纳克是统一社会党的两任总书记,也是民主德国前后相继的实际领导者。乌布利希曾积极参加反法西斯战争,建国初期大肆推行"清党"与整肃运动,强化个人专权地位。苏共二十大后,乌布利希有所收敛,重新强调党内民主原则,但其个人统治地位却不断得到强化。20世纪70年代初,由于经济改革的失误,乌布利希与苏共总书记勃列日涅夫(Leonid Ilyich Brezhnev,1906—1982)在对待西方政策上又存在争议,统一社会党内部出现权力更迭,昂纳克取而代之。然而昂纳克仍然延续了个人统治的风格,缺少政治改革的动力和智慧,腐败盛行,以致80年代后半期民主德国内部的社会矛盾积重难返。

插图10.9 民主德国的两代领导人乌布利希(右)与昂纳克(左)。

经济现代化的努力

建国初期,民主德国的经济条件极其糟糕。苏占区是德国的传统农业地带,工业产量仅占全德的 17.9%。战争期间,它又是受损最严重的地区,45% 的工业遭到破坏,农业产量不及战前的一半。此外,它又承担着比西部更沉重的赔款负担,战胜国索取的各项赔偿超过 680 亿旧马克。民主德国的发展起点显然低于联邦德国。

在随后的 30 多年中,民主德国逐步形成了比较完整的社会主义计划经济体制。50 年代是有计划建设社会主义时期,民主德国相继开展经济计划化、农业合作化与工商业国有化等运动。60 年代初,民主德国基本上完成了生产资料所有制的社会主义改造,宣布已基本完成由资本主义向社会主义过渡的任务,进入全国建设社会主义的新时期。1963 年 1 月,统一社会党决定推行国民经济计划和管理的新经济体制,强调生产原则,利用经济核算,在一定程度上扩大了地方和企业的自主权,促进了经济发展。但是在苏联的干预下,1966 年,统一社会党最终放弃了新经济体制,改为社会主义经济体制,恢复中央计划化。次年,党代会宣布建立"发达的社会主义社会"方针。70 年代后,强化与不断完善现代化计划经济体制成为民主德国的主要经济方针。为此,工业领域实行工业部—联合企业的二级管理体制,农业领域通过企业协作等形式实现农业生产的集中化和专业化。

民主德国被视作"社会主义的大橱窗",充分展现了社会主义建设的丰硕成果。到 1980 年代中期,民主德国已建成一个现代化的社会主义强国,经济实力在社会主义阵营中仅次于苏联,位列世界十大工业国之一。民主德国还是一个高福利国家,全民享受免费教育和免费医疗,住房面积和耐用消费品普及率处于领先地位。由于实行严格的物价控制,民主德国的物价长期稳定,民众的生活水平居东欧各国之首。

当然,民主德国的经济体制与外部环境的问题也时常暴露出来。一方面,计划经济体制的缺陷日渐明显:优先发展重工业、忽视农业与轻工业的做法,使民众需求无法及时得到满足;不精确的生产计划既有可能浪费资源,也在一定程度上激化了党群关系,1953 年 6 月 17 日的"东柏林事件"正是这种矛盾的体现;管理体制政企不分,且日益僵化,延缓了技术革新的步伐。另一方面,

插图 10.10　东柏林事件中苏联坦克与民众对峙。该事件的起因是东柏林建筑工人反对劳动定额的提高。1953 年 6 月 16 日，统一社会党政治局答应了工人的要求，撤销了提高定额的新规定。但未曾料到，在西柏林电台的煽动下，一直对劳动定额心存不满的各界工人联合起来，要求降低生活费用，实行自由选举。6 月 17 日，全国约有 30 万人参加罢工游行，各地出现了社会秩序严重混乱的情况。民主德国不得不请求苏联的帮助。

长时期的西方封锁与社会主义阵营的经济分工，使得民主德国的贸易空间被大大压缩了。到 80 年代后期，民主德国的经济活力明显不足。

受限的外交

与联邦德国不同，民主德国在外交舞台上的表现乏善可陈。它也曾努力寻求两极格局中的定位，并为民族统一殚精竭虑，但最终却所获有限。

在二战后的国际政治格局中，民主德国扮演着较为尴尬的角色。西方阵营与联邦德国拒绝承认它，想尽一切办法封锁和压缩它的外部空间。为此，它不得不成为东方阵营的积极参与者，加入了华约与经合会，充当苏联外交政策的排头兵。它参与了苏联对南斯拉夫和中国的批判，积极支持苏联镇压波兰、匈牙利和捷克的改革，并紧步苏联的后尘，在中东与北非（尤其是埃及）发起战略和意识形态上的攻势。① 当然，在同苏联的关系中，东德也并非毫无办法，有时也能做到"尾巴摇狗"的效果。这一点特别体现在"柏林墙"的建设中。

在国内政治生活中，民主德国面临着统治合法性不断丧失的压力。柏林被一分为二，西柏林的广播宣传可以轻而易举地捕获人心。历史上的德俄矛盾与德波冲突，不断影响着东德民众对社会主义阵营团结性的判断。更为糟糕的是，经济形势恶化与政治氛围紧张促使大量民众选择逃离。据统计，从1949年10月到1961年8月，民主德国约有269万人逃入联邦德国，约占民主德国人口的1/8，其中150万是从西柏林逃出的，大部分外逃人员还是专家、熟练工与青年。

插图 10.11　建造柏林墙。柏林墙前后修建了4年时间，全长165公里，分内外两层，与西柏林交接的外墙高14英尺，两墙之间有100米宽的"无人地带"。整个柏林墙共有280个观察哨、137个地堡、274个警犬桩、108公里坑道。

在内外交困中，民主德国只能用"柏林墙"来维护国家的安全与稳定。1958年，联邦德国决定用核武器武装军队。民主德国以西方国家违反《波茨坦协定》为名，宣布将占领整个柏林。苏联领导人赫鲁晓夫表示支持。这便拉开了第二次柏林危机的序幕。苏、美双方进行了一系列恐吓与外交协商，但均未达成任何结

---

① C. 布雷德利·沙尔夫：《民主德国的政治与变革》，秦刚等译，北京：春秋出版社，1988年，第209—211页。

果。在此期间,民主德国的外逃人数不减反增。1961 年 8 月 13 日,在迫使苏联表态支持后,乌布利希下令在东西柏林之间修筑一道墙,以阻止人员外逃。这就是"柏林墙"。此后,民主德国逐步稳定下来,为其建设创造了一个和平与安全的环境,但也在一定程度上加剧了它的封闭程度。

在对待两德关系上,民主德国经历了重大转折。50 年代,民主德国始终坚持民族统一的立场,努力争取盟国早日缔结对德和约,在和平与民主的基础上实现德国的重新统一。60 年代初,由于冷战格局已经形成,美、苏两国不再考虑德国统一,民主德国转而接受现实,谋求联邦德国及西方大国对自己的承认。因此,当联邦德国放弃哈尔斯坦主义,推行新东方政策时,民主德国予以积极回应,1972 年签订了《基础条约》,建立了正常的睦邻关系。昂纳克当政后,进一步提出了"两个德意志民族"的理论,修改了宪法,正式放弃了重新统一国家的要求。

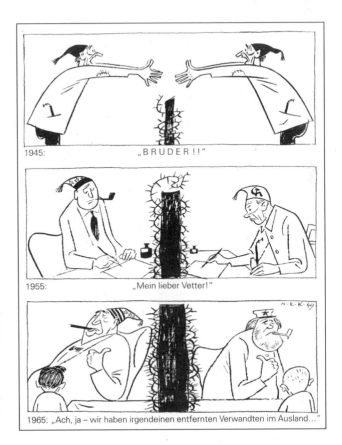

插图 10.12 两国民众逐渐疏离(漫画)。第一张图:1945 年"兄弟!";第二张图:1955 年"我亲爱的表兄弟!";第三张图:1965 年:"啊哈,是的——我们在外国有个很远的亲戚!"作者惊人地预料到两德关系发展的轨迹。

社会主义社会的文化建构

民主德国建立后,不遗余力地宣传和推广社会主义价值准则。这些准则包括:第一,民主德国同纳粹的历史彻底决裂,它继承了马克思主义和1848/1849年革命精神。第二,德国人民的新生必须感谢苏联红军的帮助,民主德国的未来也必须同苏联及社会主义阵营结合起来,追求全人类的解放事业。第三,新社会是一个所有阶级和社会成员相互合作,共同抵御阶级敌人和帝国主义的共同体,个人应努力融入集体中,为国家和全社会的幸福而承担责任。

在社会主义价值准则的指导下,民主德国的文化事业一度呈现十分繁荣的景象。50年代,一场轰轰烈烈的文化的社会主义改造运动开展起来。它以反对形式主义、奉行社会主义现实主义和利用古典文化遗产三项内容为核心,培养了一大批新时代作家群。在文学创作中,还出现了鼓励工人阶级投身写作的"比特菲尔德道路"。在戏剧创作中,布莱希特(Bertolt Brecht,1898—1956)的辩证思想影响较广。60年代后,文艺界的意识形态争论逐渐增多,各种形式的创作风格竞相登场,即便如普兰茨多夫(Ulrich Plenzdorf,1934—2007)创作的《少年维特的新烦恼》一类批判性著作也获准改编上演。此外,在集体主义的氛围下,民主德国的科教事业取得了显著成果。它的微电子技术举世公认,教育体系完备,而且它还跻身体育强国之列。

民主德国的文化政策得到了一部分人的积极拥护,但也受到了西方国家的指责,另一些文化界人士也有不同意见。对此,民主德国采取了严厉的控制手段,尤其在昂纳克执政后,监视、控制、谴责乃至驱逐的现象屡见不鲜。在如何认识文化批评、吸收不同政见者的意见、对待多元化的文化创作理念问题上,民主德国留下了沉痛的教训。

重新统一

内外局势的急剧变化

20世纪80年代本是两德关系逐步稳定的时期。自签署《基础条约》后,两德之间不再相互敌视,来往增加。两国虽然还未互设使馆,但高层领导人的互访日渐频繁。两国经济贸易发展也十分迅速,联邦德国已成为民主德国的第二大贸易伙伴。一些知识分子甚至已经放弃了统一的梦想，承认分裂的现实。

然而到 80 年代末，随着冷战格局的变化，民主德国突然面临内外局势的急剧变动。苏共总书记戈尔巴乔夫（Mikhail Sergeyevich Gorbachev，1931—2022）实行的"新思维"外交方针，直接影响了东欧各国的政治与社会稳定。在 1989 年的春夏两季，东欧各国相继"易旗变色"，尤其是匈牙利拆除了匈奥边界，开放了通往资本主义世界的大门。这种变故重新燃起了民主德国内部的不满现状者的出逃希望。在 6—8 月间，数千公民经奥匈边界出逃。9 月，出逃人数激增至 8 万之众。

这些变化不仅没有停止之势，而且还在民主德国建国 40 周年前后演化为更为热烈的反抗浪潮。从莱比锡到东柏林的各大城市，陆续出现了游行示威运动。前来参加国庆活动的戈尔巴乔夫非但没有起到稳定局势的作用，反而发表了鼓励改革的言论，从而给民主德国的局势火上浇油。第一个反对党宣布成立，统一社会党出现了退党风波。民主德国站在了历史的十字路口。

柏林墙开放与统一大门的开启

激烈的社会动荡导致统一社会党领导层内分歧激化。10 月 17 日，昂纳克以健康原因"辞去"总书记职务，克伦茨（Egon Krenz，1937 年生）被选为总书记，并随后继任国家元首。然而克伦茨的改革宣言并未安稳民心，东柏林和莱比锡再次出现几十万人的游行示威，公民出走浪潮达到新高峰。在此情况下，11 月 9 日晚，统一社会党做出了放松旅游管制的决定。当晚，该消息被错误解读为"柏林墙开放"，以致人们如潮水般涌向了西柏林。

柏林墙开放后，统一社会党试图借助不断改组重新赢得民心。11 月 10 日，统一社会党通过了《面向未来》的行动纲领，继续坚持马列主义，应允改变选举制度和经济体制。12 月 1 日，人民议院同意修改宪法，删除民主德国受统一社会党领导的条款。12 月 16 日，统一社会党特别党代会决定更改党名为统一社会党—民主社会主义党。1990 年 1 月 28 日，该党与其他政党举行圆桌会议，决定提前举行人民议院选举。2 月 4 日，该党再次更名为民主社会主义党，努力用民主社会主义纲领吸引选民。但是，在许诺改革的同时，该党并未切实地把民主化与两德统一结合起来，因而仍然没有真切把握住民众的心理。

插图 10.13　1989 年 11 月 9 日晚，柏林墙的开放。

相反，联邦德国迅速抓住了统一的契机，向东部同胞张开了双臂。在柏林墙开放的第二天，总理科尔中断了对波兰的国事访问，回国紧急部署对策。内务部指示有关部门接纳所有的民主德国公民，并将支付每人每年 100 联邦德国马克的"欢迎费"。在此鼓励下，至 1990 年年初，前往联邦德国和西柏林的民主德国公民逾 1000 万，定居者达到 20 万人。

在这一过程中，双方都提出了统一方案。1989 年 11 月 17 日，统一社会党的"改革派"莫德罗（Hans Modrow，1928 年生）提出两德通过条约共同体建立责任共同体的方案。该方案是在保持两德独立主权的前提下，谋求更广泛的合作。次日，科尔在联邦议院中提出了关于统一的十点计划，既要求民主德国首先进行政治经济体制的改革，又设想了四步走方略，使得德国统一与全欧联合以及东西方关系改善同步。1990 年 2 月 1 日，在得到戈尔巴乔夫的允诺后，莫德罗再次提出新方案，设想用四步走的方式，首先形成经济、货币、交通与法律等方面的合作，随后通过政治合作，最终建成一个德意志邦联。2 月 7 日，科尔政府做出了积极回应，表示愿意在此基础上举行谈判。2 月 10 日，科尔访问莫斯科，在统一问题上取得了戈尔巴乔夫的支持。由此，统一的大门已经打开。

通往统一之路

两德统一既是两国政府之间的政治行动，也关系到美、苏、英、法四个曾经的占领国。因而，通往统一之路是德国内外问题同时解决的过程。

民主德国人民议院大选成为内部问题解决的关键。由于莫德罗政府始终坚持现有政治体制，拒绝科尔政府的"吞并"企图，故而后者认为民主德国的执政党更迭将有利于统一方案的实施。3月18日，民主德国举行了首次西方式选举。科尔用公开许诺的方式，号召选民支持基民盟在东部的"姊妹党"德国社会联盟。两德迅速建成货币、经济和社会联盟，以及私人存款以1∶1的比率兑换为西德马克——这些许诺对东部选民具有巨大的吸引力，民意发生了明显变化，德国社会联盟获胜，基督教民主联盟主席德梅齐埃（Lothar de Maizière，1940年生）当选为部长会议主席。民主德国的内部政权更迭完成。

民主德国新政府与科尔政府之间的经济统一谈判更为顺利。尽管双方在两德马克的兑换率上存在争议，但通过三个阶段的讨论，终于在5月12日达成了各项协议。5月18日，两国财长签订了《联邦德国和民主德国关于建立货币、经济和社会联盟的条约》，即《国家条约》。该条约于7月1日生效，两德实现了经济统一。

随后，两国政府又启动了政治统一的进程。两个政府与政党在选举方式和选举时间上进行了细致讨论，最终达成了民主德国于10月3日加入联邦德国的方案。8月31日，两国代表签署《联邦德国和民主德国的第二个国家条约》，即《统一条约》。9月20日，两国议会分别通过了该条约，德国统一的内部障碍完全消失。

在此前后，科尔游走于各大国之间，多方寻求理解、支持和妥协。由于统一后德国与北约的关系、德波边界、占领国对整个德国和西柏林的权利和责任等问题上存在分歧，从5月5日起，两个德国与美、苏、英、法四国举行了四次"2+4外长会议"。为取得苏联的让步，7月中旬，科尔访问莫斯科，用经济援助的承诺取得了戈尔巴乔夫的让步。9月12日，"2+4外长会议"达成了《关于最终解决德国问题的条约》，清除了德国统一的外部障碍。

> **原始文献 10.3**
>
> ### 《关于最终解决德国问题的条约》（摘录）
>
> "2+4外长会议"达成的条约规定：统一后的德国加入北约、德波边界不变、苏军逐步撤出东部使之成为特别的军事区与无核区，以及统一后的德国享有完全主权。
>
> 统一后的德国领土将包括德意志联邦共和国、德意志民主共和国和整个柏林。德意志民主共和国和德意志联邦共和国将是其外部边界，并将从本条约生效之日起为最终边界。确认统一后的德国边界的最终性质是欧洲和平秩序的一个重要组成部分。
>
> 《德国统一纵横》，世界知识出版社，1991年，第294页。
>
> ※ 你认为该条约对于未来欧洲局势和世界格局会产生哪些影响？

10月3日零时整，德国统一庆典开始。柏林国会大厦前的广场上举行了隆重的升旗仪式，100多万人参加庆祝活动。在德国人的心目中，这次统一是俾斯麦统一德国以来的"再统一"，是德意志民族与德意志国家重生的新机遇。统一后的德国总面积为35万平方公里，人口超过8000万。

结　语

在半个世纪中，德意志民族经历了大起大落的命运起伏。它从"最优秀种族"的谎言中惊醒，自帝国的辉煌巅峰上跌落。当硝烟散尽，这片土地却又尘土飞扬。人为刀俎，我为鱼肉，身不由己，任人宰割。民族统一的庆典似在昨日，却已今非昔比；民族分离的痛苦尚未消淡，已似重聚无望！孰知一夜间，柏林墙骤然倒塌，民族携手近在咫尺。风云变幻，世事无常，唯有一颗德意志心仍在跳动，坚韧不拔，终于迎来一曲《欢乐颂》，响彻波茨坦广场上空。

大 事 记

时间	德 国	欧 洲
1945年	德军投降（5月）；四国接管德国最高政府权力（6月）；纽伦堡审判（9—10月）	艾德礼出任英国首相（7月）
1946年		戴高乐辞去法国临时政府主席一职（1月）；意大利共和国成立（6月）；战胜国在巴黎召开处理意大利、罗马尼亚、匈牙利、保加利亚和芬兰的和约会议（7—10月）；法兰西第四共和国成立（10月）
1947年		欧洲经济会议召开，讨论如何接受马歇尔计划（7月）；共产党和工人党"情报局"成立（9月）
1948年	苏联军事代表退出盟军管制委员会，四国共管德国的体制结束（3月）；西占区推行币制改革（6月20日）；苏占区推行币制改革（6月23日）；第一次柏林危机爆发（6月24日）	英、法、比、荷、卢五国签订《布鲁塞尔条约》（3月）；欧洲统一运动的代表在海牙举行会议（5月）；苏联与南斯拉夫矛盾激化（6月）
1949年	德意志联邦共和国成立（9月20日）；德意志民主共和国成立（10月7日）；联邦德国成为欧洲经济合作组织的成员（10月31日）；联邦德国与西方三国签订《彼得斯贝格协议》（11月22日）	经互会成立（1月）；北约成立（4月）；《欧洲议会章程》签署（5月）；《日内瓦公约》签署（8月）；苏联爆炸第一颗原子弹（9月23日）
1950年	联邦德国成为欧洲委员会成员国（7月）；民主德国加入经互会（9月）	法国外长舒曼提出成立西欧煤钢联营计划（5月9日）

续表

时间	德 国	欧 洲
1951年	欧洲六国签署《欧洲煤钢联营条约》(4月);西方三国相继解除对德战争状态(7—12月)	丘吉尔再次出任英国首相(10月)
1952年	联邦德国与西方三国签订《德国条约》(5月);联邦德国与西方三国签订《欧洲防务集团条约》(5月)	
1953年	民主德国发生"东柏林事件"(6月17日)	斯大林去世(3月5日);苏联第一颗氢弹试验成功(8月14日)
1954年	苏联承认民主德国为主权国家(3月)	日内瓦会议(4—7月);《伦敦—巴黎协定》签订(9—10月)
1955年	苏联宣布对德解除战争状态(1月);联邦德国加入西欧联盟(5月);联邦德国加入北约(5月);民主德国与东欧社会主义国家组建华约(5月);联邦德国宣布"哈尔斯坦主义"(9月)	艾登出任英国首相(4月);华沙组织成立(5月);奥地利解决四国占领问题(10月)
1956年		赫鲁晓夫在苏共二十大后做秘密报告(2月);波匈事件(10月)
1957年	欧洲六国签订《罗马条约》(3月)	
1958年	第二次柏林危机爆发(10月10日)	戴高乐重新出山(6月);法兰西第五共和国成立(10月)
1961年	民主德国开始修建柏林墙(8月13日)	
1967年	欧共体成立(7月)	
1968年		法国爆发五月风潮(5月)

续表

时间	德国	欧洲
1969年	勃兰特当选为联邦德国总理，开始推行新东方政策（10月）	
1971年	昂纳克接替乌布利希，成为民主德国的新领导人（5月）；勃兰特获得诺贝尔和平奖（12月）	
1972年	两个德国签订《基础条约》（12月）	
1973年		欧共体首次扩大，吸收英、丹、爱三国（1月）
1981年		希腊进入欧共体（1月）；密特朗当选为法国总统（5月）
1982年		英阿发生马岛战役（4月）；勃列日涅夫去世（11月）
1985年		戈尔巴乔夫成为苏联领导人（3月）
1986年		西班牙和葡萄牙进入欧共体（1月）
1989年	东欧剧变，民主德国出现公民外逃浪潮（10月）；昂纳克下台（10月18日）；柏林墙开放（11月9日）	波兰政变（10月18日）；匈牙利政变（10月23日）；保加利亚政变（11月10日）；捷克斯洛伐克政变（12月10日）；罗马尼亚政变（12月25日）
1990年	民主德国举行决定命运的人民议院大选（3月18日）；两德签订《国家条约》（5月18日）；两德签订《统一条约》（8月31日）；"2+4外长会议"签订《关于最终解决德国问题的条约》（9月12日）；德国重新统一（10月3日）	波罗的海三国相继宣布脱离苏联独立（3—5月）；叶利钦当选为俄罗斯总统

进一步阅读书目

关于战后德国的整体历史，中国学术界的研究成果可参见丁建弘等主编的《战后德国的分裂与统一》（北京：人民出版社，1996年）、萧汉森与黄正柏主编的《德国的分裂、统一与国际关系》（武汉：华中师范大学出版社，1998年）、吴友法的《德国现当代史》（武汉：武汉大学出版社，2007年）、于振起的《冷战缩影——战后德国问题》（北京：世界知识出版社，2010年）。在德国学界，Hans-Ulrich Wehler，*Deutsche Gesellschaftsgeschichte* 第5卷（München：Beck，2008）值得一读。Christoph Kleßmann und Georg Wagner，*Das gespaltene Land：Leben in Deutschland 1945-1990. Texte und Dokumente zur Sozialgeschichte* （München：Beck，2008）提供了大量一手史料。

对于占领时期盟军改造的研究，中国学术界的成果主要有张沛的《凤凰涅槃：德国西占区民主化改造研究》（上海：上海世纪出版集团，2007年）。西方学术界可参见迈克尔·鲍尔弗等主编的《四国对德国和奥地利的管制：1945—1946》（上海：上海译文出版社，1980年）。

对于联邦德国历史的研究，中国学术界多有贡献，其中关注外交的研究著作有：潘琪昌的《走出夹缝：联邦德国外交风云》（北京：中国社会科学出版社，1990年）、王飞麟的《联邦德国重新武装与入盟西方战略：1949—1955》（武汉：武汉大学出版社，2009年）、张才圣的《德国与欧洲一体化》（北京：人民出版社，2011年）等；关注经济政策的有：朱正圻的《联邦德国的发展道路：社会市场经济的实践》（北京：中国社会科学出版社，1988年）、翟立林的《联邦德国社会市场经济》（上海：同济大学出版社，1989年）、沈越的《德国社会市场经济探源——多种经济理论的综合产物》（北京：北京师范大学出版社，1999年）、孟钟捷的《寻求黄金分割点——联邦德国社会伙伴关系研究》（上海：上海辞书出版社，2010年）和《20世纪德国企业代表会体制演变研究》（上海：上海人民出版社，2016年）等；关注社会转型的如辛蓄的《融入欧洲——二战后德国社会的转向》（上海：上海社会科学院出版社，2005年）、赵永清的《德国民主社会主义模式研究》（北京：北京大学出版社，2005年）、王芝茂的《德国绿党的发展与政策》（北京：中央编译出版社，2009年）、童建挺的《德国联邦制的演变，1949—2009》（北京：中央编译出版社，2010年）、王存福的《社会结构变迁与政党嬗变的向度分析——德国社会民主党的转型为例》（天津：天津人民出版社，2011年）；关注政治家的著作有杨寿国的《阿登纳传》（上海：上海外语教育出版社，1992年）和朱忠武的《科尔传》（成都：四川人民出版社，1997年）等。中国学者还译介了大量西方学术界的优秀成果，综合性的如埃德温·哈特里奇的《第四帝国》（北京：新华出版社，1982年）、于尔根·罗特的《繁荣的背后：联邦德国的社会现实》（北京：世界知识出版社，1992年）和吴伟的《希特勒魔影下的战后德国》（北京：民族出版社，2000年）；政治类的如库特·宗特海默尔的《联邦德国政府与政治》（上海：复旦大学出版社，1985年）、弗兰茨·瓦尔特的《德国社会民主党：从无产阶级到新中间》（重庆：重庆出版社，2008年）；外交类的如格雷韦的《西德外交风云纪实》（北京：世界知识出版社，1984年）；经济类的如韦·阿贝尔斯豪泽的《德意志联邦共和国经济史，1945—1980》（北京：商务印书馆，1988年）、迪特尔·格罗塞尔的《德意志联邦共和国经济政策及实践》（上海：上海翻译出版公司，1992年）、克劳斯·格林的《联邦德国的社会市场经济》（北京：中央编译出版社，1994年）、吉·格拉纳多斯的《社会市场经济的理论与实践》（北京：中央编译出版社，1996年）、何梦笔主编的《德国秩序政策理论与实践文集》（上海：上海世纪出版集团，2000年）等；思想类的如米勒的《另一个国度：德国知识分子、两德统一及民族认同》（北京：新星出版社，2008年）。

对于民主德国的研究，中国学术界的成果不多，主要著作有高德平的《柏林墙与民主德国》（北京：世界知识出版社，1992年）、肖辉英和陈德兴的《德国：世纪末的抉择》（北京：当代世界出版社，2000年）、邓红英的《民主德国政策的演变（1949—1990）》（武汉：湖北人民出版社，2009年）。译介的西方作品有沙尔夫的《民主德国的政治与变革》（北京：春秋出版社，1988年）。西方学术界在1990年后出版了大量研究民主德国的著作，可参见 Hermann Weber, *Die DDR 1945-1990* (München: Oldenbourg, 1993) 和 Alexander Fischer, *Die Deutsche Demokratische Republik. Daten, Fakten, Analysen* (Köln: KOMET, 2004) 的相关介绍。

关于统一进程的问题，可参见《德国统一纵横谈》（北京：世界知识出版社，1991年），也可阅读当事人的一些回忆录，如克里斯塔·卢夫特的《最后的华尔茨——德国统一的回顾与反思》（北京：中央编译出版社，1995年）、埃贡·克伦茨的《大墙倾倒之际：克伦茨回忆录》（北京：世界知识出版社，1991年）和《89年的秋天》（北京：中共中央党校出版社，2005年）等。

尾 声

新德国及其未来展望

那是一个萧瑟的冬夜。寒风凌厉,却扑灭不了东柏林人的内心炙热。数千人在两个小时内聚集在波恩霍莫铁桥的边境旁,等待那个极具纪念意义的黑夜。……20年过去了,在瑟瑟冬雨中,数百人又回到了这里,当年的物理学家、今天的"铁娘子"总理默克尔(Angela Merkel,1954年生)重温了二十年前走过铁桥时的感受。当晚,数十万人聚集在勃兰登堡门前。炫丽的烟花伴着贝多芬的《欢乐颂》,再次照亮了这座曾经是欧洲冷战前沿的城市。从勃兰登堡门到波茨坦广场,绵延1.5公里,竖着高高的绘有鲜艳色彩图案的1000块墙体模型。原波兰总统瓦文萨(Lech Wałęsa,1943年生)推倒了第一块模型,1000块墙体如多米诺骨牌般倒下。稍后,默克尔带着法国总统萨科齐(Nicolas Sarkozy,1955年生)、英国首相布朗(Gordon Brown,1951年生)、俄国总统梅德韦杰夫(Dmitry Medvedev,1965年生)和美国国务卿希拉里(Hillary Diane Rodham Clinton,1947年生),由东向西,跨过了勃兰登堡门。

新德国已经20周岁了!以上几幕正是2009年11月9日举行的纪念柏林墙倒塌20周年系列活动中的高潮。在这个欧洲中部国家,新的气息似乎无处不在。来自东部的女政治家执掌政权,欧美强国的领袖们竞相为新德国送上生日的祝福。内外形势的变化已远远在上一代政治家们的预料之外。不过,根据调查,高达14%的德国人还沉浸在分裂时代中,连默克尔也不得不承认"统一仍未完成"。同样,新德国的世界角色仍在摸索中。20年如沧海一粟,它仅仅记录下新德国成长的瞬间,并为新德国的未来悄悄地开启了大门。

新德国的发展与问题

德国统一虽是多数德意志人的愿望,但其速度却大大超越了人们的设想。因此,伴随统一而来的,不仅有发展,也出现了一连串问题。

东部地区的转型及其困境

根据两德签订的两个《国家条约》,在当时的国际环境下,民主德国是被"并入"联邦德国的。由此,从统一之日起,东部地区便不得不经历一场规模浩大的转轨运动,以实现两德融为一体的目标。

在政治上,民主德国的国家机器均被重组。所有党政机关被解散,政治局的所有成员遭清算和判刑。除少数技术人员外,近百万公务人员被解聘。所有部门从上到下地建立西部体制,专区改为5个新州,3.5万名西部官员接掌实权。西部各主要政党各自成立分部。①

在经济上,所有国营企业被解散,全面推行私有化,实施"振兴东部"计划。1990年7月1日,由原民主德国政府、企业和联邦德国三方经济管理人员组成"国有财产委托代管局"(简称"托管局"),负责实施私有化改制。到1994年12月31日托管局停止活动,约1.4万家国营企业实现改制,其中95%被西部企业收购,另有3600家企业被关闭。西部还为东部经济的迅速转轨与重建投入了大量资金,据统计,平均每年的"输血"高达1000亿—1500亿马克。截至2000年,联邦政府和企业向东部累计投资1.6万亿马克,其中包括西部人每年上缴5.5%的个人所得,即"团结税"。

在社会文化方面,西部机制与价值观也一并涌向东部。西部的劳资利益团体迅速建立了东部分会,集体合同制与共决制被引入东部。批判社会主义的政论与文学作品大行其道。

总体而言,东部地区的整体转型既有成功的一面,也出现了值得反思的地方。在一段时间内,东部地区的经济增长率大大超过西部,甚至是欧洲经济增

---

① 梅兆荣:《德国统一后东部地区的转轨情况》,载《德国研究》2003年第3期。

长最快的地区。公共基础建设的发展尤为显著，截至 1999 年年底，新建和改建 11700 公里公路和 5400 公里铁路，新建住房 73 万套，新安装电话约 570 万部。与统一前相比，东部人的收入和生活水平普遍得到提高，2000 年月均毛工资达到西部人的 80% 以上，20% 的家庭收入超过西部，购买力接近西部的 90%。[①]

不过，在转型过程中，东部过多依赖西部"输血"和政治强制性举措，一度造成自身动力不足的问题，在 1996—1997 年间的增长率下降到 2%，1998 年东部失业率高达 19.7%。由于统一前的众多许诺无法一步到位，东部人怨声载道，怀旧心理流行，甚至出现了两个新词：一个是"ostalgie"，即东部（ost）和怀旧（nostalgie）的组合；另一个是"Besserwessi"，即"自以为是的西部人"。对于西部人而言，大量"输血"造成了沉重负担。1993 年，周期性经济危机与东部经济形势恶化使德国经济跌入谷底。征收时间长达 30 年之久的"团结税"让不少西部人也对东部产生了厌恶情绪。事实上，自觉沦为"二等公民"的东部人和"趾高气扬的救世主"西部人彼此隔阂，东西地区之间的"心墙"继续存在。

原始文献 11.1

各界人士对统一后问题的反思

对于东西地区之间出现的差异，各界人士存在不同的看法，有些是感伤型的，有些是愤懑型的，有些是反思型的。以下三段资料分别反映了三类人的不同想法。

东部诗人布劳恩（Volker Braun，1939 年生）的《财富》发表于 1990 年，表达了诗人对于东部变化的感伤。

　　我还留在这儿，我的国家走向西方。

　　向茅屋宣战，给宫殿和平。

我自己向它踢上一脚，

自暴自弃，丢掉那廉价饰物。

冬天过后是欲望之夏，

而我则不受欢迎，

我的所有文本将无法理解，

我从未有过的将被剥夺，

[①] 孙春玲：《德国统一 11 年回顾总结》，载《国际资料信息》2001 年第 10 期。

我从未经历的将永远失去。
希望在路上如同陷阱,
我的财富,现在在你们手中,
何时我能再说:我的,我们全体人民的。

高中甫、宁瑛:《20世纪德国文学史》,青岛:青岛出版社,1998年,第300页。

西部文学家君特·格拉斯在2000年发表了小说《我的世纪》,其中用故事的方式叙述了托管局布劳伊尔(Birgit Breuel)的愤懑情绪。

……必须承认:是有失业的人,而且永远都会有。这位把我写下来的先生想把好几十万个失业者算在我的头上。我对自己说,这又怎么样。……据说是我,而不是西德钾盐工业,要对毕朔菲罗德的几千名钾盐工人的失业负责;据说是我,而不是克虏伯公司,让人在奥拉宁堡平掉了钢铁厂;据说是我,而不是施魏因富特德菲舍尔轴承公司,把从灰色的民主德国时期留下来的所有轴承工厂推向了毁灭;硬说是我想出了这个花招,用国家支援东部的钱帮助发展疲惫不堪的西部企业,比如不来梅火神造船厂……

君特·格拉斯:《我的世纪》,蔡鸿君译,上海:上海译文出版社,2000年,第303—304页。

英国政治学家西蒙·格林(Simon Green)等人在2008年的著作中,更为心平气和地探讨了德国东西部地区产生差异的客观性。

尽管悲观论者曾预料统一后(的德国)将蹒跚迁回到两次世界大战期间的政治状况,但他们已被证明是错误的。当今德国仍然是富裕,不过也存在不满情绪。它仍然是开放的,具有耐性的,不过它依旧存在种族文化性的排外现象。它在法律上实现了统一,但在心理上仍然是分裂的。(然而)这种内在的矛盾并非德国的特性。例如意大利,它在1871年后便在宪法上实现了统一,不过这个国家的南北地区显然继续生活在不同的社会—经济世界中。法国也许是不可分割的,对绝大多数人而言,共和国的价值也是毋庸置疑的,不过这种情况仍然无法阻止人们对日益增长的社会分裂之担忧——我们可以从显而易见的城市暴动中看到这一点,它成为当代法国政治中最引人注目的论题之一。即便在一般十分平静的英国,南北之间存在着清晰的经济差别,在不少城市(首先是北部)存在着日益严重的种族和社会张力……这些差别和张力已经导致人们越来越担心英国社会的团结性。当然,这股特殊的德国拧绳来自于这个国家特殊的、令人心惊胆寒的历史及其对当代政治生活所产生的明显影响,它使得这里的政治讨论复杂化,而不像其他地方那样(显得平静自然)。

西门·格林等:《新德国的政治》(Simon Green etc., *The Politics of the New Germany*, London and New York: Routledge, 2008),第2页。

※ 仔细阅读上述三段材料,谈谈你对统一后德国东西部差异的看法。

统一后德国的政治变革和外交方针

在统一后的德国政治舞台上,联盟党与社会民主党轮流执政。被誉为"统一缔造者"的科尔连续两次带领联盟党取得大选胜利,执掌新德国长达 8 年之久。但在经济发展出现停滞的压力下,梦想创造五次连任记录的科尔不得不于 1998 年让位于社会民主党人施罗德(Gerhard Schröder,1944 年生)。16 年后重返总理府的社会民主党雄心勃勃地立誓推动社会改革,迁都柏林,制定"2010 年改革议程"。然而德国经济仍不见好转,削减福利的做法得不到民众认同。 2005 年,联盟党重新赢得大选,第一位来自东部的女政治家默克尔出任总理。 2009、2013、2017 年,默克尔三次成功连任。

新德国的政党政治出现新现象。联盟党、社会民主党、自由民主党和绿党曾是西部地区的主要政党。两德统一后,绿党与东部的联盟 90 合并为联盟 90/绿党。根据统一前的政治协议,东西地区分开使用"5% 限制条款",这便促成了传统四党政治的变化。由统一社会党更名而来的民主社会党在东部维持住较高的得票率,并在 2007 年同社会民主党内部的左翼人士合并,成立了"左翼党",成

插图 11.1 新德国的三任总理,从左至右分别为默克尔、科尔与施罗德。

为国会第三大党，从而形成了五党政治格局。除此之外，共产党也在社会层面上重新拥有了影响力。

新德国的外交既体现了连续性，又有所创新。维持与美国的传统友好关系，继续推进欧洲一体化是新德国外交政策的核心。与此同时，新德国实行全方位自主性外交，不断拓展外交空间，如率先承认斯洛文尼亚和克罗地亚两国，积极谋求与俄罗斯建立友好伙伴关系，更多参与到亚洲事务中。进入新世纪后，新德国借"9·11"事件之机，派遣联邦国防军参加国际反恐战争，实现了军事地位正常化的目标。此外，它又积极要求成为联合国常任理事国，意图谋求政治大国的地位。2001年，德国学界提出"国际秩序政策"，鼓吹国际政治文明化，其实质是更大限度地发挥德国作为"文明国家"的作用。[①] 在2009年以来的欧洲债务危机不断蔓延和2015年英国脱欧的挑战面前，德国已经成为欧盟的领导者与全球化的积极推动方。正如总统高克（Joachim Gauck，1940年生）在一次公开演讲中所言，"（德国）以后也将欧洲视为我们共同的家园"。

新德国的经济与社会问题

1990年后，新德国的经济发展既受到资本主义经济周期的影响，又必须承受由统一、欧洲一体化和全球化所带来的巨大压力，呈现持续低迷的状态。1991—2006年间，国民生产总值的年均增幅只有1.56%，年均失业率却高达11.3%。[②] 在加入欧元区后，德国也面临物价飞涨的压力。2002年德国年度最热门词汇便是一个来自"欧元"（Euro）的新词"Teuro"，意为"昂贵的欧元"。

在此背景下，以高福利为特征的莱茵模式受到广泛质疑，改造"福利国家"的呼声日渐强烈。从科尔到默克尔，三任总理都在筹划改革方案，并取得了阶段性成果，如降低养老金发放标准，刺激失业者重返劳动市场的积极性等。但改革也引发了剧烈的社会与政治震荡，民众的抗议声不断。

在东部，经济问题还直接导致新纳粹势力死灰复燃，极右翼政党的支持率

[①] 连玉如：《新世界政治与德国外交政策——"新德国问题"探索》，北京：北京大学出版社，2003年，第510—522页。
[②] 西蒙·格林等：《新德国的政治》（Simon Green etc., *The Politics of the New Germany*, London and New York: Routledge, 2008），第48页，根据表3.1计算得出。

尾 声 新德国及其未来展望 | 243

插图 11.2 新纳粹分子

插图 11.3 德国民众的反种族主义游行。横幅上写着"外国人是朋友和同事""反对种族主义"。

节节攀升。统一后，东部地区物价持续上涨，失业人数激增，新纳粹分子以此为借口，不断制造暴力排外事件。与此同时，右翼极端民族主义者披着合法政党的外衣，号称代表穷人，批判资本主义体制，宣扬种族主义思想。新世纪以来，极右翼政党德国国家民主党先后进入萨克森与梅克伦堡州议会，2013年成立的德国选择党明确要求德国脱离欧元区。对此，联邦政府与广大民众坚持民主立场，严厉谴责任何形式的排外行动。

未来展望

21世纪已过去17年，新德国的未来将会如何？对此，人们可以从两个角度予以期待：

第一，德国模式是否能维持下去，并实现创新？作为一个"迟到的民族国家"，为了找到民族发展的"独特道路"，德国在历史上走过了一条十分曲折且充满教训的弯路。然而，追求本民族的特殊性并不是一种非常之举。每一个民族都有权利寻找适合本民族的发展道路。德国的历史教训在于，它曾经把属于自己的特性作为普遍真理，强迫其他民族接受，甚至不惜为此动用武力。如今，德国业已承认人类历史发展的多元性，并且正确地把自己在二战后所走过的道路视作普遍真理之下的特殊经验。今后的问题是，在全球化日益推进的时代中，这种德国模式是否可以与时俱进、去粗取精，从而成为世界文化之园中的一朵繁花？

第二，一个定位于"欧洲中的德国"是否能一劳永逸地解决民族主义与世界主义之间的张力？"成为世界公民"曾经是神圣罗马帝国时期德意志人的梦想，也被作为两次世界大战中德意志人实现扩张的借口。这种不切实际的想法最终不仅无法实现，反而造成德意志人丧失了统一民族的意识与身份。在两德统一前，这种历史经验曾被作为悲观论者的主要依据，用来否定新德国的未来。经过20多年的实践，新德国却走出了一条新路：它把民族主义与世界主义的两种理想扭结在"欧洲中的德国"这一新身份中，使自己成为一种"超前的民族国家"，即在出让民族国家主权方面身先士卒。今后的问题是，这种尝试是否能被国内外政治界所接受，并且最终取得成功？

结 语

德国历史不会终结，所以这是一个不是结尾的尾声。回顾统一后的 20 年，新德国给世人带来的不仅仅是喜悦，还有惊讶！人们为德意志人的雄起而喜悦，为德意志人百折不回的精神而惊讶；人们为德国坚定和平之路而喜悦，为德国直面世界主义与民族主义之间张力的勇气而惊讶。历史仍在继续，奇迹还将出现！

大事记

时　间	德　国	欧　洲
1990 年	德国统一（10 月 3 日）；全德第一次议会选举，联合执政的联盟党和自由民主党获胜（12 月 2 日）	
1991 年	科尔当选为新德国第一任总理（1 月 17 日）；德国率先承认斯洛文尼亚和克罗地亚独立（12 月）	欧共体 12 国政府首脑签订《马斯特里赫特条约》（12 月 11 日）；苏联解体（12 月 25 日）
1993 年		欧洲联邦正式诞生（11 月 1 日）
1994 年	科尔再次当选为总理（11 月 15 日）	
1998 年	施罗德当选为总理（10 月 27 日）	
2002 年		欧元正式流通（1 月 1 日）
2003 年	施罗德政府提出了《2010 年改革议程》（3 月）	
2005 年	默克尔当选为总理（11 月 22 日）	
2009 年	默克尔再次当选为总理（10 月 28 日）；德国开始纪念柏林墙倒塌 20 周年系列活动（11 月）	欧盟召开布鲁塞尔特别峰会，选举产生欧洲理事会常任主席、外交和安全政策高级代表（11 月 19 日）

续表

时　间	德　国	欧　洲
2011年	德国政府决定从2022年起完全放弃核能（5月30日）	法国总统萨科齐下台、奥朗德上台（5月）；普京再次当选俄国总统（5月7日）
2013年	默克尔第三次当选为总理（12月17日）	教皇本笃十六世辞职（2月）
2014年		乌克兰危机（2月起）
2015年	德国接纳难民逾百万	法国出现多起恐怖主义袭击事件（1月、11月）
2016年	科隆发生新年强奸案，引发难民争议（1月）；柏林发生圣诞暴恐事件（12月）	土耳其政变失败（7月）；英国脱欧公投（6月）；英国首相卡梅伦辞职（7月）；法国尼斯遭遇暴恐事件（7月）
2017年	德国前外长施泰因迈尔（Frank-Walter Steinmeier，1956年生）当选为总统（3月19日）	

进一步阅读书目

关于统一后德国的发展，中国学术界进行了追踪研究，陆续发表了一些有价值的论文和专业书籍。关于新德国的外交发展，可参阅裘元伦和顾俊礼主编的《德国与世界》（北京：经济日报出版社，1996年）、李乐曾的《新世纪的德国——政治、经济与外交》（上海：同济大学出版社，2002年）、连玉如的《新世界政治与德国外交政策——"新德国问题"探索》（北京：北京大学出版社，2003年）和熊炜的《统一以后的德国外交政策》（北京：世界知识出版社，2008年）等；关于新德国的政治结构，可参阅甘超英的《德国议会》（北京：华夏出版社，2002年）和一批中德学者合著的《德国政治概况》（上海：学林出版社，1999年）。一些西方译著也不妨一阅，如赫尔穆特·沃尔曼的《德国地方政府》（北京：北京大学出版社，2005年）等。在西方学术界，极具概括性的著作可参阅Simon Green etc., *The Politics of the New Germany*（London and New York：Routledge，2008），关注三位总理者亦可阅读 Gerd Langguth，*Kohl*，*Schröder*，*Merkel. Machtmenschen*（München：Deutscher Taschenbuch Verlag，2009）。这位作者的《默克尔传》（北京：金城出版社，2005年）已被译成中文。此外，也可参阅施罗德的回忆录《抉择：我的政治生涯》（南京：译林出版社，2007年）。

德国政治史大事年表

时　　间	事　　件
5—6世纪	日耳曼小王国陆续建立。
486年	克洛维建立法兰克王国。
800年	查理在罗马加冕。
843年	《凡尔登条约》签订,法兰克王国分裂。
870年	《梅尔森条约》签订,法兰克王国分裂格局定型。
911年	法兰克尼亚公爵康拉德一世当选为东法兰克王国国王。
919年	萨克森公爵(捕鸟者)亨利一世当选为东法兰克王国国王,始建德意志王国的萨克森王朝。
962年	奥托一世在罗马加冕,始建神圣罗马帝国。
1024年	法兰克尼亚-萨利安王朝建立。
1076年	第一次双皇斗爆发。
1122年	《沃尔姆斯宗教协定》签字。
1155年	第二次双皇斗爆发。
1225年	条顿骑士团受邀进入普鲁士。
1273年	哈布斯堡王朝建立。
1283年	条顿骑士团征服普鲁士。
1356年	查理四世颁布《金玺诏书》。
1410年	骑士团国家在格伦瓦尔德败于波兰。
1415年	胡斯被处死,胡斯派运动兴起;霍亨索伦家族的纽伦堡伯爵受封勃兰登堡边区伯爵。
1452年	神圣罗马帝国更名为"德意志民族的神圣罗马帝国"。
1466年	骑士团国家臣服于波兰。
1493年	农民革命社团"鞋会"出现。

续表

时间	事件
1499 年	瑞士独立。
1510 年	霍亨索伦家族的阿尔布莱希特·冯·勃兰登堡－安斯巴赫被推举为骑士团团长。
1517 年	马丁·路德提出"九十五条纲领",宗教改革开始。
1521—1524 年	骑士战争。
1524—1525 年	农民战争。
1530 年	《奥格斯堡告白》发布,成为新教徒的纲领。
1531 年	新教贵族结成反对皇帝的施马尔卡尔登同盟。
1546 年	施马尔卡尔登战争以皇帝的胜利而告终。
1555 年	《奥格斯堡宗教和约》签订。
1618 年	"掷出窗外事件",三十年战争开始;勃兰登堡－普鲁士公国出现。
1648 年	三十年战争结束,签订《威斯特伐利亚和约》。
1701 年	普鲁士王国成立。
1740—1748 年	奥地利王位继承战。
1756—1763 年	七年战争。
1793 年	普、奥参加第一次反法同盟。
1797 年	奥地利战败,签订《坎波·福米奥和约》。
1801 年	奥、法签订《吕内维尔和约》。
1803 年	《全帝国代表团会议主决议》通过,调整帝国内部结构。
1805 年	奥、法签订《普莱斯堡和约》。
1806 年	西、南德意志邦国成立莱茵同盟,脱离帝国;神圣罗马帝国解体(8月6日)。
1807 年	普鲁士签订《提尔西特和约》。
1808 年	普鲁士改革开始。
1813 年	莱比锡民族大会战。
1814 年	维也纳会议召开。
1815 年	德意志联盟成立(6月8日);普、奥、俄成立"神圣同盟"(9月)。
1817 年	瓦特堡焚书(10月)。
1819 年	《卡尔斯巴德决议》签订(8月)。

续表

时间	事件
1832 年	汉巴哈大会（5 月）。
1834 年	德意志关税同盟成立（1 月）。
1835 年	德意志第一条铁路贯通。
1836 年	正义者同盟在巴黎成立。
1837 年	哥廷根七君子事件。
1844 年	西里西亚纺织工人起义。
1848 年	《共产党宣言》发表（2 月）；1848/1849 年革命爆发。
1850 年	普鲁士改革德意志联盟计划失败。
1862 年	普鲁士爆发宪法危机，俾斯麦出任首相。
1864 年	德丹战争。
1866 年	普奥战争。
1867 年	北德联邦成立。
1869 年	德国社会民主工党成立。
1870 年	普法战争。
1871 年	德意志帝国成立（1 月 18 日）。
1871—1875 年	文化斗争。
1873 年	三皇同盟建立。
1878 年	俾斯麦利用东方危机，召开柏林会议；国会通过"反社会党人法"。
1879 年	德、奥、意三国同盟条约。
1883 年	"疾病保险法"通过。
1884 年	"事故保险法"通过。
1887 年	德、俄签订《再保险条约》。
1888 年	威廉二世登基。
1889 年	"老年人与残疾者保险法"通过。
1890 年	俾斯麦离职。
1897 年	首相比洛宣称德国应争取"阳光下的地盘"。
1914—1918 年	第一次世界大战。

续表

时间	事件
1918 年	1918/1919 年革命爆发（10 月底 11 月初）；威廉二世退位（11 月 9 日）；德国战败（11 月 9 日）。
1919 年	魏玛政府成立（2 月）；《凡尔赛和约》签字（6 月 28 日）；《魏玛宪法》颁布（8 月 11 日）。
1920 年	卡普暴动（3 月）。
1922 年	德、苏签订《拉巴洛条约》（4 月）。
1923 年	鲁尔危机爆发（1 月）；汉堡工人起义（10 月）；纳粹党发动"啤酒馆暴动"（11 月）。
1924 年	德国政府接受《道威斯计划》（8 月）。
1925 年	兴登堡当选为总统（4 月）；洛迦诺会议召开（10 月）。
1926 年	德国加入国际联盟（9 月）。
1927 年	"失业保险法"通过。
1930 年	德国政府接受《杨格计划》（1 月）；总统内阁建立（3 月）。
1932 年	纳粹党成为国会第一大党（7 月）。
1933 年	希特勒就任总理（1 月 30 日）；国会大厦纵火案（2 月 27 日）；国会重新大选（3 月 5 日）；《授权法》通过（3 月 20 日）；德国退出裁军会议（10 月 14 日）；德国退出国际联盟（10 月 19 日）。
1934 年	德国恢复义务兵役制（3 月 16 日）；清洗冲锋队（6 月 30 日）；希特勒把总理与总统职位合二为一（8 月 2 日）。
1936 年	德国进驻莱茵非军事区（3 月 7 日）；德、意签订轴心协定（10 月）；德、日签订《反共产国际协定》（11 月）。
1937 年	希特勒召集高层会议，即霍斯巴赫备忘录（11 月 5 日）。
1938 年	吞并奥地利（3 月 12 日）；吞并苏台德地区（9 月 30 日）。
1939 年	吞并捷克斯洛伐克（3 月 16 日）；签订《德意友好同盟条约》（5 月 22 日）；签订《苏德互不侵犯条约》（8 月 23 日）；入侵波兰，第二次世界大战爆发（9 月 1 日）。
1940 年	占领丹麦（4 月 9 日）；占领挪威（6 月 10 日）；逼降法国（6 月 22 日）；空袭英国（8 月）。
1941 年	进攻苏联（6 月 22 日）。
1943 年	兵败斯大林格勒（2 月）；兵败北非阿勒曼（2 月）。
1944 年	刺杀希特勒（7 月 20 日）。

续表

时　间	事　件
1945 年	希特勒自杀（4 月 30 日）；德国投降，第三帝国结束（5 月 8 日）；四国接管德国最高政府权力（6 月）；纽伦堡审判（9—10 月）。
1948 年	第一次柏林危机爆发（6 月 24 日）。
1949 年	德意志联邦共和国成立（9 月 20 日）；德意志民主共和国成立（10 月 7 日）。
1950 年	联邦德国成为欧洲委员会成员国（7 月）；民主德国加入经互会（9 月）。
1951 年	欧洲六国签订《欧洲煤钢联营条约》（4 月）；西方三国相继解除对德战争状态（7—12 月）。
1953 年	民主德国发生"东柏林事件"（6 月 17 日）。
1954 年	苏联承认民主德国为主权国家（3 月）。
1955 年	苏联宣布对德解除战争状态（1 月）；联邦德国加入西欧联盟（5 月）；联邦德国加入北约（5 月）；民主德国与东欧社会主义国家组建华约（5 月）；联邦德国宣布"哈尔斯坦主义"（9 月）。
1957 年	欧洲六国签订《罗马条约》（3 月）。
1958 年	第二次柏林危机爆发（10 月 10 日）。
1961 年	民主德国开始修建柏林墙（8 月 13 日）。
1967 年	欧共体成立（7 月）。
1969 年	勃兰特当选为联邦德国总理，开始推行新东方政策（10 月）。
1971 年	昂纳克接替乌布利希，成为民主德国的新领导人（5 月）；勃兰特获得诺贝尔和平奖（12 月）。
1972 年	两个德国签订《基础条约》（12 月）。
1989 年	东欧剧变，民主德国出现公民外逃浪潮（10 月）；昂纳克下台（10 月 18 日）；柏林墙开放（11 月 9 日）。
1990 年	民主德国举行决定命运的人民议院大选（3 月 18 日）；两德签订《国家条约》（5 月 18 日）；两德签订《统一条约》（8 月 31 日）；"2+4 外长会议"签订《关于最终解决德国问题的条约》（9 月 12 日）；德国重新统一（10 月 3 日）。
1991 年	科尔当选为新德国第一任总理（1 月 17 日）；德国率先承认斯洛文尼亚和克罗地亚独立（12 月）。
1994 年	科尔再次当选为总理（11 月 15 日）。

续表

时　间	事　件
1998 年	施罗德当选为总理（10 月 27 日）。
2003 年	施罗德政府提出了《2010 年改革议程》（3 月）。
2005 年	默克尔当选为总理（11 月 22 日）。
2009 年	默克尔再次当选为总理（10 月 28 日）；德国开始纪念柏林墙倒塌 20 周年系列活动（11 月）。
2013 年	默克尔第三次当选为总理（12 月 17 日）。
2015 年	欧洲爆发难民潮，德国接纳难民人数超过 100 万，引发争议。

德国文化史大事年表

时 间	事 件
公元前 52—前 51 年	恺撒（Gaius Julius Caesar，公元前 102—前 44）著《高卢战记》，其中描述过日耳曼人的生活
98 年	古罗马历史学家塔西陀（Publius Cornelius Tacitus，56—120）完成《日耳曼尼亚志》。
8 世纪	出现"Theodisca"一词，主要指东部语言，以区分拉丁语，后演化为"Deutsch"（德意志）。
768—814 年	查理大帝统治期间出现了卡洛林文艺复兴。
822 年	拉班·莫尔（Raban Maur，776—856）就任富尔达修道院院长。他推动了教会教育的发展，被后世誉为"日耳曼民族的第一位教师"。他的代表作是《百科全书》，创立了富尔达学派。
849 年	士瓦本僧侣、诗人瓦拉弗利德·斯特拉波（Walafrid Strab，约 808—849）逝世。
1095—1291 年	十字军东征时期产生了骑士文化。著名的抒情诗人瓦尔特·冯·福格尔瓦德（Walther von Vogelweide，约 1170—1230）创作了《菩提树下》；海因里希·冯·维尔德克（Heinrich von Veldecke，约 1150—约 1190/1200）创作长诗《爱纳伊特》；12 世纪出现了骑士小说《公爵恩斯特》；传记作家哥特弗利德·冯·斯特拉斯堡（Gottfried von Strassburg，？—约 1210）创作《特里斯坦和绮瑟特》；骑士史诗作家沃尔夫拉姆·冯·埃辛巴哈（Wolfram von Eschenbach，1170/1780—约 1220）创作《帕齐法尔》；1200 年左右出现了《尼伯龙根之歌》和《古德隆之歌》。
12 世纪	城市出现行会。行会不仅是一种经济、社会和政治组织，也给德国人的精神生活留下了烙印。行会文化表达了一种公共精神。
1158 年	哲学家弗莱辛的奥托（Otto von Freysing，1112—1158）逝世。他以代表作《关于两个城邦的历史》跻身于德国中世纪最杰出的历史哲学家之列。
1179 年	神秘论代表希尔德加德·冯·宾根（Hildegard von Bingen，1098—1179）逝世。
1248 年	哥特式建筑的代表科隆教堂始建。

续表

时间	事件
1280 年	自然科学家和盛期经院哲学家阿尔贝托斯·马格纽斯（又译大阿尔伯特，Albertus Magnus，1193/1200—1280）逝世。
14 世纪初年	抒情歌唱家海因里希·冯·迈森（Heinrich von Meissen，1250/1260—1318）在美因茨创建了一所歌咏学校。他创作了大量手工业者之歌，成为市民阶层诗歌的主要创作者。市民阶层的师傅之歌是中世纪末期德国城市文化的一个特色。
1327 年	冥思神秘论代表迈斯特·埃克哈特（Meister Eckhart，约 1260—约 1328）逝世。
1348 年	德国第一座大学布拉格大学成立。此后成立的大学有：维也纳大学（1365 年）、海德堡大学（1386）、科隆大学（1388）；爱尔福特大学（1397）；符茨堡大学（1402）、莱比锡大学（1409）、弗莱堡大学（1457）、美因茨大学（1477）和图宾根大学（1477）。大学生主要学习七艺：文法、修辞、逻辑、算术、几何、天文和音乐。
1377 年	世界上最高的哥特式大教堂乌尔姆教堂落成。
1445 年	宗教艺术画家康拉德·维茨（Konrad Witz，1400—1446）逝世。
1450 年	古腾堡（Johannes Gutenberg，1400—1468）发明用金属铸字的印刷术。
1451 年	晚期哥特式绘画科隆派最重要的代表斯特凡·洛希纳尔（Stefan Lochner，约 1400/1410—1451）逝世，他的代表作有《科隆教堂的三个国王祭坛》《玫瑰丛中德圣母玛多娜》等。
1486 年	神学家凯泽尔斯堡（Johann Geiler von Kaisersberg，1445—1510）从意大利回到斯特拉斯堡，成为把意大利人文主义研究活动传入德国的主要学者之一。
1487 年	弗里德里希三世敕封人文主义者康拉德·塞尔蒂斯（Konrad Celtis，1459—1508）为桂冠诗人。塞尔蒂斯曾在美因茨创建富有影响的莱茵文学社团，在维也纳创立文学科学院。
1510 年	人文主义者伊拉斯谟（Desiderius Erasmus，1465/1469—1536）发表著名的反封建讽刺小说《愚人颂》。伊拉斯谟还潜心研究《圣经》，于 1522 年出版希腊文版《圣经》。
1522 年	人文主义者约翰·罗伊希林（Johann Reuchlin，1455—1522）逝世。他是德国希伯来语研究的创始人，出版过《蒙昧主义者书简》，为犹太文化辩护。
1522—1534 年	路德翻译《圣经》。他依据的是伊拉斯谟的拉丁文译本，不仅使新德语译本成为攻击罗马教会的有力武器，而且还创造了统一的标准德语，促进德意志民族的融合。

时　间	事　件
1523 年	市民诗人汉斯·萨克斯（Hans Sachs, 1494—1576）创作了《威丁堡的夜莺》，用通俗化手法表达路德教义。
1528 年	著名画家丢勒（Albrecht Dürer, 1471—1528）逝世。他一生留下了 250 幅木版画和 1000 幅左右铜版画，素描画超过 1000 幅。其中著名的作品有：铜雕《亚当和夏娃》（1504）；木版组画《玛丽亚的生活》（1501—1510）；铜雕《骑士、死亡和魔鬼》（1513—1514）；绘画《四使徒像》（1521）。同年，另一著名画家格吕瓦尔德（Matthias Grünewald, 1475/1480—1528）逝世。他的作品表现了德国哥特式绘画的最高水平，也同人文主义和宗教改革相合。
1541 年	约翰·浮士德（1480？—1541）逝世。他是一位占星师，后来成为德国文学创作中的著名人物。第一部相关作品出现在 1587 年，题为《约翰·浮士德博士的故事》。后来不断得到改编，较为著名的作品有歌德的诗剧。
1543 年	著名画家荷尔拜因（Hans Holbein, 1497—1543）逝世。他擅长人物肖像画，如为伊拉斯谟、英王亨利八世所绘像。1525 年，他曾创作木版画《死神之舞》。
1553 年	著名画家克拉那赫（Lukas Cranach, 1472—1553）逝世。他和路德有着深厚友谊，路德是其女儿的教父，他是路德长子的教父。他曾为路德的文章和《圣经》译本画插图。其作品包括了大量非宗教人物画，宣扬了新教主张。他的逝世标志着德国绘画艺术盛世的终结。
1555 年	由维克拉姆（Jörg Wickram, 约 1505—1562 前）收集的《车中小书》出版，这是 16 世纪最著名的笑话集和滑稽小说，表达了市民阶层的自我意识和生活情趣。维克拉姆被视为德国文学中市民小说的开山鼻祖。类似的市民小说还包括《梯尔·欧伦施皮革尔》和《希尔德的市民们》等。
1596 年	天文学家开普勒（Johannes Kepler, 1571—1630）首次发表重要著作《神秘的宇宙》，捍卫了哥白尼的日心说体系。此后，他先后提出了著名的三大定律，从而为牛顿发现万有引力定律奠定基础。此外，他在光学方面颇有造诣，于 1513 年制成第一架开普勒望远镜，被誉为德国光学始祖。他所编制的行星表直到 18 世纪中叶仍被视作标准。
1617 年	魏玛成立"丰收学会"（Fruchtbringende Gesellschaft），其宗旨是共同行动，促进德语的完善和发展，把外国语言的势力从德国驱逐出去。
1624 年	哲学家伯麦（Jakob Böhme, 1575—1624）被教会迫害而死。他试图用"上帝"和"自然"二元论来解释宗教，被视为通往德国古典哲学的桥梁。其思想中包含了令人惊异的辩证观。 诗人奥皮茨（Martin Opitz, 1597—1639）发表《德国诗论》，提出了诗艺的唯一意义和目的是让诗韵抑扬交错。该思想影响深远，尤其影响了巴洛克时代的重要诗人，如盖哈尔特（Paul Gerhardt, 1607—1676）、弗莱明（Paul Fleming, 1609—1635）和施佩（Friedrich Spee, 1591—1635）等。奥皮茨被视作德国近代文学的创始人。

续表

时间	事件
17世纪后半叶	三十年战争后,德国沉浸在巴洛克文化中,各地出现了以各邦宫廷为核心的宫廷文化。邦君不断通过各种形式的庆典来巩固权力。巴洛克宫殿遍地开花,著名的有德累斯顿的茨温格尔宫。18世纪后,巴洛克建筑发展为洛可可风格,建筑作品有慕尼黑的宁芬堡等。
1669年	晚期德国巴洛克重要作家格里美豪森(Hans Jakob Christoffel von Grimmelhausen,约1622—1676)发表著名作品《痴儿西木传》。
1687年	哈勒大学的哲学家托马西乌斯(Christian Thomasius,1655—1728)首次在大学用德语代替拉丁语讲课。
1698年	雕刻家和建筑家许雷特尔(Andreas Schlüter,约1660—1714)为柏林夏绿蒂宫创作了大选侯的骑士雕像,这是德国巴洛克最著名的艺术品。与此同时,他还参与建造了柏林王宫。
1716年	启蒙哲学家莱布尼茨(Gottfried Wilhelm Leibnitz,1646—1716)逝世。他在多个自然科学与社会科学领域中有所创建,如二进制、微积分等,他的《单子论》和《神正论》是和谐哲学的基础。他也是德国汉学的鼻祖之一。
1719年	哲学家沃尔夫(Christian von Wolff,1679—1754)发表《神、世界和人的灵魂的理性思想》,以理性思想为主题表述了形而上学观,宣扬了莱布尼茨的和谐哲学。他还用德语写作和讲课,促进了德国民族语言的发展。
1730年	作家戈特舍德(Johann Christoph Gottsched,1700—1766)发表《给德国人写的批判诗学试论》,力图推动德国文学和戏剧的改革。他被称为德意志启蒙文学运动之父。但是他过分看重法国古典主义文学规则,缺少创新精神。
1750年	巴洛克盛期音乐代表巴赫(Johann Sebastian Bach,1685—1750)逝世。巴赫出身于一个音乐世家,不少亲属是传统的笛子演奏家、风琴师和宫廷乐师。他先后创作了各种乐曲500多首,其特点是以赋格曲显示的对位风格。他还把十二平均律乐制引入钢琴曲创作。
18世纪下半叶	德国的图书产业经历了一次飞跃,被称为"媒体革命"。1770—1790年间,德国每年印刷出版的图书数量在200万册左右,远远超过1619年的1587册。
1759年	巴洛克盛期音乐代表亨德尔(Georg Friedrich Händel,1685—1759)逝世。亨德尔创作的奏鸣曲、圣经音乐和巴洛克风格的歌剧使他成为德国第一个享有世界声誉的音乐家。
1765年	柏林出版商尼克莱(Christoph Friedrich Niclai,1773—1811)与文学巨匠莱辛及犹太哲学家门德尔松(Mases Mendelssohn,1729—1786)合作,创办《德意志万有文库》。该刊一直延续到1806年,刊载过8万篇书评和介绍文章。

续表

时 间	事 件
1770—1771 年	在斯特拉斯堡大学学习的歌德（Johann Wolfgang Goethe，1749—1832）与赫尔德（Johann Gottfried Herder，1744—1803）相识，被认为是狂飙突进运动（1770—1785）的开始。该运动取名于青年作家克林格尔（Friedrich Maximilian Klinger，1752—1831）于 1776 年发表的同名剧作。赫尔德是这场运动的理论家。他在民族语言研究和民歌搜集方面做出了巨大贡献。歌德在该时期连续写出了著名剧作《葛兹》和小说《少年维特之烦恼》。此外，席勒（Friedrich Schiller，1759—1805）也积极参与其中，创作了剧本《强盗》《阴谋与爱情》等。
1774 年	启蒙教育家巴泽多（Johann Bernhard Basedow，1724—1790）在德骚建立了一所慈善类型的教育机构，开展泛爱主义教育。
1781 年	启蒙文学家莱辛（Gotthold Ephraim Lessing，1729—1781）逝世。他创作了大量剧本，又是杰出的戏剧理论家，出版过《汉堡剧评》。他还是著名的美学家，用《拉奥孔》一文探讨诗画区别。
1784 年	启蒙哲学家康德（Immanuel Kant，1724—1804）发表《什么是启蒙》一书，为启蒙下定义。康德奠定了德国古典哲学的基础，先后发表《纯粹理性批判》（1781）《实践理性批判》（1788）和《判断力批判》（1790）等重要著作。他在天文学方面也有所创建。
1786 年	歌德结束在魏玛宫廷的任职，游历意大利，开启了德国古典主义时代。他与席勒的合作时期（1794—1805）为古典主义文学繁荣期。在该时期，歌德向罗马古典艺术学习，创作了数本剧作，如《伊菲格涅》《哀格蒙特》和《塔索》等。席勒创作了《华伦斯坦》三部曲等。
1787 年	著名作曲家和歌剧改革家格罗克（Christoph Willibald Gluck，1714—1787）逝世。他把传统格局改成戏剧为主，音乐为辅。
1790—1830 年	德意志浪漫主义运动。早期浪漫派代表是施莱格尔兄弟（August Wilhelm von Schlegel，1767—1845；Friedrich von Schlegel，1772—1829）和诺瓦列斯（Novalis，1772—1801）等人，他们在耶拿形成文学团体，又称耶拿派；中期浪漫派因聚会在海德堡，故称海德堡派，代表有布伦塔诺（Clemens Brentano，1778—1842）和格林兄弟（Jakob Grimm，1781—1863；Wilhelm Grimm，1786—1859）等，他们着重于开拓民间文学遗产；后期浪漫派作家有霍夫曼（Ernst Theodor Amadeus Hofmann，1776—1822），艾兴多夫（Joseph von Eichendorff，1788—1822）等人，他们在讽刺专制主义方面表现了现实主义的特征。
1791 年	音乐奇才、维也纳古典主义音乐大师莫扎特（Wolfgang Amadeus Mozart，1756—1791）英年早逝。他留下了 625 部作品，是继格罗克之后的重要歌剧家，其风格颇富创造性。 勃兰登堡门大致完工。这是新古典风格的建筑。
18 世纪末年	柏林兴起了沙龙文化。其中著名的沙龙都是由犹太裔妇女开设，如赫尔茨（Henriette Herz，1764—1847）和列文（Rahel Levin，1771—1833）等。

续表

时 间	事 件
1803 年	诗人克罗卜斯托克（Friedrich Gottlieb Klopstock，1724—1803）逝世。他不仅从民族神话和历史中汲取灵感，创作了大量民族史诗，还用德语的自由韵律歌颂祖国。他被誉为德意志所有诗人的老师。
1809 年	维也纳古典主义音乐大师海顿（Joseph Haydn，1732—1809）逝世。古典主义音乐不同于巴洛克音乐的华丽和热情，强调均匀而有节奏，淳朴而又纯真。其音乐最主要的特征是奏鸣曲形式。
1810—1814 年	洪堡推行普鲁士教育改革。1810 年，洪堡创立柏林大学。
1814 年	古典主义哲学家费希特（Johann Gottlieb Fichte，1762—1814）逝世。他的认识论以"知识学"为核心，强调"自我"的本质是意志，"自我意志"就是绝对自我。"非我"是通过有意识的"自我"而存在。"非我"与"自我"既对立，又相互制约。1811 年，他被任命为柏林大学校长。后积极参加反法民族战争。
1814—1848 年	德国文化界出现了"毕德迈耶尔"现象，即着重于个体生活与小城情调。这在室内装修、家具式样和绘画中颇为流行。在文学创作中，抒情诗和中篇小说最受青睐，长篇小说又遭冷遇。其中，作家默里克（Eduard Friedrich Mörike，1804—1875）的中篇传记小说《莫扎特赴布拉格途中》是德国文学中的名篇。
1827 年	维也纳古典主义音乐大师贝多芬（Ludwig van Beethoven，1770—1827）逝世。他创作了近 200 件作品，极具时代特色，既充满田园韵味，又渗透着反对专制主义统治、拥护共和的斗争精神。
1828 年	浪漫派音乐家舒伯特（Franz Schubert，1779—1828）逝世。他被誉为艺术歌曲之王。
1830 年	一个名为"青年德意志"（Junges Deutschland）的文学团体出现，主要成员有伯尔纳（Ludwig Börne，1786—1837）、古茨科（Karl Gutzkow，1811—1878）和劳伯（Heinrich Laube，1806—1884）等人。该团体致力于用文学作品批评社会。他们对 1848/1849 年革命的爆发产生了一定影响，因而被人称为"三月前文学"。
1831 年	古典主义哲学的最重要代表黑格尔（Georg Wilhelm Friedrich Hegel，1770—1831）逝世。他曾担任柏林大学校长。黑格尔的辩证法是德国古典哲学的最大成果，他建立了一套完整的唯心主义哲学体系，辩证原则贯穿于其体系之中。
1832 年	歌德对晚年重要作品《浮士德》做最后校订。
1833 年	诗人海涅（Heinrich Heine，1797—1856）出版《论浪漫派》，为德国的浪漫主义做了总结。海涅不仅是伟大的抒情诗人，而且还在诗风上逐渐增添政治内容，如 1844 年出版的长诗《德国，一个冬天的童话》。1834 年出版的《论德国宗教与哲学的历史》是海涅的另一本重要的理论著作。

续表

时 间	事 件
1835—1842 年	历史学家格维纽斯（Georg Gottfried Gervinus, 1805—1871）出版了 5 卷本的《德国人的民族文学史》，这是德国第一部权威的文学史。
1837 年	青年作家毕希纳（Georg Büchner, 1813—1837）逝世，他的剧本《丹东之死》影响很大。
1841 年	诗人法勒斯莱本（Hofmann von Fallersleben, 1798—1874）创作了一首政治诗《德国人之歌》，迅速在各地流传，其中最后一段后来成为联邦德国的国歌。
1842 年	无产阶级革命导师马克思（Karl Marx, 1818—1883）和恩格斯（Friedrich Engels, 1820—1895）在科隆首次会面，从此开始了长达数十年的革命友谊和伟大的合作历程。
1847 年	作曲家门德尔松（Felix Mendelssohn-Bartholdy, 1809—1847）逝世。他的创作在形式上接近古典主义，但在内涵上表现出同浪漫主义的联系。他重新发现了巴赫。
1854 年	古典主义哲学家谢林（Friedrich Wilhelm Joseph von Schelling, 1775—1854）逝世。其哲学的主要内容是自然哲学和先验哲学。他反对费希特的主观唯心主义哲学的核心"自我"论，提出"自我"与"非我"不能等同，只能融合，达到统一。
1856 年	浪漫派音乐的代表舒曼（Robert Schumann, 1810—1856）逝世。他主张"用艺术的理想取代现实的理想"，追求"诗意的音乐"。
1860 年	唯意志论和悲观主义哲学家叔本华（Arthur Schopenhauer, 1788—1860）逝世。他的代表作《作为意志与表象的世界》（1818 年）奠定了哲学体系，其中心思想就是意志论，强调意志是生命和世界一切现象的根源，首次触及自然界的以及人类的一切生命，为哲学研究打开了一个新的研究领域。
1865—1866 年	哲学家李普曼（Otto Liebmann, 1840—1912）的《康德及其追随者》与朗格（Friedrich Albert Lange, 1828—1875）的《唯物主义史》相继出版，标志着新康德主义的诞生。此后，新康德主义形成两个学派：一个是以科恩（Hermann Cohen, 1842—1918）与卡西勒（Ernst Cassirer, 1874—1945）等为代表的马堡学派，主张从纯粹概念或数理哲学上理解康德思想。另一个以文德尔班（Wilhelm Windelband, 1848—1915）和李凯尔特（Heinrich Rickert, 1863—1936）为代表的弗莱堡学派，重视自然科学和人文科学的划分。
1872 年	古典唯物主义哲学家费尔巴哈（Ludwig Feuerbach, 1804—1872）逝世。他是黑格尔的弟子，但批判了康德和黑格尔的唯心主义哲学体系，为通向彻底的唯物主义扫清了道路。
1883 年	19 世纪德国最著名的音乐家瓦格纳（Richard Wagner, 1813—1883）逝世。他深受叔本华思想的影响，在音乐创作上表达了悲观和死亡的情绪。

续表

时间	事件
1886年	史学家兰克（Leopold von Ranke，1795—1886）逝世。兰克是史学科学化的推动者，也是普鲁士学派的创始人。他的名言"如实直书"成为历史学家的基本准则。但是在19世纪德意志统一进程的背景中，他的作品实际上服务于明确的民族主义目的。
1896年	戏剧家希尔特（Georg Hirth，1841—1916）在慕尼黑创办了一份《青年》(*Jugend*) 杂志。这份杂志反映了当时社会流行的青年文化运动，表达了人们对于工业化及其带来的社会问题的关注和反感。此后，德国各地兴起了"候鸟运动"，即青年人如候鸟般徒步旅行，同大自然重新接近。同这种青年风潮相合拍，还出现了建筑上的青年风格，它采用极具动感的植物线条和抽象的装饰性线条。
1900年	著名哲学家尼采（Friedrich Nietzsche，1844—1900）逝世。他是继叔本华之后意志论和悲剧主义的重要代表。但他否定了叔本华的人生虚无主义，提出了超人哲学和权力意志。 科学家普朗克（Max Planck，1858—1947）提出了著名的量子假设，冲破了经典物理学的旧体系，创立了量子论。他在1918年获得诺贝尔物理学奖。 奥地利精神分析学家弗洛伊德（Sigmund Freud，1856—1939）发表了《梦的解析》，从潜意识分析入手，进而讨论人类的文明和社会文化演进。1923年，他发表了《自我与本我》，创建了本我、自我和超我三体系。
1902年	著名史学家蒙森（Theodor Mommsen，1817—1903）获得诺贝尔文学奖。他专长于罗马史。
1905年	科学家爱因斯坦（Albert Einstein，1879—1955）发表了创立相对论的力作《论动体的电动力学》，讨论了质量与能量之间的相互关系。1916年，他又发表了《广义相对论基础》，打破了经典物理学的定律。 表现主义艺术家团体"桥"建立。表现主义是当时欧洲流行的文艺潮流，在绘画领域表现为造型简单、线条固定、形状扭曲、表面化，对画家所要表现的对象采用强烈的自由选择的色彩反差。绘画界的代表有基希纳（Ernst Ludwig Kirchner，1880—1938）和黑克尔（Erich Heckel，1883—1970）。不久，表现主义转入文学领域。表现主义文学在政治上反对和批判资本主义和军国主义，批判君主与宗教，反对自然主义、印象主义和象征主义。文学界的代表有诗人特拉克尔（Georg Trakl，1887—1914）、海姆（Georg Heym，1887—1912）、哈森克莱维尔（Walter Hasenclever，1890—1940），剧作家凯泽尔（Georg Kaiser，1878—1945）和托勒（Ernst Toller，1893—1939），作家贝恩（Gottfried Benn，1886—1956）、蔡希（Paul Zech，1881—1946）和贝歇尔（Johannes Becher，1891—1958）等。
1908年	作家欧肯（Rudolf Eucken，1846—1926）获得诺贝尔文学奖。他受费希特思想的影响，要求建立一种扎根于伦理的精神生活。其主要作品是《人类意识及行为中的精神生活的统一》。
1909年	德国作家保护组织（SDS）成立，吸引了当时几乎所有知名的作家参与。

续表

时 间	事 件
1910 年	诗人海泽（Paul Heyse，1830—1914）获得诺贝尔文学奖。他是第一个以诗人身份获得诺贝尔文学奖的人，继承了古典文学和浪漫派文学的传统。
1911 年	哲学家狄尔泰（Wilhelm Dilthey，1833—1911）逝世。他创立了生命哲学，其作品有《精神科学引论》《德意志精神史稿》等。 慕尼黑成立"蓝色骑士"（Der Blaue Reiter）团体，为蓝色骑士运动奠定基础。这是一场表现主义画派运动，其宗旨是寻求最能表现本质的艺术结合。它把青年风格与富于表现的野兽派风格相结合，从而产生一种改良型风格。其中的代表画家是康定斯基（Wassily Kandinsky，1866—1944）和马尔克（Franz Marc，1880—1916）等。
1912 年	剧作家豪普特曼（Gerhart Hauptmann，1862—1946）获得诺贝尔文学奖。他既是自然主义又是现实主义的作家，主要作品有《日出之前》和《织工》等。
1914 年	第一次世界大战爆发前后，德国思想界出现了所谓"1914 年理念"。该理念与 1789 年法国大革命带来的"自由、平等、博爱"思想截然相对，强调"责任、秩序、公正"的所谓德意志文化传统。德国人希望通过战争来验证德意志文化的优越性。
1918 年	哲学家斯宾格勒（Oswald Spengler，1880—1936）出版《西方的没落》第 1 卷。4 年后，第 2 卷出版。该书是一部历史哲学著作，从文化形态学的角度对西方文化的发展提出了悲观的评析。 豪斯曼（Raoul Hausmann，1886—1971）发表《达达主义宣言》。达达主义可以说是表现主义运动的极致和终结。它崇尚无政府主义和共产主义，坚决批判艺术，彻底否定了传统的美学观念，力求全面打破生活与艺术的界限，通过揭露世界的荒诞无意义来表现艺术与现实的统一。
1919 年	建筑师格鲁皮乌斯（Walter Gropius，1883—1969）在魏玛创建包豪斯建筑学院，提出综合艺术的建筑思想，即追求艺术、技术及手工的协调一致。纳粹上台后，包豪斯的大部分成员被迫流亡美国。 第一部表现主义风格的电影《卡里加里大夫的房间》上演，它是在绘制的舞台背景下演出的。舞台背景采取了立体主义的扭曲变形的风格，反映了主人公精神失常的心理。
1919—1920 年	"卡巴莱"（Kabarett，即讽刺短剧）《声与烟》首演成功。它针砭时弊，讽刺幽默，至今仍在上演。
1920 年	社会学家马克斯·韦伯（Max Weber，1864—1920）英年早逝。他的代表作有《新教伦理与资本主义精神》（1904—1905）《经济与社会》（1921）等。他是德国社会学协会的创立者和领导者。
1921 年	主张世界和平、反对民族和种族仇恨的笔会（PEN）成立。

续表

时 间	事 件
1923 年	文化史学家布鲁克（Arthur Moeller van den Bruck，1876—1925）出版《第三帝国》一书，激烈批判西方文化，反对共和国，把普鲁士精神、德国的形而上学和团结友爱精神结合起来。 艺术史家、曼海姆博物馆馆长哈特劳普（Gustav Friedrich Harlaub，1884—1963）首次提出"新写实主义"。在绘画领域，它要求作者进行完全冷静的描写；在文学领域，它主张破除文学创作过程的神秘性，提倡作者成为"生产者"。直接性和实用性代替了艺术创作，报告文学、杂文、讽刺短文备受青睐。 法兰克福社会研究所创建，这是法兰克福学派的雏形。它被视作新马克思主义学派，主张批判理论。代表学者有霍克海默尔（Max Horkheimer，1895—1973）、阿多诺（Theodor Adorno，1903—1969）和马尔库塞（Herbert Marcuse，1898—1979）等。他们的学生哈贝马斯（Jürgen Habermas，1929 年生）是德国在世的最著名的哲学家。
1923—1929 年	魏玛时期的"黄金般二十年代"，出现了各种文化综合在一起的"魏玛文化"。其中一部分表现为"美国化"，即以大众文化形式为主体，如电影、歌舞剧、爵士乐、体育运动等。文化出现了商品化、大众化和标准化。与此同时，大众媒体发展迅速，电影院增加到 3500 所，电影公司多达 300 多家，收音机的数量超过 400 万台。
1924 年	电影《最卑贱的人》上演。这是德国乃至世界电影史上的经典之作，导演姆尔瑙（Friedrich Wilhelm Murnau，1888—1931）使用了移动摄影的方法。
1929 年	作家托马斯·曼（Thomas Mann，1875—1955）获得诺贝尔文学奖。他的主要作品有《布登勃洛克一家》和《魔山》等。
1930 年	首批有声故事片《蓝天使》上演。
1933 年	象征主义诗人斯特凡·格奥尔格（Stefan George，1868—1933）逝世。象征主义在德国也被称作新浪漫主义，其纲领是为艺术而艺术，规避现实，反对自然主义和古典主义。与格奥尔格齐名的另两名诗人是霍夫曼斯托尔（Hugo von Hofmannsthal，1874—1929）和里尔克（Rainer Maria Rilke，1875—1926）。他们被视作德国象征主义诗派的三颗明星。 纳粹夺权后，5 月 10 日在柏林等城市发生了焚书事件，宣传共产主义、民主主义和现代主义的书籍被大量焚毁，文化一体化开始。大量文学家移居国外。除此之外，纳粹在建筑、美学等方面均横加干涉，残酷迫害不符合纳粹思想的艺术家。法西斯文学作品大行其道，其中包括宣扬泛日耳曼主义传统的帝国文学，突出种族主义和极端民族主义的"血统与大地文学"、表现英雄主义一战争主题的战争文学，以及为纳粹政治目的服务的歌颂文学。纳粹的电影也存在类似倾向。 被迫流亡的德国文人们在各地继续创作，创造了流亡文学，如在维也纳出版的流亡期刊《新世界舞台》、巴黎出现的德语日报和文学杂志《聚集》、苏联发行的杂志《发言》和《国际文学》等。留在本土的文学家留下了所谓"内心流亡文学"。

续表

时 间	事 件
1935 年	印象主义绘画领导者利伯曼（Max Liebermann, 1847—1935）逝世。印象派绘画的特征是画家对所绘之景把握瞬息的印象，光和动作构成画的轮廓。他曾长期担任普鲁士艺术科学院院长，纳粹上台后受到迫害。
1937 年	纳粹政府举办大德意志艺术展，希特勒表达了纳粹德国的艺术方针和政策，强调坚决清除所谓"蜕化艺术"和"颓废艺术"，建立"德意志的艺术"。为此，在该展览会的对面举办了一个"蜕化艺术展"。希特勒个人比较喜欢19世纪的古典绘画，讨厌印象主义出现后的各种现代派艺术。
1938 年	现代现象学创始人胡塞尔（Edmund Husserl, 1859—1938）逝世。
1940 年	画家克莱（Paul Klee, 1879—1940）逝世。他早年受表现主义的画风影响，后来接受超现实主义风格。他的作品具有乐感，是德国传统画派走向现代派的桥梁之一。 哲学家本雅明（Walter Benjamin, 1892—1940）自杀。他的主要著作有《德国悲剧的起源》等。
1945 年	现实主义版画家柯勒惠支（Käthe Kollwitz, 1867—1945）逝世。她的重要作品包括《织工》组画、《农民战争》《死亡》等。其作品反映了"苦"的主题。战后初期，虽然生活困顿，但德国人对文化生活仍然充满渴望。残存的剧院和礼堂不断上演剧目，让人暂时忘却了现实的痛苦。
1946 年	作家黑塞（Hermann Hesse, 1877—1962）获得诺贝尔文学奖。他的主要作品有《希特哈尔塔》《荒原狼》等。 德国出版了大量探讨纳粹德国何以出现的反思性著作，如雅斯贝尔斯（Karl Jaspers, 1883—1869）的《罪责问题》、梅尼克（Friedrich Meinecke, 1862—1954）的《德国的浩劫》等。 代表青年一代思想的报纸《呐喊》（Der Ruf）出版，它刊发了大量关于战后德国社会改造与发展的文章。
1947 年	"四七社"成立。这是由《呐喊》出版者里希特（Hans Werner Richter, 1908—1993）创立的。它是一个文学团体，倡导个人自由，宣传民主思想，清算历史，扫除第三帝国时期的文化遗存，以创建德国新文学。在它的促动下，出现了战后的"废墟文学"，即用平淡简朴的语言和形象的描绘来讲述极具震撼力的故事。由于它持续用文学创作和艺术批评的方式为联邦德国的民主发展而斗争，因而被称为"不顺从主义者"。当时的积极参与者包括后来获得诺贝尔文学奖的伯尔与格拉斯。该团体设立了重要的"四七社"文学奖。1967年，该团体结束。
1949 年	音乐家斯特劳斯（Richard Strauß, 1864—1949）逝世。他是浪漫派风格的杰出代表。 另一位音乐家普菲茨纳（Hans Pfitzner, 1869—1949）逝世。他是浪漫主义音乐大师中最后一位代表，也是浪漫派声乐配以器乐的创始人。

续表

时 间	事 件
1950 年	民主德国开始文化的社会主义改造。其核心是反对形式主义、奉行社会主义现实主义、利用古典文化遗产。
1951 年	音乐家勋贝格（Arnold Schönberg，1874—1951）逝世。他开创了表现主义音乐流派，即非调性音乐。 联邦德国开始举办柏林电影节，到 2010 年已举办 60 届，成为国际三大电影节之一。
1956 年	戏剧家布莱希特（Bertolt Brecht，1898—1956）逝世。布莱希特的史诗剧具有划时代意义。其作品人物形象立体，性格多面，广受欢迎。
1956—1966 年	歌手魁恩（Freddy Quinn，1931 年生）连续十年在联邦德国音乐排行榜上取得冠军，成为当时最成功的通俗乐手。他的作品《故乡》创下了销售量 200 万张的佳绩。
1959 年	中部德国出版社在比特菲尔德召开了作家大会，民主德国领导人乌布利希要求作家进一步紧扣时代脉搏，鼓励广大工人阶级积极投身写作。这就是民主德国历史上著名的"比特菲尔德道路"。
1960 年	哲学家伽达默尔（Hans-Georg Gadamer，1900—2002）出版《真理与方法》。这是哲学解释学的巨著。它及其之后的解释学著作对西方哲学中的僵硬概念和意义进行了毁灭性的解构，促进了当代西方后哲学文化的广泛蔓延。
1961 年	多特蒙德六一社成立，主张工人文学。其中的一部分年轻人后来在 1970 年于科隆另行成立七〇社，继续关注工人命运。
1962 年	26 位青年电影导演、编剧和演员联合发布《奥勃豪森宣言》（Oberhausener Manifest），创办奥勃豪森电影节，宣布青年德国电影运动开启，后更名为"新德国电影运动"。该运动试图用国际性的电影语言与传统电影决裂。它培养了一批日后十分出名的联邦德国导演，使世界电影业在 1980 年代出现了"德国电影时代"。
1963 年	民主德国女作家沃尔夫（Christa Wolf，1929—2011）出版《分裂的天空》，获得了东、西德国文学界的一致好评。
1964 年	匈牙利哲学家卢卡契（Ceorg Lukacs，1885—1971）发表《两个世纪中的德国文学》，从历史的角度对德国文学进行解读。他把将现实生活融入艺术真实的手法定义为"塑造"。 社会理论家和社会哲学家鲁曼（Niklas Luhmann，1927—1998）发表重要论文《形式组织的功能与功效》。
1966 年	诗人和戏剧家奈莉·萨克斯（Nelly Sachs，1891—1970）获得诺贝尔文学奖。她的作品表现了犹太民族的悲惨命运，主要作品有《无尘世界的旅行》《伊莱》等。

续表

时间	事件
1968年	大学生运动兴起,左翼思想颇受欢迎。此后,一小撮无政府主义者组成了左翼激进组织红色旅,试图用暗杀的方式改变日益资本主义化的社会。与此同时,女权主义运动也随之产生,柏林成立了妇女解放运动委员会。
1972年	作家和翻译家伯尔(Heinrich Theodor Böll, 1917—1985)获得诺贝尔文学奖。他主要探索战争给德意志民族带来的灾难以及经济奇迹中小人物的种种命运。其作品主要有《火车正点》《以一个妇女为中心的群像》等。
1973年	哲学家汉斯·布鲁门贝格(Hans Blumenberg, 1920—1996)出版《神话之实在概念和影响潜能》,使文学界的神话研究别开生面。 哲学家阿佩尔(Karl-Otto Apel, 1922年生)出版《哲学的改造》,主张用解释学和辩证法的理论和方法重建传统哲学。
1976年	存在主义哲学家海德格尔(Martin Heidegger, 1889—1976)逝世。他的主要著作是《存在与时间》。
1979年	波伊斯(Joseph Beuys, 1921—1986)作为战后第一位获得邀请的德国艺术家,在纽约举办艺术展。波伊斯充分体现了现代主义与后现代主义的更迭,提出了"艺术即生活,生活即艺术"的格言。
1984年	天主教神学家拉讷(Karl Rahner, 1904—1984)逝世。他是20世纪最有影响力的神学家。他曾是海德格尔的学生,主张改造天主教神学,加强同自然科学与马克思主义的对话。 另一位神学家昆克(Hans Küng, 1928年生)出版《基督教与世界宗教》一书,主张建立一种具有普遍约束力与广泛影响力的世界宗教协调一致的伦理学。
1985年	青年作家聚斯金德(Patrick Süskind, 1949年生)出版《香水》一书。这部畅销书暗含了后现代文学的主张,即艺术与真实、日常生活与文化氛围以及现实与虚构相互渗透的审美风格。类似的作品还有汉特克(Peter Handke, 1942年生)的《短信话长别》等。
1995年	民主德国剧作家米勒(Heiner Müller, 1929—1995)逝世。他为民主德国的戏剧文学和舞台实践赢得了国际声誉。
1999年	作家君特·格拉斯(Günter Wilhelm Grass, 1927—2015)获得诺贝尔文学奖。他是魔幻现实主义的代表作家,主要作品有《铁皮鼓》《狗年月》等。
2000年	汉诺威举办世博会,主题是"人类、自然、科技"。
2003年	民主德国剧作家和戏剧理论家哈克斯(Peter Hacks, 1928—2003)逝世。其代表性剧作都是采用神话或《圣经》题材创作的。

续表

时 间	事 件
2007 年	现代派音乐大师施托克豪森（Karlheinz Stockhausen, 1928—2007）逝世。他的作品《麦克风第一号》风行一时，成为重要的电子音乐作品，而且因其对空间效果的探索，被公认为 20 世纪器乐音乐的里程碑。
2009 年	通俗小说家西美尔（Johannes Marion Simmel, 1924—2009）逝世。他是联邦德国最受人喜爱的作家。 作家米勒（Herta Müller, 1953 年生）获得诺贝尔文学奖。她是罗马尼亚移民，擅长用犀利语言批判时政。主要作品有《绿李子土地》和《约会》等。

参考书目

杜美：《德国文化史》，北京：北京大学出版社，1990 年；

李伯杰：《德国文化史》，北京：对外经济贸易大学出版社，2002 年；

卞谦：《理性与狂迷：二十世纪德国文化》，北京：东方出版社，1999 年；

高宣扬：《德国哲学通史》，上海：同济大学出版社，2007 年。

德意志皇室列表

法兰克王国墨洛温王朝（Merowinger，482—751）

克洛维一世（Chlodwig I）	法兰克国王（482—511）
克洛塔尔一世（Chlothar I）	法兰克国王（558—561）*
克洛塔尔二世（Chlothar II）	法兰克国王（613—629）*
达高贝特一世（Dagobert I）	法兰克国王（629—639）*
特奥德里希三世（Theuderich III）	法兰克国王（679—691）
克洛维三世（Chlodwig III）	法兰克国王（691—694）
希尔德贝特三世（Childebert III）	法兰克国王（694/695—711）
达高贝特三世（Dagobert III）	法兰克国王（711—715）
希尔佩里希二世（Chilperich II）	法兰克国王（715—721）
特奥德里希四世（Theuderich IV）	法兰克国王（721—737）
希尔德里希三世（Childerich III）	法兰克国王（743—751）

* 511—588年、561—613年、639—679年，均分为纽斯特里亚和奥斯特利亚两个王国统治。

法兰克王国卡洛林王朝（Karolinger，715—843）

丕平三世（Pippin III）	法兰克国王（751—768）
查理一世，大帝（Karl I, der Große）	法兰克国王（771—814）*，罗马皇帝（800—814）
路易一世，虔诚者（Ludwig I, der Fromme）	法兰克副王（813—814），法兰克国王和罗马皇帝（814—840）

* 768—771年，南北分治。

东法兰克王国卡洛林王朝（Karolinger, Ostfrankenreich, 843—911）

路易二世，德意志人（Ludwig II, der Deutsche）	东法兰克国王（843—876）
查理三世，胖子（Karl III, der Dicke）	东法兰克国王（876—887），罗马—德意志皇帝（881—888）
克尔腾的阿尔努夫（Arnulf von Kärnten）	东法兰克国王（887—899），罗马皇帝（896—899）
路易四世，孩童（Ludwig IV, das Kind）	东法兰克国王（900—911）

法兰克尼亚人当政*（911—918）

康拉德一世（Konrad I）	东法兰克国王（911—918）

*康拉德一世出身于法兰克人，但不属于卡洛林皇族。

萨克森王朝（Sachsen, 919—1024）

亨利一世，捕鸟者（Heinrich I, der Vogler）	德意志国王（919—936）
奥托一世，大帝（Otto I, der Große）	德意志国王（936—973），神圣罗马帝国皇帝（962—973）
奥托二世（Otto II）	德意志副王（961—973），神圣罗马帝国副皇（967—973）；神圣罗马帝国皇帝（973—983）
奥托三世（Otto III）	德意志国王（983—1002），神圣罗马帝国皇帝（996—1002）*
亨利二世，圣徒（Heinrich II, der Heilige）	德意志国王（1002—1024），神圣罗马帝国皇帝（1014—1024）

*983—996年，因奥托三世年幼，帝国政权先后掌握在奥托二世皇后、女皇特奥法努（Theophanu，983—991年在位）和奥托一世皇后、女皇阿德尔海德（Adelheid von Burgund，991—995年在位）的手中，两人亦称帝。

法兰克尼亚—萨利安王朝（Franken-Salier，1024—1125）

康拉德二世（Konrad II）	德意志国王（1024—1028），神圣罗马帝国皇帝（1027—1039）
亨利三世（Heinrich III）	德意志国王（1028—1056），神圣罗马帝国皇帝（1046—1056）
亨利四世（Heinrich IV）	德意志副王（1053—1056），德意志国王（1056—1105），神圣罗马帝国皇帝（1084—1105）*
亨利五世（Heinrich V）	德意志副王（1099—1105），德意志国王（1106—1125），神圣罗马帝国皇帝（1111—1125）

* 1062—1065年，帝国政权实际掌握在亨利三世皇后、女皇普瓦图的阿格内斯（Agnes von Poitou，1056—1061年在位）、帝国摄政科隆大主教阿诺二世（Anno II，1062—1065年在位）和帝国摄政不来梅大主教阿达尔贝特（Adalbert von Bremen，1063—1065年在位）手中。1105年年底，亨利四世被迫退位。

苏普林堡王朝（Supplinburger，1125—1137）

洛塔尔三世（Lothar III）	德意志国王（1125—1137），神圣罗马帝国皇帝（1133—1137）

霍亨斯陶芬王朝（Hohenstaufen，1137—1208）

康拉德三世（Konrad III）	德意志对立国王（1127—1135）*，德意志国王和神圣罗马帝国皇帝（1138—1152）
弗里德里希一世，巴巴罗萨（Friedrich I, Barbarossa）	德意志国王（1152—1190），神圣罗马帝国皇帝（1155—1190）
亨利六世（Heinrich VI）	德意志国王（1169—1197），神圣罗马帝国皇帝（1191—1197）
士瓦本的菲利普（Philipp von Schwaben）	德意志国王（1198—1208）**

* 当时，康拉德三世与洛塔尔三世并立。
** 未加冕称帝。

韦尔夫王朝（Welfen，1209—1218）

| 不伦瑞克的奥托四世（Otto IV von Braunschweig） | 德意志国王（1198—1201*、1208—1218），神圣罗马帝国皇帝（1209—1218） |

* 当时，奥托四世与士瓦本的菲利普并立。

霍亨斯陶芬王朝（Hohenstaufen，1220—1254）

| 弗里德里希二世（Friedrich II） | 德意志国王（1212—1215*、1220—1250），神圣罗马帝国皇帝（1220—1250） |
| 康拉德四世（Konrad IV） | 德意志国王（1237—1254）** |

* 当时，弗里德里希二世与奥托四世并立。
** 1237年，康拉德四世加冕为王时，同时被加冕为神圣罗马帝国皇帝的未来继承者，但教皇未予承认。

空位期（Interregum，1254—1273）

哈布斯堡王朝（Habsburger，1273—1291）

| 哈布斯堡的鲁道夫一世（Rudolf I von Habsburg） | 德意志国王（1273—1291）* |

* 未加冕称帝。

拿骚王朝（Nassau，1292—1298）

| 拿骚的阿道夫（Adolf von Nassau） | 德意志国王（1292—1298）* |

* 未加冕称帝。

哈布斯堡王朝（1298—1308）

| 哈布斯堡的阿尔布莱希特一世（Albrecht I von Habsburg） | 德意志国王（1298—1308）* |

* 未加冕称帝。

卢森堡王朝（Luxemburger，1308—1313）

卢森堡的亨利七世（Heinrich VII von Luxemburg）	德意志国王（1308—1313），神圣罗马帝国皇帝（1312—1313）

维特尔斯巴赫王朝（Wittelsbacher，1314—1347）

巴伐利亚的路易四世（Ludwig IV der Bayer）	德意志国王（1314—1347），神圣罗马帝国皇帝（1328—1347）

卢森堡王朝（1347—1400）

卢森堡的查理四世（Karl IV von Luxemburg）	德意志国王（1347—1378），神圣罗马帝国皇帝（1355—1378）
卢森堡的文策尔（Wenzel von Luxemburg）	德意志国王（1378—1400）*

* 1400年退位，未加冕称帝。

维特尔斯巴赫王朝（1400—1410）

普法尔茨的鲁普雷希特（Ruprecht von der Pfalz）	德意志国王（1400—1410）*

* 未加冕称帝。

卢森堡王朝（1410—1437）

摩拉维亚的约布斯特（Jobst von Mähren）	德意志国王（1410—1411）*
卢森堡的西格斯蒙德（Sigismund von Luxemburg）	德意志国王（1411—1437），神圣罗马帝国皇帝（1433—1437）

* 未加冕称帝。

哈布斯堡王朝（1438—1742）

阿尔布莱希特二世（Albrecht II）	德意志国王（1438—1439）*
弗里德里希三世（Friedrich III）	德意志国王（1440—1493），神圣罗马帝国皇帝（1452—1493）**
马克西米利安一世（Maximilian I）	德意志国王（1486—1519）***，神圣罗马帝国皇帝（1508—1519）
查理五世（Karl V）	德意志国王（1519—1531），神圣罗马帝国皇帝（1530—1556）****
费迪南德一世（Ferdinad I）	德意志国王（1531—1562），神圣罗马帝国皇帝（1558—1564）
马克西米利安二世（Maximilian II）	德意志国王（1562—1576），神圣罗马帝国皇帝（1564—1576）
鲁道夫二世（Rudolf II）	德意志国王和神圣罗马帝国皇帝（1576—1612）
马蒂亚斯（Matthias）	德意志国王（1611—1619），神圣罗马帝国皇帝（1612—1619）
费迪南德二世（Ferdinand II）	德意志国王和神圣罗马帝国皇帝（1619—1637）
费迪南德三世（Ferdinand III）	德意志国王（1636—1657），神圣罗马帝国皇帝（1637—1657）
费迪南德四世（Ferdinand IV）	德意志国王（1653—1654）*****
列奥波德一世（Leopold I）	德意志国王（1658—1690），神圣罗马帝国皇帝（1658—1705）
约瑟夫一世（Joseph I）	德意志国王（1690—1711），神圣罗马帝国皇帝（1705—1711）
查理六世（Karl VI）	德意志国王和神圣罗马帝国皇帝（1711—1740）

* 未加冕称帝。
** 弗里德里希三世后，历代皇帝均称"当选皇帝"，神圣罗马帝国改称"德意志民族的神圣罗马帝国"。
*** 马克西米利安一世在其父在世之时，便已加冕为德意志国王，1493年后执政。
**** 1520年，查理五世获得"当选皇帝"的头衔。1530年，他在罗马接受了正式的加冕仪式，成为最后一位接受罗马教皇加冕的神圣罗马帝国皇帝。1531年，他把德意志王国的统治权交给弟弟费迪南德一世。1556年，查理五世退位。
***** 未及称帝便去世。

空位期（1740—1742）

维特尔斯巴赫王朝（1742—1745）

查理七世（Karl VII）	德意志国王和神圣罗马帝国皇帝（1742—1745）

哈布斯堡—洛林王朝（Habsburg-Lothringer，1745—1806）

弗朗茨一世（Franz I）	德意志国王和神圣罗马帝国皇帝（1745—1765）
约瑟夫二世（Joseph II）	德意志国王（1764—1790），神圣罗马帝国皇帝（1765—1790）
列奥波德二世（Leopold II）	德意志国王和神圣罗马帝国皇帝（1790—1792）
弗朗茨二世（Franz II）	德意志国王和神圣罗马帝国皇帝（1792—1806）*

* 弗朗茨二世从1804年起称"奥地利皇帝"，1806年8月6日宣布神圣罗马帝国解体。

德意志帝国霍亨索伦王朝（Hohenzollern，1871—1918）

威廉一世（Wilhelm I）	德意志皇帝（1871—1888）
弗里德里希三世（Friedrich III）	德意志皇帝（1888）*
威廉二世（Wilhelm II）	德意志皇帝（1888—1918）**

* 弗里德里希三世于1888年3月9日继位，6月15日因病去世。
** 威廉二世于1918年11月9日退位。

德国总统和总理列表

魏玛共和国（1919–1933）

总　　统	就任时间
艾伯特（Friedrich Ebert，社民党）	1919 年 2 月 11 日*
兴登堡（Paul von Hindenburg，无党派）	1925 年 5 月 12 日**

* 1925 年 2 月 28 日，艾伯特因病在任上去世。时任国家法院院长的西蒙斯（Walter Simons）在 1925 年 3 月 11 日—5 月 11 日间代行总统职务。

** 1932 年，兴登堡再次当选总统，直到 1934 年 8 月 2 日因病在任上去世。

总　　理	就任时间
艾伯特（临时总理，社民党）	1918 年 11 月 9 日
谢德曼（Philipp Scheidemann，社民党）	1919 年 2 月 13 日
鲍尔（Gustav Bauer，社民党）	1919 年 6 月 21 日
米勒（Hermann Müller，社民党）	1920 年 3 月 27 日
费伦巴赫（Konstantin Fehrenbach，中央党）	1920 年 6 月 21 日
维尔特（Josef Wirth，中央党）	1921 年 5 月 10 日（两届）
古诺（Wilhelm Cuno，无党派）	1922 年 11 月 22 日
施特雷泽曼（Gustav Stresemann，德意志人民党）	1923 年 8 月 13 日（两届）
马克思（Wilhelm Marx，中央党）	1923 年 11 月 30 日（两届）
路德（Hans Luther，无党派）	1925 年 1 月 15 日（两届）
马克思（Wilhelm Marx，中央党）	1926 年 5 月 16 日（两届）
米勒（Hermann Müller，社民党）	1928 年 6 月 28 日
布吕宁（Heinrich Brüning，中央党）	1930 年 3 月 30 日
巴本（Franz von Papen，无党派）	1932 年 6 月 1 日
施莱歇尔（Kurt von Schleicher，无党派）	1932 年 12 月 3 日

纳粹德国

希特勒（Adolf Hitler，纳粹党）	1933 年 1 月 30 日 *

* 在总统兴登堡于 1934 年 8 月 2 日去世后，希特勒把总理和总统职位合二为一，称"元首与总理"。

联邦德国

总　统	就任时间
豪斯（Theodor Heuss，自民党）	1949 年 9 月 13 日（连任一届）
吕贝克（Karl Heinrich Lübke，基民盟）	1959 年 9 月 13 日（连任一届）
海涅曼（Gustav Heinemann，社民党）	1969 年 7 月 1 日
谢尔（Walter Scheel，自民党）	1974 年 7 月 1 日
卡斯滕斯（Karl Carstens，基民盟）	1979 年 7 月 1 日
魏茨泽克（Richard von Weizsäcker，基民盟）	1984 年 7 月 1 日（连任一届）
赫尔佐克（Roman Herzog，基民盟）	1994 年 6 月 30 日
劳（Johannes Rau，社民党）	1999 年 7 月 1 日
克勒（Horst Köhler，基民盟）	2004 年 7 月 1 日（连任一届）
武尔夫（Christian Wulff，基民盟）	2010 年 7 月 2 日
高克（Joachim Gauck，无党派）	2012 年 3 月 18 日
施泰因迈尔（Frank-Walter Steinmeier，社民党）	2017 年 3 月 19 日

总　理	就任时间
阿登纳（Konrad Adenauer，基民盟）	1949 年 9 月 15 日（连任四届）
艾哈德（Ludwig Erhard，基民盟）	1963 年 10 月 16 日（连任一届）
基辛格（Kurt Georg Kiesinger，基民盟）	1966 年 12 月 1 日
勃兰特（Willy Brandt，社民党）	1969 年 10 月 21 日（连任一届）*
施密特（Helmut Schmidt，社民党）	1974 年 5 月 16 日（连任三届）
科尔（Helmut Kohl，基民盟）	1982 年 10 月 1 日（连任四届）
施罗德（Gerhard Schröder，社民党）	1998 年 10 月 27 日（连任一届）
默克尔（Angela Merkel，基民盟）	2005 年 11 月 22 日（连任三届）
朔尔茨（Olaf Scholz，社民党）	2021 年 12 月 8 日

* 在勃兰特辞职后，1974 年 5 月 7—16 日由副总理谢尔（自民党）临时兼任总理。

民主德国

总统／国务委员会主席 *	就任时间
皮克（Wilhelm Pieck，统一社会党）	1949 年 10 月 11 日
乌布利希（Walter Ulbrich，统一社会党）	1960 年 9 月 12 日
斯多夫（Willi Stoph，统一社会党）	1973 年 10 月 3 日
昂纳克（Erich Honecker，统一社会党）	1976 年 10 月 29 日
克伦茨（Egon Krenz，统一社会党）	1989 年 10 月 24 日
格拉赫（Manfred Gerlach，自民党）	1989 年 12 月 6 日
伯格曼－伯尔（Sabine Bergmann-Pohl，基民盟）	1990 年 4 月 5 日

* 1960 年，第一任总统皮克去世后，总统一职改称国务委员会主席。

部长会议主席	就任时间
格罗提渥（Otto Grotewohl，统一社会党）	1949 年 10 月 7 日
斯多夫（Willi Stoph，统一社会党）	1964 年 9 月 24 日
辛德曼（Horst Sindermann，统一社会党）	1973 年 10 月 3 日
斯多夫（Willi Stoph，统一社会党）	1976 年 11 月 1 日
莫德罗（Hans Modrow，统一社会党 / 民主社会党）	1989 年 11 月 13 日
德梅齐埃（Lothar de Maizière，基民盟）	1990 年 4 月 12 日

关键词

日耳曼人（Germanen） 指古罗马时期生活于欧洲北部与中部的民族。它属于雅利安人种、印欧语系日耳曼语族。"日耳曼"的准确含义不明，乃罗马人或高卢人（即凯尔特人）使用的词汇。日耳曼人由众多部族构成，公元前2世纪末起，日耳曼人与罗马人或高卢人之间的往来增多。罗马人征服了一部分日耳曼人，沿莱茵河—多瑙河一线，与另一部分日耳曼人隔岸共处。公元3世纪后，由于受到匈奴人西迁的压力，日耳曼人开始了大规模的迁徙运动，即"民族大迁徙"（Völkerwanderung）。该运动持续两个世纪之久，重新划分了西欧与中欧的民族分布格局。日耳曼人成为该地区的主体民族，并成立了一系列小王国。在政治化、基督教化和罗马化的进程中，日耳曼各部族之间的差距越来越大。进入中世纪后，"日耳曼人"主要指德意志人。

民族大迁徙（Völkerwanderung） 指公元3—4世纪欧洲发生的、以日耳曼人为主的大规模迁徙运动。一般认为，匈奴是这场运动的直接推动者。民族大迁徙完成后，日耳曼人占据了西欧和中欧的领土，西罗马帝国灭亡。日耳曼人成立了苏维汇王国、西哥特王国、汪达尔王国、勃艮第王国、法兰克王国、东哥特王国、伦巴第王国等。其中以法兰克王国的发展最为显著。

德意志（Deutsch） 指莱茵河以东、多瑙河以北的中欧地区所使用的语言。该词最早产生于公元12—13世纪。从词源学上而言，它来源于"Theodisca"和"Teutonicus"。前者指公元8世纪前后流行于法兰克王国东部地区的日耳曼方言，它没有受到拉丁语的影响，主要由东法兰克人使用，并逐渐同他们的自我认识结合起来，用来区别被拉丁化的罗曼语；后者指日耳曼人的一支——条顿人所使用的语言，东法兰克人用它来指代自己的语言。两者最终合二为一，形成"德意志"。随着时间的推移，"德意志"的概念逐渐从语言扩大到地区，即"德意志兰"（Deutschland）。但在中世纪，"德意志"的概念长时期无法得到准确的认定。从地域上而言，"德意志兰"随着历任国王的征伐战争而不断变动。从语言上来说，各地方言的发音差别极大。因此，直到18世纪末，著名诗人席勒仍然会感慨道:"德意志兰?它在哪里?我找不到那块地方。学术上的德意志兰从何处开始,政治上的德意志兰就在何处结束。"这表明该地区长时期严重缺乏近代意义上的民族意识。

神圣罗马帝国(Heiliges Römisches Reich)　指962—1806年间由德意志人掌控的国家,亦称"第一帝国"。公元476年,西罗马帝国灭亡,日耳曼小王国各自为政。直到公元800年,法兰克王国卡洛林王朝的查理一世在罗马接受教皇加冕,西欧才结束了无皇统治。查理帝国解体后,他的子孙几经征战,终于由德意志国王奥托一世于962年在罗马加冕,再续查理大帝的伟业。当时,奥托一世自称为"奥古斯都",其子奥托二世始称"罗马皇帝"。11世纪初,康拉德二世定国号为"罗马帝国"。12世纪中叶,弗里德里希一世改国号为"神圣帝国"。不久两号合一,即"神圣罗马帝国"。15世纪末,因帝国疆域缩小,弗里德里希三世改称"德意志民族的神圣罗马帝国"(Heiliges Römisches Reich deutscher Nation)。一般而言,神圣罗马帝国皇帝由德意志国王担任。但两个政治区域并不完全重合,在历史上也曾多次出现统治者并非一人的现象。这主要同当时的政治环境、领地继承关系及皇帝加冕(Kaiserkrönung)仪式相关。随着封建化的推行,地方势力日益崛起。为适应欧洲形势与世俗诸侯的权力变化,查理四世于1356年颁布《金玺诏书》,确立选举制。在现实中,皇帝的实权不断被弱化。在中世纪早期,神圣罗马帝国皇帝作为罗马皇帝的继承者,拥有敕封各地国君的权力。但为完成加冕仪式,历代德意志国王不得不同教皇周旋,并耗费大量精力,南下征战,从而严重延误了德意志地区的政治发展。宗教改革后,神圣罗马帝国皇帝的实权被严重削弱,内部呈现分裂局面,帝国实际上成为一个松散的邦国联盟,而且还不得不面临其他民族国家的侵扰。在拿破仑的压力下,神圣罗马帝国于1806年8月6日解体。

《金玺诏书》(Goldene Bulle)　指确认德意志选侯选举神圣罗马帝国皇帝的法律,由查理四世于1356年颁布。"金玺"是用黄金封缄之意。该诏书进一步明确了德意志人在选侯制中的特权,排除了教皇的干预和其他国王的觊觎之心,但也进一步弱化了中央权力,巩固了邦国分治的格局。

双皇斗(Streit zwischen Pope und Kaiser)　指德国历史上的一种政教关系。神圣罗马帝国最初属于政教合作的产物,即由教皇为当时最强大的世俗国王加冕,完成君权神授的仪式。但是在仪式背后,双方却对教权与君权的关系存在不同理解。皇帝认为加冕体现了教权为君权服务,教皇却认为加冕代表了教权至上。这种认识冲突最终演化为一系列实际冲突。其中首先爆发的是"主教叙任权之争"(Investiturstreit)。神圣罗马帝国建立初期,为抑制地方公爵势力,奥托一世着力扶持教会贵族,并相应获得任免主教的权力。克吕尼派运动的参与者教皇格雷高利七世却把这种主教叙任权视作买卖圣职的行为,并因此同皇帝亨利四世发生冲突。皇帝虽以"卡诺莎之行"卑躬屈膝,但最终以实力占据上风。公元1122年,双方达成《沃尔姆斯宗教协定》(Wormser Konkordat),暂时平定彼此争议。但不久后,皇帝弗里德里希一世与教皇哈德良四世之间又围绕政治礼节与封赐关系展开争论。这场斗争最终以教皇的胜利而告终。双皇斗反映了神圣罗马帝国政治发展中的困境。教权成为德意志人建立民族国家、完成世俗化的主要障碍之一。

克吕尼派运动(Cluniazensische Reform) 指公元10世纪末到11世纪天主教会内部的改革运动,因以法国的克吕尼修道院为中心而得名。由于教会日益世俗化,出现了买卖教职和生活腐化等现象,克吕尼修道院力主通过改革来改变此种状况。其内容主要是:以禁欲主义为依据,要求教士脱离家庭,不得结婚;禁止买卖圣职;反对世俗统治者任命主教和修道院院长。当时欧洲数以百计的修道院积极响应克吕尼修道院的改革,形成了规模浩大的克吕尼派运动。数名教皇出身于克吕尼修道院,从而进一步扩大了改革的影响。除了净化教会外,该运动直接提出了政教关系中的敏感问题,即教皇与皇帝之间的权力比较,以致不断引发政教冲突。

卡诺莎之行(Gang nach Canosa) 指神圣罗马帝国皇帝亨利四世向教皇格雷高利七世认错的历史事件。卡诺莎位于意大利北部。1077年1月,因主教叙任权之争被教皇革除教职的亨利四世被迫来到卡诺莎,以谦卑的态度觐见驻扎于卡诺莎城堡中的教皇。据记载,亨利去除所有皇室标志,在城堡外哀求3日,并恳请城堡女伯爵代为求情,始得教皇原谅。此后,卡诺莎之行成为屈膝投降的代名词。

宗教改革(Reformation) 指16世纪欧洲反对罗马天主教会的社会改革运动。"Reformation"一词源于拉丁文"reformatio",意为"改革"和"改良"。这场运动的直接起因是天主教会的腐败,尤其是兜售赎罪券的行为。1517年10月31日,德国教士马丁·路德发表"九十五条纲领"(95 Thesen),拉开了宗教改革的序幕。在德国,宗教改革表现为一场社会运动。教士、知识分子、诸侯、骑士和农民等社会各阶层带着自己的理解和目标投身其中。宗教改革促成了各种新教派别的诞生,如路德宗、加尔文宗和英国国教等。由于信仰分歧和利益冲突,新旧教派及其背后的政治势力之间爆发了持续的斗争,如1546—1547年间的施马尔卡尔登战争(Schmalkaldischer Krieg)。1555年,德国新旧教派贵族达成《奥格斯堡宗教和约》（Augsburger Reichs-und Religionsfrieden），确立"教随邦定"（cuius region，eius religio）的原则。然而冲突并未结束。1618 年起，整个欧洲陷入到三十年战争中。德国作为主要战场，受损严重。1648 年，战争结束，欧洲各国签订《威斯特伐利亚和约》。神圣罗马帝国的松散政治结构定型，西欧列强则获得了干涉德国内政的权利。

三十年战争（Dreißigjähriger Krieg） 指公元 1618—1648 年间的欧洲第一次大规模国际战争。战争一方是德意志新教诸侯和丹麦、瑞典及法国，并得到荷兰、英国与俄国的支持；另一方是神圣罗马帝国皇帝、德意志天主教诸侯和西班牙，并得到教皇和波兰的支持。这场战争除了宗教因素外，更带有权力扩张的背景。战争的导火索是"掷出窗外事件"（Fenstersturz），即捷克人把试图改宗的皇家官吏扔出窗外。主要战场在德意志，同时也发生在西班牙、意大利和尼德兰。最后，法国和瑞典取得优势，皇帝被迫求和。1648 年，《威斯特伐利亚和约》的签订标志着战争的结束。

《威斯特伐利亚和约》（Westfälischer Friede） 指结束三十年战争的欧洲和约。1648 年 10 月 24 日，战争参与方在威斯特伐利亚的明斯特签订两个和约《奥斯纳布吕克和约》和《明斯特和约》，合称《威斯特伐利亚和约》。和约规定：瑞典和法国获得一部分德意志领土，勃兰登堡等大邦扩充领土，瑞士独立，德意志的加尔文教徒取得同天主教徒和路德教徒平等的地位。该和约进一步加深了德意志的政治分裂格局。

普鲁士精神（Preußentum） 指普鲁士崛起及其统一德意志过程中所形成的一种民族特征。普鲁士（Preußen）位于波罗的海南岸，原为波罗—罗斯人（即普鲁士人）居住地。13 世纪初，应波兰公爵之邀，德意志条顿骑士团进入普鲁士。骑士团灭绝当地人，从此以"普鲁士人"自称。骑士团国家奠定了普鲁士精神的基本特征，即遵守纪律、服从命令和履行义务。15 世纪起，霍亨索伦家族通过各种手段，逐渐把东西普鲁士和勃兰登堡联系起来，到 1701 年建立普鲁士王国。受虔敬主义（Pietismus）等新教思想的影响，普鲁士历代领导者以国家利益为中心，加强军队和官僚体制的建设。到弗里德里希二世在位时，普鲁士精神主要表现为专制主义、军国主义、国家主义、重商主义和宗教宽容等五个方面。在普鲁士的崛起及其统一德意志的过程中，普鲁士精神产生了重要影响，尤其是在凝聚德意志民族团结一致、抵御外侮、建立民族国家等方面起到了正面作用。然而到 20 世纪上半期，普鲁士精神与盲目服从、崇拜权威和对外扩张等负面效果联系起来，以至于在盟军第 46 号令中，被视作万恶之源的普鲁士被肢解。

德意志条顿骑士团（Deutscher Orden） 指十字军东侵过程中成立的以德意志为主的军事组织。它最初于1198年成立于巴勒斯坦，13世纪初回到德意志。不久，进入普鲁士，随后建立骑士团国家。15世纪中，骑士团被迫臣服于波兰。由于骑士战术的衰落和宗教改革的推进，骑士团及其国家形式不可避免地走上衰亡之路。1525年，骑士团国家转为世俗国家，骑士团失去领导地位。1809年，骑士团被解散。但到1834年，骑士团又被恢复，并得到改组。

德意志联盟（Deutscher Bund） 又译德意志邦联，指1815年维也纳会议后形成的德意志邦国联盟。在拿破仑战争的冲击下，神圣罗马帝国解体，德意志陷入一盘散沙。经过普鲁士改革和德意志民族解放战争（Befreiungskriege），德意志终于摆脱了法国的奴役，但对未来仍然存在争议。在维也纳会议上，奥地利首相梅特涅坚持的"正统主义"原则（Legitimität）取得了胜利，德意志继续以松散联盟的形式存在。德意志联盟包括38个主权邦国和4个自由市。联盟没有外交权力、不设中央政府，没有国家元首。联盟议会由邦国代表组成，奥地利担任主席。1848/1949年革命时，联盟一度瓦解。但革命后，在奥地利的坚持下，联盟继续存在，直到1866年普奥战争结束后解体。它反映了一部分德意志政治家对传统的邦国分立（Territorialisierung）的留恋，以致德意志的政治发展没有及时跟上欧洲民族国家发展的潮流。

维也纳会议（Wiener Kongress） 指欧洲在拿破仑帝国瓦解后于1814年10月—1815年6月召开的国际会议。参加会议的有欧洲各国的216名代表，英、俄、普、奥四国操纵会议。会议围绕波兰和萨克森问题展开激烈斗争，法国则利用各国矛盾为本国谋利。1815年1月3日，英、法、奥秘密签订反对俄国和普鲁士的《维也纳条约》。6月9日，总协议签订。协议表现了大国重新瓜分欧洲的野心。协议规定：比利时与荷兰组成尼德兰王国，加强瑞士和撒丁王国的势力；俄国得到波兰王国，普鲁士占有萨克森北部和波兹南，马耳他岛归英国所有，奥地利则在意大利的东北部巩固了自己的统治，并重新控制许多小公国；此外最重要的结果是德意志各邦组成松散的联盟，继续保持政治分裂的状态。

普鲁士改革（Preußische Reformen） 指19世纪初普鲁士推行的一系列改革政策的总和，又称施泰因—哈登贝格改革。普鲁士在拿破仑战争中遭到了灭顶之灾。一部分自由主义贵族和政治民族主义者想利用这一契机，改造普鲁士，从而拯救德意志。改革是全方位的，涉及农业、城市、行政、军事、教育等领域。这场改革在一定程度上启动了普鲁士的现代化道路，为工业化与民主化的发展扫清了道路。但由于受到拿破仑及保守贵族的限制，同时也囿于时代局限，不少改革并未完全成功。

1848/1849 年革命（Revolution von 1848/1849） 指欧洲爆发的资产阶级民主革命。维也纳会议后，欧洲陷入复辟浪潮。在德意志，"统一与自由"（Einheit und Freiheit）成为爱国知识分子的诉求，却被各邦统治者残酷镇压。1848 年 2 月，法国爆发革命，并迅速传播到德意志各邦。各邦相继成立了自由派资产阶级掌权的政府。一部分西、南邦国的知识分子聚集到法兰克福，组织召开了全德法兰克福国民议会（Frankfurter Nationalversammlung），试图筹划一部帝国宪法，成立联邦政府。然而法兰克福国民议会没有处理好它同联盟议会及各邦国民议会之间的关系，国民议会内部又不断暴露共和派与君主派、大德意志派与小德意志派之间的争论，从而延误了帝国宪法的起草。到 1849 年 3 月，普、奥大邦拒绝接受帝国宪法，普鲁士国王拒绝接受法兰克福国民议会送来的皇冠。革命以失败告终。强大的反动势力、犹豫不决的革命者和缺乏动员的社会力量是革命失败的主要原因。不过，革命也为德国历史留下了丰富的政治遗产，如帝国宪法成为后世宪法的蓝本。

德意志关税同盟（Deutscher Zollverein） 指德意志统一前以普鲁士为首的关税同盟。1815 年建立的德意志联盟继续维护松散的政治结构，以致德意志境内关卡林立，严重阻碍了经济发展。国民经济学家李斯特从 1819 年起便奔走各地，筹建关税同盟。对于拥有众多飞地、关税边界长的普鲁士而言，统一关税更为重要。在完成内部统一后，普鲁士相继同北德、中德和南德的邦国达成免税协议。1933 年，普鲁士把所有协议合并，成立德意志关税同盟。该组织于 1834 年元旦生效，到 1842 年，已扩展到 28 个邦。德意志关税同盟建立改变了普、奥之间的均势关系，为普鲁士将来统一德意志奠定了坚实的物质基础。

铁血政策（Eisen und Blut） 指普鲁士首相俾斯麦推行的统一德意志的基本策略，其核心是用武力的方式。1862 年，普鲁士爆发"宪法危机"，即政府与国会间围绕军事拨款问题爆发的剧烈冲突。新任首相俾斯麦在国会发表演说，表示用"铁和血"的方式才能解决现时代问题，换言之，用武力而非辩论的方式才能解决德意志的统一问题。从 1863 年起，俾斯麦通过三次王朝战争，实现了德意志的统一。"铁血政策"从现实的角度首先完成了民族国家的构建任务，但它分化了 1815 年后的"统一与自由"运动的参与者。此后，自由派资产阶级分为两派，一部分人继续坚持民主化的政治理想，逐渐同左翼工人运动结合，另一部分人转而支持俾斯麦的民族主义政策。

德意志帝国（Deutsches Kaiserreich） 指 1871—1918 年间以普鲁士为中心的统一的德意志国家。1871 年 1 月 18 日，德意志帝国在巴黎凡尔赛宫成立。它由 22 个邦国、3 个自由市和帝国行省阿尔萨斯—洛林组成。根据 1871 年 4 月颁布的《帝国宪法》，帝国是一个联邦制国家，中央拥有一定权力，但邦国也保留一定自治权。普鲁士在帝国中占据统治地位，普鲁士的霍亨索伦家族为其皇族，普鲁士首相兼任帝国首相，普鲁士在联邦议会中占有决定性优势。帝国国会由普选产生，但没有相应的责任政府，权力受到限制。在威廉一世统治期间（1871—1888），首相俾斯麦成为实际的掌权者。他通过"集结政策"，联合了大庄园主和重工业家，打击自由主义的势力；通过并不成功的"文化斗争"，在一定程度上限制了天主教势力的扩张；通过"甜面包与皮鞭"政策，拉拢与打击工人阶级。在外交上，俾斯麦推行比较稳妥的大陆政策，以保证德国崛起的外部环境。然而随着德国工业化的持续推进和工人运动的不断高涨，俾斯麦的政治活动空间越来越小。1890 年年初，他与新皇威廉二世在劳工政策、政党联盟和首相权限等一系列问题上爆发冲突，最终辞职下台。威廉二世当政时期，德国社会处于急剧变化中，工业化与城市化改变了德国的社会面貌，传统的社会结构受到冲击，资产阶级的影响力逐渐增大，但容克贵族（Junker）仍然把持政权，利益的多元化带来了社会不同群体的结社浪潮。年轻的威廉二世试图恢复传统的王权机制，以确立个人权威。但是时代前进的步伐让皇帝的政策陷入到越来越危险的怪圈中。在内政上，威廉二世的社会政策改革并未真正赢得人心；在外交上，他的"世界政策"咄咄逼人，激化了英德矛盾。1914 年 8 月，德国加入到第一次世界大战的风暴中。初期的"城堡和平"（Burgfrieden）并未持续多久。随着战争局势的恶化，国内政治格局发生变化。皇帝权力逐渐转移到最高军事指挥部（Oberste Heerslaitung，简写 OHL）手上，国内反战运动涌现。1918 年 10 月底 11 月初，1918/1919 年革命爆发。11 月 9 日中午威廉二世退位，德意志帝国终结。

"集结政策"（Sammlungspolitik） 指俾斯麦联合大庄园主和重工业家的政策。德意志帝国成立后，俾斯麦政府为打击自由主义者，寻求经济界的支持。此时，恰逢 1873 年世界范围内爆发经济萧条，大庄园主和重工业家都希望政府推行保护关税政策。俾斯麦乘机联合两者，共同抵制自由主义者。集结政策为俾斯麦在国会中赢得了多数支持。但在 19 世纪 90 年代后，随着工业化进程的加速，农业与重工业之间的矛盾也日渐显著，集结政策面临危机。

文化斗争（Kulturkampf） 指 19 世纪 70 年代初俾斯麦打击天主教会和中央党的斗争。帝国成立后，西、南邦国的自由派资产阶级和天主教会不满于普鲁士在德意志帝国中的领导地位，以中央党的名义形成反对派。俾斯麦则相应颁布一系列反教权主义的法令，以削弱教会对社会的影响。当时，自由派学者称之为"文化斗争"。随着工人运动的发展，俾斯麦最终同中央党妥协，从1876年起逐步废止反教权主义的法令。

甜面包与皮鞭政策（Zuckerbrot und Peitsche）　　指俾斯麦针对工人运动的政策。德国工业化起步后，劳资矛盾日益尖锐。在马克思、恩格斯的影响下，德国的工人运动发展迅速，并在帝国成立前率先组成工人政党。19世纪70年代中期，俾斯麦认识到工人运动已经成为帝国的最大敌人后，开始筹划两手方针：一方面用社会保险体制收买工人，另一方面用反社会党人法缩小工人运动的活动空间。但事实证明，这两个手段均无成效。到1890年，社会民主党的支持率不减反增。

大陆政策（kontinentale Politik）　　指俾斯麦推行的欧洲外交政策。俾斯麦根据现实主义的外交原则，认为德国在短期内无法同海上霸主英国相抗衡，因而应立足欧洲大陆，从遏制法国入手，同其他欧洲列强建立友好关系。在俾斯麦的外交棋盘上，奥地利是最坚定的盟友，俄国是必须拉拢的对象，意大利是可以拉拢的国家，同英国必须保持友好关系。大陆政策为德意志帝国的初期发展赢得了稳定的外交空间。但随着奥俄矛盾不断尖锐化，帝国的发展面临困境时，大陆政策的局限性便一览无遗。

世界政策（Weltpolitik）　　指威廉二世推行的外交政策。俾斯麦下台后，威廉二世表现出咄咄逼人的态势。他希望进一步扩大德意志帝国的发展空间。1897年，帝国首相比洛在国会中发表著名的"阳光下的地盘"的演讲，充分暴露了帝国外交政策的转向。德俄矛盾持续恶化，导致俄法接近。德国的造舰计划和巴格达铁路修建计划直接威胁英国，以致英法结盟。世界政策使欧洲列强之间的固有矛盾被激化，两大军事集团相继形成，从而引发第一次世界大战的爆发。

魏玛共和国（Weimarer Republik）　　指1918—1933年间的德意志共和国，因其在德国魏玛制定宪法而得名。1918/1919年革命爆发后，社会民主党掌控了革命的发展方向，最终于1919年1月推动国民议会选举，确立议会民主制。根据《魏玛宪法》，它是一个共和、联邦、民主、法治的福利国家。终其一生，魏玛共和国饱受左右两翼政党的攻击。右翼政党因其签订《凡尔赛和约》，攻击政府出卖主权，并编造所谓"背后一刀谎言"来污蔑社会民主党。左翼政党希望进一步推动民主改革，建立无产阶级专政。在内部混乱的同时，魏玛共和国还不得不面对国际压力，尤其是来自法国的赔款要求。1923

年1月，法、比联军以索赔为由，制造鲁尔危机。在共和国前期，总统艾伯特严格遵守民主精神，外交部长施特雷泽曼左右逢源，中央行长沙赫特大胆创新，才稳定了政治、经济和外交局面。然而到共和国后期，保守贵族兴登堡当选总统，世界经济大萧条席卷全国，激进力量崛起，尤其是纳粹党蛊惑人心，以致民主进程被打断。1931年3月，兴登堡直接任命总理，建立总统内阁。1933年1月30日，希特勒被任命为总理，魏玛共和国结束。

《凡尔赛和约》（Friedensvertrag von Versailles） 指第一次世界大战后签订的军事和约，全称为《协约和参战各国对德和约》。1919年6月28日，战胜国与德国在凡尔赛宫签订。1920年1月20日生效。和约共分15部分、440条。和约让德国失去了全部殖民地和海外属地，割让13%的领土，禁止同奥地利合并。它允许战胜国对莱茵河以西地带实行军事占领，强令德国废除普遍义务兵役制，削减陆海军，停止发展空军。更为严重的是，它把全部战争责任都归于德国及其盟国，要求赔偿战胜国的一切损失。该和约极大压制了德国，损害了德国人的民族自尊心，并对魏玛共和国的发展产生了负面影响。

"背后一刀谎言"（Dolchstoßlegende） 指魏玛共和国时期右翼政党编造的攻击社会民主党政府的谎言。第一次世界大战末期，军方无力再战，不得不把政权交给议会改革派，并督促威廉二世结束战争。《凡尔赛和约》签订后，德国社会在痛苦之余，追问战争的爆发与失败原因。军方借机推卸责任，指责社会民主党领导革命，以致军队腹背受敌。魏玛总统艾伯特为此多次出庭受审，以致身心受到严重损害，过早病逝。该谎言在当时颇具影响力，表明魏玛共和国的内部环境十分糟糕。

鲁尔危机（Ruhrkrise） 指1923年发生在德国鲁尔区的国际危机。1923年1月，法、比联军借口德国不按时缴纳赔款，出兵占领鲁尔区。德国政府号召民众进行消极抵抗，并用大规模印刷纸币的方式，赔偿当地民众的误工损失。该危机最终引发德国的恶性通货膨胀，并对占领国的国内经济产生负面影响。最终，德国政府宣布停止消极抵抗，并由美国专家制订"道威斯计划"，法、比联军退出鲁尔区。

总统内阁（Präsidialkabinett） 指魏玛共和国末期出现的政府形式。根据《魏玛宪法》的相关规定，总统有权在社会发生紧急状态时，解散国会多数派组成的政府，直接任命新政府。世界经济大萧条发生后，民主内阁无法达成一致意见，总统兴登堡被迫直接任命布吕宁为内阁总理。随后，他用同样方式相继任命巴本和施莱歇尔为总理。希特勒是总统内阁的第四位总理。总统内阁不是一种民主制度，本意是为了维护紧急状态下政府的正常运作。但是在魏玛末期，总统内阁的出现恰恰敲响了民主制度的丧钟。

纳粹夺权（Machtergreifung） 指德国极端民族主义政党——纳粹党崛起直至获得政权的历史进程。纳粹党全名为"民族社会主义德意志工人党"，成立于1919年。希特勒加入该党后，对它进行了大规模改造。世界经济大萧条发生后，共和国政府束手无策，其他政党也无良方。纳粹党则借此机会，以"民族共同体"为宣传核心，用现代化的宣传手段，欺骗德国民众，用各种许诺换取社会各阶层的好感。1932年7月，纳粹党成为国会第一大党。与此同时，统治阶层为避免左翼政党的胜利，采取了"两害相权取其轻"的策略，在一定程度上支持了纳粹党。再者，《魏玛宪法》所赋予的总统特权使得兴登堡最终任命希特勒为总理。纳粹夺权成功。

"民族共同体"（Volksgemeinschaft） 指纳粹党的核心政治理念。它强调德意志民族内部的利益一致性，要求各阶层人士注重民族的整体利益，淡化或者主动调节内部矛盾，同舟共济，以复兴德意志民族。

一体化（Gleichschaltung） 指纳粹夺权后，对德国的政治、经济、社会和文化生活进行大规模改造的历史进程。它在政治上表现为纳粹党建立起一党制、党国一体和中央集权的政府，在经济上表现为纳粹政府推行国家干预型经济体制，在社会上按照民族共同体的理念加强社会控制，在文化上鼓吹德意志文化的优越性，推行极端民族主义的文化理念。

霍斯巴赫备忘录（Hoßbach-Niederschrift） 指纳粹德国对外扩张的基本策略。1936年前，希特勒基本完成了扩军备战的准备，并且找到了意、日两国作为盟友。1937年11月5日，希特勒召集国防部长、外交部长以及武装部队高层等4人，召开内阁会议，由副官霍斯巴赫整理为备忘录。他的想法是"先大陆，后海洋"的三步走方针，即先建立一个囊括中欧的大德意志国；其次打败法国，消灭苏联，成为欧陆霸主；最后向海洋发展，战胜英、美，称霸全球。1937年后，纳粹德国的对外扩张基本遵从该备忘录的思路，吞并奥地利和苏台德地区，吞并捷克斯洛伐克，发动第二次世界大战。

最后解决犹太人问题（Endlösung der Judenfrage） 指纳粹政府屠杀犹太人的方案。纳粹夺权后，极力鼓吹极端民族主义思想，排斥犹太人。占领东欧后，纳粹政府把大量犹太人关入集中营。1941 年 7 月,纳粹高层提出了"最后解决犹太人问题"的设想。次年 1 月,高层在柏林近郊召开万湖会议,制订了具体方案,由西向东彻底"清理"欧洲。据统计,在该计划实施过程中,被害的犹太人总数多达 600 万,仅奥斯威辛一地就有 100 多万人被害。

纽伦堡审判(Nürnberger Prozess) 指对第二次世界大战中德国纳粹战犯的国际审判,1945 年 11 月 20 日—1946 年 10 月 1 日在德国纽伦堡进行。苏、美、英、法四国组成法庭,判处戈林等 12 人死刑,并宣布纳粹领导机构、党卫军、秘密警察等为犯罪组织。

冷战(Kalter Krieg) 指第二次世界大战后以美国和苏联为首的两大国家集团之间除直接的大规模战争之外的全面对抗。冷战的起因是双方国家利益和战略目标的冲突,其根源在于双方社会制度和意识形态的对立。德国既是冷战的主要战场,也是冷战的最大受害者。受冷战影响,德意志人被迫接受国家分裂的局面。柏林成为冷战中的焦点城市,先后发生过两次柏林危机。柏林墙也成为冷战的标志。1989 年,东欧各国相继发生政治变动,柏林墙于 11 月 9 日倒塌。次年,两德统一。不久,随着华约组织的解散和苏联解体,冷战终结。

两次柏林危机(Berlin-Krise) 指冷战期间发生在柏林的两次危机。第一次柏林危机发生于 1948 年 6 月—1949 年 5 月。此前,美苏双方已经在德国的统一程序和方式上产生巨大分歧。1948 年 3 月,苏联退出盟军管制委员会,对柏林实施交通管制。6 月,西占区单方面推行币制改革,直接影响到柏林的经济稳定。苏联除同样推行币制改革外,封锁了西柏林与西占区之间的水陆交通。西占区相应中断了运往东部的原材料。为保证西柏林的地位,美国空军利用空中走廊向西柏林空运食品。这就是第一次柏林危机。双方最终没有诉诸武力。1949 年 5 月,苏联解除柏林的交通管制。但两个德国的分裂却已不可挽回。第二次柏林危机发生于 1958—1961 年间。1958 年,联邦德国决定用核武器武装军队,民主德国以西方国家违反《波茨坦协定》为名,宣布将占领整个柏林,并得到苏联的支持。11 月,苏联提出把柏林的管理权交还给民主德国,并要求西方三国在 6 个月内撤走西柏林驻军,使西柏林成为非军事化的自由城市。美方拒不退让。双方经历了一系列谈判,但均未达到任何结果。在此期间,由于外逃人数不断增加,民主德国不得不在 1961 年 8 月 13 日起筑起柏林墙。美苏双方最终对柏林的地位问题不了了之。

柏林墙(Berliner Mauer) 指横亘在东西柏林之间以及西柏林与民主德国之间的

墙，民主德国称之为"反法西斯防卫墙"。由于西柏林的特殊位置，民主德国建立后，大量外逃者通过此地逃往西方，对民主德国的经济建设和政治稳定造成巨大威胁。1961年8月13日，在得到苏联领导人的支持后，民主德国开始建设柏林墙。该墙前后建造了4年多，全长165公里，分内外两层，两墙之间有100米宽的无人地带。整个柏林墙共有280个观察哨、137个地堡、274个警犬桩、108公里坑道。冷战期间，柏林墙被视作两德分裂的标志。1989年11月9日，民主德国迫于形势变化，开放柏林墙。该事件后被称为"柏林墙倒塌"，是两德统一、冷战结束的象征。事实上，柏林墙是逐渐被人拆除的。今天，柏林墙只保留了一部分作为历史遗存。

再统一（Wiedervereinigung） 指1990年德国重新实现统一的历史事件。两德分裂是冷战的结果。1989年年底，随着柏林墙的倒塌，德国人找到了重新统一的契机。经过一系列谈判，1990年8月底，德国人终于扫清了统一道路上的内外障碍，签署了统一协议。1990年10月3日，民主德国正式并入联邦德国，成立新的联邦德国。

图片来源

Bernhard Askani und Elmar Wagener, *Anno, Ausgabe Niedersachsen* (Braunschweig: Westermann, 1997-2001): 地图 2.1（第 1 册, p.174）; 地图 2.2（第 1 册, p.183）; 插图 2.1（第 1 册, p.188）; 地图 2.3（第 1 册, p.202）; 插图 2.2（第 1 册, p.271）; 插图 2.3（第 1 册, p.225）; 插图 4.2（第 2 册, p.113）; 插图 4.3（第 2 册, p.114）; 插图 6.1（第 2 册, p.204）; 地图 6.1（第 2 册, p.209）; 插图 6.2（第 3 册, p.22）; 插图 7.6（第 3 册, p.60）; 插图 8.1（第 4 册, p.39）; 插图 8.2（第 4 册, p.44）; 插图 8.6（第 4 册, p.66）; 插图 8.7（第 4 册, p.63）; 插图 9.5（第 4 册, p.72）; 地图 9.2（第 4 册, p.119）; 插图 9.7（第 4 册, p.123）; 插图 10.1（第 4 册, p.144）; 插图 10.3（第 4 册, p.147）; 插图 10.10（第 4 册, p.187）; 插图 10.12（第 4 册, p.198）

Chronik der Weltgeschichte (Gütersloh/München: Chronik Verlag, 2000): 插图 1.1 (p.132); 插图 1.2 (p.127); 插图 1.4 (p.197); 插图 3.3 (p.391); 插图 5.2 (p.451); 插图 5.3 (p.456); 插图 5.4 (p.462); 插图 8.5 (p.568); 插图 10.6 (p.599); 插图 10.7 (p.605)

Durchblick. GSW Geschichte / Politik 7/8, Realschule Niedersachsen (Braunschweig: Westermann Schulbuchverlag, 1997): 插图 11.3 (p.209)

Durchblick. GSW Geschichte / Politik 9/10, Realschule Niedersachsen (Braunschweig: Westermann Schulbuchverlag, 1998): 插图 10.2 (p.41); 插图 11.2 (p.42)

Einigkeit Wege und Recht und der Freiheit Deutschen, 1949-1999 (Hamburg: Rowohlt Taschenbuch, 1999): 插图 10.8 (p.41)

Geoffrey Barraclough, *The Times Concise Atlas of World History* (London: Times Books, 1982): 地图 1.5 (p.35); 地图 5.1 (p.91); 地图 7.1 (p.115)

Geschichte Plus, 7/8, Mecklenburg-Vorpommern (Berlin: Volk und Wissen Verlag, 2000): 插图 1.3 (p.13)

Geschichte Plus, 7/8, Thüringen (Berlin: Volk und Wissen Verlag, 2000): 插图 4.1 (p.148); 插图 6.3 (p.228); 插图 6.4 (p.264、265); 插图 7.5 (p.284)

Manfred Treml, *Oldenbourg Geschichte für Gymnasien, 12* (München: Oldenbourg, 1994): 插图

8.3（p.187）；插图 8.4（p.192）；插图 9.1（p.263）；插图 9.2（p.268）

Manfred Treml, *Oldenbourg Geschichte für Gymnasien*, 13（München: Oldenbourg, 1994）：插图 9.6（p.24）；插图 10.4（p.118）；插图 10.9（p.189）；插图 10.11（p.180）

Matthew Hughes and Chris Mann, *Inside Hitler's Germany, Life under the Third Reich*（London: Brown Partworkds, 2000）：插图 9.3（p.95）

Werner Tscherne, Manfred Gartler, *Wege durch die Zeiten*（Graz: Leopold Stocker Verlag, 1989）：插图 5.1（p.101）

Wolfgang Hug, usw., *Geschichtliche Weltkunde*, Band 3（Frankfurt a.M.: Verlag Moritz Diesterweg, 1979）：插图 9.4（p.119）

Zeiten, Menschen, Kulturen（Zürich: Lehrmittelverlag des Kantons Zürich）：地图 1.2（第 2 册，p.7）；地图 1.3（第 2 册，p.7）；插图 2.4（第 2 册，p.29）；插图 3.1（第 3 册，p.63）；插图 3.2（第 3 册，p.71）

北京外国语学院国际政治教研室：《世界史参考底图，1640—1945》（北京：外国教育与研究出版社，1981 年）：地图 5.1（p.50）

赫曼·金德等：《世界史百科》，第 1 卷（陈澄声译，南宁：广西人民出版社，2011 年）：地图 2.1（p.203）、地图 2.2（p.206）、地图 2.3（p.234）

赫曼·金德等：《世界史百科》，第 1 卷（陈澄声译，南宁：广西人民出版社，2011 年）：地图 5.1（p.27）、地图 7.1（p.108）

孟钟捷、霍仁龙：《地图上的德国史》（上海：东方出版中心，第 2 版，2016 年）：地图 1.1（p.2）；地图 3.1（p.48）；地图 4.1（p.68）；地图 4.2（p.72）；地图 5.2（p.96）；插图 6.1（p.104）；图 9.2（p.184）、地图 10.2（p.195）

米夏埃尔·施蒂默尔：《德意志：一段找寻自我的国家历史》（孙雪晶译，天津：天津人民出版社，2007 年）：插图 7.1（p.28）；插图 7.2（p.31）；插图 7.3（p.78）

帕尔默：《现代世界史》（何兆武等译，北京：世界图书出版公司，2009 年）：地图 3.4（p.78）；地图 8.1（p.748）

姚宝、过文英：《当代德国社会与文化》（上海：上海外语教育出版社，2002 年）：地图 0.1（p.2）

张西平：《中国与欧洲早期宗教和哲学交流史》（北京：东方出版社，2001 年）：插图 0.1（p.516）

张芝联、刘学荣：《世界历史地图集》（北京：中国地图出版社，2002 年）：地图 1.4（p.42）；地图 3.2（p.83）；地图 9.1（p.153）；地图 10.1（p.160、161）

人名译名对照表

（以姓氏拼音排序）

A

阿登纳，Konrad Adenauer，1876—1967，联邦德国总理

阿恩特，Ernst Moritz Arndt，1769—1860，德国文化民族主义运动的代表，诗人

阿尔布莱希特，勃兰登堡的，Albrecht von Brandenburg，1490—1545，美因茨大主教、马格德堡大主教

阿尔布莱希特·冯，勃兰登堡-安斯巴赫，阿尔布莱希特·冯，Albrecht von Brandenburg-Ansbach，1490—1568，1511—1568，骑士团国家团长、第一位普鲁士公爵

阿那斯塔修斯一世，Anastasios I，430—518，491—518 在位，东罗马皇帝

埃伯哈特，Eberhard，约 885—939，法兰克尼亚公爵，东法兰克王国国王康拉德一世的弟弟

艾伯特，Friedrich Ebert，1871—1925，德国社会民主党主席、魏玛共和国第一任总统

爱因斯坦，Albert Einstein，1879—1955，德裔物理学家科学家

昂纳克，Erich Honecker，1912—1994，民主德国领导人

奥古斯都，Augusuts，公元前 63—前 14，古罗马帝国的第一位皇帝

奥古斯特，强者，弗里德里希·奥古斯特一世，萨克森的，Friedrich August I von Sachsen，August der Starke，1670—1733，1694—1733 在位，萨克森选侯、波兰国王

奥托一世，大帝，Otto I，Otto der Große，912—973，936—973 德意志国王，962—973 神圣罗马帝国皇帝

奥托二世，Otto II，955—983，961—973 德意志副王，967—973 神圣罗马帝国副皇，973—983 神圣罗马帝国皇帝

奥皮茨,马丁,Martin Opitz,1597—1639,德国诗人

奥伊伦堡,Philipp zu Eulenburg,1847—1921,德国政治家

B

巴本,Franz von Papen,1879—1969,魏玛共和国总理

巴赫,Johann Sebastian Bach,1685—1750,德国作曲家

白里安,Aristide Briand,1862—1932,法国总理、外交部长

倍倍尔,Ferdinand August Bebel,1840—1913,德国工人运动早期领导人

贝多芬,Ludwig van Beethoven,1770—1827,德国作曲家

贝克,Ludwig August Theodor Becker,1880—1944,纳粹德国元帅

本笃十二世,Benedikt XII,1285—1342,1334—1342 在位,罗马教皇

勃列日涅夫,Leonid Ilyich Brezhnev,1906—1982,苏联领导人

彼得三世,Peter III,1728—1762,1762 在位,俄国沙皇

俾斯麦,Otto von Bismarck,1815—1898,德国政治家、德意志帝国首相

比洛,Bernhard Heinrich Martin von Bülow,1849—1929,德意志帝国首相

庇护九世,Pius IX,1792—1878,1846—1878 在位,罗马教皇

博因,Leopold Hermann Ludwig von Boyen,1771—1848,普鲁士军事改革家

伯尔,Heinrich Böll,联邦德国文学家

伯恩斯坦,Eduard Bernstein,1850—1932,独立社会民主党高层,党内改革思想家

勃罗姆贝格,Werner von Blomberg,1878—1946,纳粹德国前期的国防部长

勃兰特,Willy Brandt,1913—1992,联邦德国总理

布莱希特,Bertolt Brecht,1898—1956,德国戏剧家

布朗,Gordon Brown,1951 年生,英国首相

布劳恩,Volker Braun,1939 年生,德国诗人

布劳伊尔,Birgit Breuel,1937 年生,国有财产委托代管局局长

布鲁克,Arthur Moeller van den Bruck,1876—1925,德国文化史学家

布吕宁,Heinrich Brüning,1885—1970,魏玛共和国总理

C

查理，马特，Karl Martell，688/689—714，法兰克王国宫相

查理大帝，Karl der Große，747/748—814，771—814 法兰克国王，800—814 罗马皇帝

查理，胖子，Karl der Dicke，839—887，876—887 东法兰克王国国王，879—887 意大利国王，885—888 西法兰克王国国王，881—888 罗马皇帝

查理，秃头，Karl der Kahle，823—877，843—877 法兰克国王，875—877 罗马皇帝

查理三世，天真的，Karl III，Karl der Einfältige，879—929，893/898—923 在位，西法兰克王国国王

查理四世，Karl IV，1316—1378，1347—1378 德意志国王，1355—1378 神圣罗马帝国皇帝

查理五世，Karl V，1500—1558，1519—1531 德意志国王，1530—1556 神圣罗马帝国皇帝

查理六世，Karl VI，1685—1740，1711—1740 在位，德意志国王和神圣罗马帝国皇帝

茨温利，Ulrich Zwingli，1484—1531，瑞士宗教改革者

D

德梅齐埃，Lothar de Maizière，1940 年生，民主德国领导人

邓尼茨，Karl Dönitz，1891—1980，纳粹德国元帅

E

恩格斯，Friedrich Engels，1820—1895，德国哲学家、社会理论家、革命家

恩斯特一世，虔诚者，Ernst I，Ernst der Fromme，1601—1675，1640—1675 在位，萨克森—哥达—阿尔滕堡公爵

F

法兰西斯一世，François I，1494—1547，1515—1547 在位，法兰西王国国王

费希特，Johann Gottlieb Fichte，1762—1814，德国哲学家

福兰阁，Otto Frank，1863—1946，德国汉学家

弗朗茨一世，弗朗茨·斯特凡，Franz I Stephan，1708—1765，1745—1765在位，德意志国王和神圣罗马帝国皇帝

弗里德里希一世，红胡子，Friedrich I, Friedrich der Barbarossa，1122—1190，1152—1190德意志国王，1155—1190神圣罗马帝国皇帝

弗里德里希二世，Friedrich II，1194—1250，1212—1215、1220—1250德意志国王，1220—1250神圣罗马帝国皇帝

弗里德里希二世（弗里德里希大王或腓特烈大帝），Friedrich II, Friedrich der Große，1712—1786，1740—1786在位，普鲁士王国国王

弗里德里希三世，Friedrich III，1415—1493，1440—1493德意志国王，1452—1493神圣罗马帝国皇帝

弗里德里希三世，智者，Friedrich III, Friedrich der Weise，1463—1525，1486—1525在位，萨克森选侯

弗里德里希三世，勃兰登堡的，Friedrich III，1657—1713，1688—1701勃兰登堡选侯，1701—1713普鲁士国王，改称弗里德里希一世（Friedrich I.）

弗里德里希六世，纽伦堡的，Friedrich VI von Nürnberg，1371—1440，1397—1420纽伦堡伯爵，1415—1440勃兰登堡边区伯爵、选侯，改称弗里德里希一世（Friedrich I von Brandenburg）

弗里德里希，阿尔布莱希特，Albrecht Friedrich，1553—1618，1568—1618在位，普鲁士公爵

弗里德里希·威廉一世，大选侯，Friedrich Wilhelm I, der Große Kurfürst，1620—1688，1640—1688在位，勃兰登堡选侯、普鲁士公爵

弗里德里希·威廉一世，Friedrich Wilhelm I，1688—1740，1713—1640在位，普鲁士国王

弗里德里希·威廉三世，Friedrich Wilhelm III，1770—1840，1797—1840在位，普鲁士国王

弗里德里希·威廉四世，Friedrich Wilhelm IV，1795—1861，1840—1858在位，普鲁士国王

弗里契，Werner von Fritsch，1880—1939，纳粹德国前期的总参谋长

弗兰克，August Hermann Francke，1663—1727，虔敬主义的主要传播者

弗朗茨二世，Franz II，1768—1835，1792—1806 神圣罗马帝国皇帝、1804—1835 奥地利皇帝

弗洛伊德，Sigmund Freud，1856—1939，奥地利精神分析学家

伏尔泰，Voltaire，原名 François-Marie Arouet，1694—1778，法国启蒙哲学家

G

高克，Joachim Gauck，1940 年生，联邦德国总统

歌德，Johann Wolfgang Goethe，1749—1832，德国文学家

格拉斯，Günter Grass，1927—2015，联邦德国文学家

格雷高利五世，Gregor V，972—999，996—999 在位，罗马教皇

格雷高利七世，Gregor VII，1020—1085，1073—1085 在位，罗马教皇

格雷高利九世，Gregor IX，1167—1241，1227—1241 在位，罗马教皇

格林兄弟，Jakob Grimm，1785—1863；Wilhelm Grimm，1786—1859，德国晚期浪漫派文学家

格里美豪森，Hans Jakob Christoffel von Grimmelhausen，约 1622—1676，德国文学家

格罗尔曼，Karl Wilhelm Georg von Grolman，1777—1843，普鲁士军事改革家

格罗提渥，Otto Grotewhol，1894—1964，民主德国总统

格奈泽瑙，August Neithardt von Gneisenau，1760—1831，普鲁士军事改革家

戈尔巴乔夫，Mikhail Sergeyevich Gorbachev，1931 年生，苏联领导人

戈林，Hermann Göring，1893—1946，纳粹德国空军元帅

戈培尔，Joseph Goebbels，1897—1945，纳粹德国宣传部长

古腾堡，Gutenberg，原名 Johannes Gensfleisch，1400—1468，欧洲金属活字印刷发明家

H

哈阿茨，胡戈，Hugo Haase，1863—1919，独立社会民主党创始人

哈德良四世，Hadrian IV，?—1159，1154—1159 在位，罗马教皇

哈登贝格，Karl August von Hardenberg，1750—1822，普鲁士改革家

哈尔斯坦，Walter Hallstein，1901—1982，联邦德国外交家

哈勒，Karl Ludwig von Haller，1768—1854，德国政治哲学家

海德格尔，Martin Heidegger，1889—1976，德国哲学家

海德里希，Reinhard Tristan Eugen Heydrich，1904—1942，纳粹国家保安局局长

海德，Christian Johann Heinrich Heine，1797—1865，德国诗人

赫尔德，Johann Gottfried Herder，1744—1803，德国哲学家、文学家

赫斯，Rudolf Heß，1894—1987，纳粹德国政治家

黑格尔，Georg Wilhelm Friedrich Hegel，1770—1831，德国哲学家

黑塞，赫尔曼，Hermann Hesse，1877—1962，德国文学家

亨利一世，捕鸟者，Heinrich I，Heinrich der Vogler，876—936，919—936 在位，东法兰克王国国王、第一位德意志国王

亨利二世，Heinrich II，973/978—1024，1002—1024 德意志国王，1014—1024 神圣罗马帝国皇帝

亨利三世，Heinrich III，1017—1056，1028—1056 德意志国王，1046—1056 神圣罗马帝国皇帝

亨利四世，Heinrich IV，1050—1106，1053—1056 德意志副王，1056—1105 德意志国王，1084—1105 神圣罗马帝国皇帝

亨利五世，Heinrich V，1081/1086—1125，1099—1105 德意志副王，1106—1125 德意志国王，1111—1125 神圣罗马帝国皇帝

亨利六世，Heinrich VI，1165—1197，1169—1197 德意志国王，1191—1197 神圣罗马帝国皇帝

亨利八世，Heinrich VIII，1491—1547，1509—1547 在位，英国国王

亨德尔，Georg Friedrich Händel，1685—1759，德国作曲家

赫尔曼，Hermann，公元前17—21，德意志民族的第一位英雄，又被称作"阿尔米尼乌斯"（Arminius）

洪堡，Wilhelm von Humboldt，1767—1835，德国教育家、政治家

胡戈，克吕尼的，Hugo von Cluny，1024—1109，克吕尼修道院院长

胡斯，Jan Hus，1372—1415，布拉格大学校长、宗教改革者

胡滕，Ulrich von Hutten，1488—1523，骑士战争的领导者

华伦斯坦，Albrecht von Wallenstein，1583—1634，信仰天主教的捷克军事家

霍斯巴赫，Friedrich Hoßbach，1894—1980，纳粹德国军官

J

济金根，Franz von Sickingen，1481—1523，骑士战争的领导者

加尔文，Johannes Calvin，1509—1564，瑞士宗教改革者

加格恩，Heinrich Wilhelm August von Gagern，1799—1880，1848/1849年革命中法兰克福国民议会主席

K

卡里克斯特二世，Calixt II，约1060—1124，1119 1124在位，罗马教皇

卡洛斯二世，Carlos II，1661—1700，1665—1700在位，西班牙王国国王

卡皮托，Wolfgang Capito，1478—1541，宗教改革者

卡普，Wolfgang Kapp，1858—1922，东普鲁士行政长官、反共和国者

恺撒，Gaius Julius Caesar，公元前102—前44，古罗马将军、执政官

凯特尔，Wilhelm Keitel，1882—1946，纳粹德国陆军元帅

凯泽尔，雅克布，Jakob Kaiser，1888—1961，联邦德国政治家

康德，Immanuel Kant，1724—1804，德国哲学家

康拉德一世，Konrad I，约881—918，911—918在位，东法兰克王国国王

康拉德二世，Konrad II，990—1039，1024—1039在位，德意志王国国王、神圣罗马帝国皇帝

康拉德三世，Konrad III，1093—1152，1127—1135对立的德意志国王之一，1138—1152德意志国王和神圣罗马帝国皇帝

康普豪森，Ludolf Camphausen，1803—1890，普鲁士自由派政治家

科采比，August von Kotzebue，1761—1819，德国戏剧家和作家、俄国大使馆工作人员

科尔，Helmut Kohl，1930—2017，联邦德国总理

克林格尔，Friedrich Maximilian Klinger，1752—1831，德国作家

克劳塞维茨，Carl von Clausewitz，1780—1831，普鲁士军事改革家、军事理论家

克伦茨，Egon Krenz，1937年生，民主德国领导人

克洛维，Chlowig I，466—511，486—511在位，法兰克王国墨洛温王朝的创始人

克罗卜斯托克，Friedrich Gottlieb Klopstock，1724—1803，德国民族诗人

L

拉多维茨，Josef von Radowitz，1797—1853，普鲁士政治家

拉萨尔，Ferdinand Lassalle，1825—1864，德国工人运动早期领导人

莱布尼茨，Gottfriend Wilhelm Leibniz，1646—1716，德意志自然科学家、历史学家和哲学家

莱辛，Gotthold Ephraim Lessing，1729—1781，德国文学家

赖辛施佩格尔，August Reichensperger，1810—1892，天主教中央党的创始人

李斯特，Friedrich List，1789—1846，德国经济学家

李卜克内西，威廉，Wilhelm Liebknecht，1826—1900，德国工人运动早期领导人

李卜克内西，卡尔，Karl Liebknecht，1871—1919，德国共产党的创始人

李德，Otto Braun，1900—1974，共产国际派驻中国共产党的军事顾问

里宾特洛甫，Joachim von Ribbentrop，1893—1946，纳粹德国的外交部长

里芬施塔尔，Leni Riefenstahl，1902—2003，德国导演

里特，Gerhard Ritter，德国历史学家

利奥三世，Leo III，?—816，795—816在位，罗马教皇

利奥九世，Leo IX，1002—1054，1049—1054在位，罗马教皇

利奥十世，Leo X，1475—1521，1513—1521在位，罗马教皇

利奥波德一世，Leopold I，1640—1705，1658—1705在位，神圣罗马帝国皇帝

列金，Carl Legien，1861—1920，自由工会主席

隆美尔，Erwin Johannes Eugen Rommel，1891—1944，纳粹德国元帅

路德，马丁，Martin Luther，1483—1546，宗教改革者

路易一世，虔诚者，Ludwig I，Ludwig der Fromme，778—840，813—840在位，法兰

克帝国皇帝

路易，德意志人，Ludwig der Deutsche，806—876，840—876 在位，东法兰克王国国王

路易四世，孩童，Ludwig IV, Ludwig das Kind，893—911，900—911 在位，东法兰克王国卡洛林王朝的最后一位国王

路易十四，Louis XIV，1638—1715，1643—1715 在位，法国国王

鲁道夫一世，Rudolf I，1218—1291，1273—1291 在位，德意志国王

鲁登道夫，Erich Ludendorf，1865—1937，德国将军、军事家

卢梭，Jean-Jacques Rousseau，1712—1778，法国启蒙哲学家

卢森堡，罗莎，Rosa Luxemburg，1870—1919，德国共产党创始人

洛塔尔一世，Lothar I，795—855，840—855 在位，法兰克帝国皇帝

洛塔尔二世，Lothar II，约 835—869，855—869，法兰克王国国王

洛塔尔三世，Lothar III，1075—1137，1125—1137 德意志国王，1133—1137 神圣罗马帝国皇帝

罗姆，Ernst Röhm，1887—1934，冲锋队领袖

罗森贝格，阿尔弗莱德，Alfred Rosenberg，1893—1946，纳粹德国意识形态宣传家

罗森贝格，汉斯，Hans Rosenberg，1904—1988，德国历史学家

罗特克，Karl von Rotteck，1775—1840，德国法学家

吕特维茨，Walther von Lüttwitz，1859—1942，反共和国的国防军军官

M

马蒂亚斯，Matthias，1557—1619，1611—1619 德意志国王，1612—1619 神圣罗马帝国皇帝

马克思，Karl Marx，1818—1883，德国哲学家、社会理论家、革命家

马科斯，巴登的，Max von Baden，1867—1929，德意志帝国首相

马克西米利安一世，Maximilian I，1459—1519，1486—1519 德意志国王，1508—1519 神圣罗马帝国皇帝

马黎诺里，Marignolli，14 世纪佛罗伦萨旅行家，曾到过中国

马略，Gaius Marius，公元前 156—前 86，古罗马将军

玛蒂尔德·冯·图茨恩，Mathilde von Tuszien，约 1046—1115，卡诺莎边区伯爵夫人

玛丽亚·特蕾西娅，Maria Theresia，1717—1780，1740—1780 在位，奥地利王国国王

曼，亨利希，Heinrich Mann，1871—1950，德国文学家

曼，托马斯，Thomas Mann，1875—1955，德国文学家

梅德韦杰夫，Dmitry Medvedev，1965 年生，俄国总统

梅兰希顿，菲利普，Philip Melanchton，1497—1560，宗教改革者，马丁·路德的好友

梅尼克，Friedrich Meinecke，1862—1954，德国历史学家

梅特涅，Klemens Wenzel Lothar von Metternich，1773—1859，奥地利首相

门德尔松，摩西，Mases Mendelssohn，1729—1786，德国启蒙哲学家

米勒，赫尔曼，Hermann Müller，1868—1932，魏玛共和国总理

米勒，亚当·海因里希，Adam Heinrich Müller，1779—1829，德国政治学家、外交家

米勒－阿尔马克，Alfred Müller-Armack，1901—1978，弗赖堡学派经济学家

闵采尔，Thomas Müntzer，1489—1525，宗教改革者

闵明我，Philippe Marie Grimaldi，1639—1712，耶稣会意籍传教士

摩根索，Hans J. Morgenthau，1904—1980，美国政治学家

默克尔，Angela Merkel，1954 年生，联邦德国总理

默泽，尤斯图斯，Justus Möser，1720—1794，德国法学家

莫德罗，Hans Modrow，1928 年生，民主德国领导人

莫泽，Friedrich Karl von Moser，1723—1798，德国作家、政治家

莫扎特，Wolfgang Amadeus Mozart，1756—1791，德国作曲家

墨索里尼，Benito Mussolini，1883—1945，意大利独裁者

N

拿破仑，Napoleon Bonaparte，1769—1821，1804—1815 在位，法兰西帝国皇帝

尼采，Friedrich Wilhelm Nietzsche，1844—1900，德国哲学家

尼克莱，Christoph Friedrich Nicolai，1773—1811，柏林出版商

牛赖特，Constantin von Neurath，1873—1956，纳粹德国前期的外交部长

诺阿克，Noack Ulrich，1899—1975，联邦德国历史学家

诺瓦列斯，Novalis，原名 Georg Friedrich Philipp Freiherr von Hardenberg，1772—1801，德国早期浪漫派文学家

O

欧肯，Walter Eucken，1891—1950，弗赖堡学派经济学家
欧文斯，杰西，Jesse Owens，1913—1980，美国体育运动员

P

佩塔勒，Johannes Alois Perthaler，生卒年不详，德国法学家
皮克，Wilhelm Pieck，1876—1960，民主德国总统
老丕平，Pippin der Ältere，580—640，法兰克王国奥斯特里亚宫相
中丕平，Pippin der Mittlere，635—714，法兰克王国宫相
小丕平，丕平三世，Pippin der Jüngere，Pippin III，714—768，751—768 在位，法兰克王国卡洛林王朝的创始人
普兰茨多夫，Ulrich Plenzdorf，1934—2007，德国作家

Q

丘吉尔，Sir Winston Leonard Spencer Churchill，1874—1965，英国首相

S

沙恩霍斯特，Gerhard von Scharnhorst，1755—1813，普鲁士军事改革家
沙赫特，Hjalmar Schacht，1877—1970，德国经济学家、魏玛共和国中央银行行长
施莱格尔，Friedrich von Schlegel，1772—1829，德国早期浪漫派文学家
施莱马歇尔，Friedrich Schleiermacher，1768—1834，德国文学家
施莱歇尔，Kurt von Schleicher，1882—1934，魏玛共和国总理

舒马赫,库尔特,Kurt Schumacher,1895—1952,联邦德国政治家

舒曼,Robert Schuman,1886—1963,法国政治家

施罗德,Gerhard Schröder,1944 年生 ,联邦德国总理

施密特,卡尔,Karl Schmitt,1888—1985,德国法学家

施佩尔,Albert Speer,1905—1981,纳粹德国政治家

施塔尔,Friedrich Julius Stahl,1802—1855,德国国家法学家

施泰因,Heinrich Friedrich Karl vom und zum Stein,1757—1831,普鲁士改革家

施陶芬贝格,Glaus Schenk von Staufenberg,1907—1944,刺杀希特勒的军人

施泰因迈尔,弗兰克-瓦尔特,Frank-Wlter Steinmeier,1956 年生,联邦德国总统

施特雷泽曼,Gustav Stresemann,1878—1929,魏玛共和国总理、外交部长

施特来歇尔,尤里乌斯,Julius Streicher,1885—1946,纳粹德国反犹主义思想家

施瓦岑贝格,Feli zu Schwarzenberg,1800—1852,奥地利政治家

舒伯特,Franz Schubert,1779—1828,德国作曲家

朔尔兄妹,Hans Scholl,1918—1943;Sophie Scholl,1921—1943,反纳粹的大学生

桑德,Karl Ludwig Sand,1795—1820,德意志爱国大学生

萨尔查,赫尔曼·冯,Hermann von Salza,1162—1239,1210—1239 在位,骑士团国家团长

萨科齐,Nicolas Sarkozy,1955 年生,法国总统

斯宾格勒,奥斯瓦尔德,Oswald Spengler,1880—1936,德国历史哲学家

斯廷内斯,Hugo Stinnes,1870—1924,重工业家

T

塔西陀,Publius Cornelius Tacitus,56—120,古罗马历史学家

汤若望,Adam Schall von Bell,1591—1666,耶稣会德籍传教士

特赖奇克,海因里希·冯,Heinrich von Treitschke,1834—1896,德国历史学家

特策尔,约翰,Johann Tetzel,1465—1519,多明我修道会修士、贩卖赎罪券者

托马西乌斯,Christian Thomasius,1655—1728,德国启蒙哲学家

W

瓦格纳，Wilhelm Richard Wagner，1813—1883，德国音乐家

瓦鲁斯，Publius Quinctilius Varus，公元前 47/46—9，古罗马驻日耳曼尼亚军团总司令

瓦文萨，Lech Watęsa，1943 年生，波兰总统

威尔逊，Woodrow Wilson，1856—1924，美国总统

威克利夫，John Wyclif，约 1330—1384，英国教士、神学家和宗教改革者

威廉一世，Wilhelm I，1797—1888，1861—1888 普鲁士国王，1871—1888 德意志帝国皇帝

威廉二世，Wilhelm II，1859—1941，1888—1918 德意志帝国皇帝

维尔纳，Anton von Werner，1843—1915，德国画家

维歇尔，Hinrich Wichern，1808—1881，基督教内省布道会的创始人

卫礼贤，Richard Wilhelm，1873—1930，德国传教士，汉学家

魏特林，Wilhelm Weitling，1808—1871，"正义者同盟"的领导者

韦伯，马克斯，Max Weber，1864—1920，德国社会学家

乌布利希，Walter Ulbricht，1893—1973，民主德国领导人

乌尔班四世，Urban IV，1200?—1264，1261—1264 在位，罗马教皇

沃尔夫，Christian Wolff，1679—1754，德国启蒙哲学家

X

西格阿里乌斯，Syagirus，?—486，西罗马帝国驻高卢的最后一任总督

西格斯蒙德，Sigismund，1368—1437，1411—1437 德意志国王，1433—1437 神圣罗马帝国皇帝

西格斯蒙德，约翰，Johann Sigsimund，1572—1619，1608—1619 勃兰登堡边区伯爵、选侯，1618—1619 普鲁士公爵

希拉里，Hillary Diane Rodham Clinton，1947 年生，美国国务卿

希姆莱，Heinrich Himmler，1900—1945，纳粹党卫军头目

希特勒，Adolf Hitler，纳粹党和第三帝国元首

席勒，Friedrich Schiller，1759—1805，德国文学家

谢德曼，Philipp Scheidemann，1865—1939，魏玛共和国总理

谢林，Friedrich Wilhelm Joseph von Schelling，1775—1854，德国哲学家

兴登堡，Paul von Hindenburg，1847—1934，德国元帅、魏玛共和国总统

勋贝格，阿诺尔德，Arnold Schönberg，1874—1951，德国作曲家

Y

亚历山大三世，Alexander III，约 1100/1105—1181，1159—1181 在位，罗马教皇

雅恩，Friedrich Ludwig Jahn，1778—1852，德国体操之父、爱国者

雅斯贝尔斯，Karl Jaspers，1883—1869，德国哲学家

伊拉斯谟，Desiderius Erasmus，1465/1469—1536，尼德兰人文主义者、《圣经》研究者

英诺森三世，Innozenz III，1160/1161—1216，1198—1216 在位，罗马教皇

约德尔，Alfred Jodl，1890—1946，纳粹德国军事家

约翰十二世，Johannes XII，937/939—964，955—963 在位，罗马教皇

约翰二十二世，Johannes XXII，1245/1249—1334，1316—1334 在位，罗马教皇

约翰大公，奥地利的，Erzherzog Johann von Österreich，1782—1859，奥地利大公、法兰克福国民议会选举产生的临时政府摄政

Z

扎迦利，Zacharias，679—752，741—768 在位，罗马教皇

第一版后记

几年前,当我每天漫步在威塞河旁,看着小船静静地穿梭其间时,总会想起孔老夫子的那句话"逝者如斯夫,不舍昼夜"。这既有督促自己尽快完成研究项目之意,又是对跌宕起伏的德国历史的感慨。对于每个研究德国的人而言,这是一块神奇、美妙,充满着激情,又带着一丝诡谲的地方。要深入地了解它,实非易事。

回国后,为配合学校的通识教育,我在历史系和全校都开设了"德国社会史"通识课程,至今已有6年。教学的压力迫使我阅读更多的史料。与此同时,上海师范大学的陈恒教授约请我翻译德国历史主义大师梅尼克的名著《世界主义与民族国家》(上海三联书店,2007年),让我有机会同德国史学家进行近距离的思想对话。不经意中,脑海中的德国形象变得越来越清晰。在本书中,我力图把民族国家的成长历程勾勒为德国历史演进的主线,其中的经验和教训不仅具有历史性,在当下全球化的浪潮中更具有现实性。

在本书的写作中,十分感谢我的导师、华东师范大学历史系的郑寅达教授和中国社科院世界史研究所的景德祥研究员。他们在百忙之中审阅了大纲,提出了许多宝贵意见。十分感谢德国奥格斯堡大学的 Susanne Popp 教授连续两年邀请我去德国访学,让我有更多的机会查找史料,进而思考全球化时代中民族国家历史教学中的一些挑战性问题。

感谢上海外国语大学德语系的姚宝教授、同济大学德语系的邓白桦博士、华东师范大学德语系的尤岚岚老师等为我慷慨提供了不少德国史教材。感谢我的研究生徐之凯同学提供了部分原始文献的译稿。尤应感谢的还有那些曾经上过"德国社会史"课的同学们。你们的宽容、热情、好学、支持以及更为难得的批评,让我真切地感受到教学相长的意义。

本书得益于所有曾经在德国史研究领域中辛勤耕耘过的前辈学者。由于教材的体例所限，我无法对引文做一一标注，而是将相关书籍保留在"进一步阅读书目"中。在此，对这些学者致以崇高的敬意。

岳秀坤和陈甜两位编辑深具学术责任心和创造力。没有他们的热情支持和积极鼓励，本书是无法完成的。

最后，还是应向我的父母亲、岳母、爱人唐韵及幼子孟亦搏致以谢意。没有他们一直以来的默默支持，我不可能如此随性地埋首于学术之中。

作为一名德国史研究领域的新兵，尤其学术专长在于德国现当代史的新人，我深知本书还存在疏漏和不妥之处。因此，恳请学界前辈和广大读者赐助指正。我的 Email 是 mengzhongjie@yahoo.cn。

孟钟捷

2012 年初夏于沪上三省斋

第二版后记

在第一版问世后,本书每年都得到了重印机会,并很快有机会推出第二版,实在出乎我的意料之外。在整个世界历史研究领域中,德国史或许只是一个小学科,但能引起这么多读者的兴趣,只能说明人们对历史、世界历史以及德国的爱好远远超出了学界的想象。

德国历史主义大师梅尼克在其名著《世界主义与民族国家》(上海三联书店,2007年、2012年)中提出的问题意识,以及近十年来我在华东师范大学开设"德国社会史"通识课程的实践体验,是本书第一版写作的主要出发点。当时,我希望把德国历史作为一种个案分析的对象,以此勾勒民族国家如何在自我认同与世界角色之间找到恰当定位的漫长而曲折的历程。这一点仍然是第二版的核心意识。不过,近年来有关历史研究和历史书写的反思性讨论,特别是对历史主义学派在19世纪以降民族国家意识建构中的负面作用的研究,也促使我在本次修订中做了部分调整,减少了普鲁士—德意志历史书写的痕迹,增加了比较历史意识。这样做是否有效,或者是否存在更好的方法,还请读者们不吝赐教。

本次修订工作起源于2016年年初。当时,本书获得了上海市精品教材奖。受此鼓励,我便同陈甜编辑联系,商定第二版合同事宜。不过,在此期间,我正好接手商务印书馆委托的翻译项目《德意志简史》(Ulf Dirlmeier, *Deutsche Geschichte*, Stuttgart:Reclam, 2013)。该书的一些论述,恰好为本次修订提供了不少珍贵史料和有益视角。当然,也正因如此,修订工作一拖再拖。十分感谢陈甜编辑的耐心与支持。我的研究生黄肖昱和吴郑洋为我查证了部分材料,在此表示谢意。

最后,还应该感谢的是很多细心读者。广西历史教研员夏辉辉老师为我寄来了十分详细的问题目录,使我站在读者一边思考部分表述的精确性问题。一些读者匿名来信,指出了部分名字、年代、数据上的问题。所有这一切,都体现在本次修订中。希望读到此书的朋友们继续告知其中存在的问题,以便我在未来能够进一步地完善和充实本书的内容。我的 Email 是:dehnmeng@sohu.com。

孟钟捷
2017 年初冬于沪上三省斋